Der Leib
Tempel der Schönheit

Jo Croissant

Der Leib
Tempel der Schönheit

Aus dem Französischen übersetzt
von Elfi Riedl und Assunta Breitbach

Parvis-Verlag
CH-1648 Hauteville / Schweiz

Französischer Originaltitel: «Le Corps, Temple de la Beauté»

Postsendungen in alle Länder

Gedruckt in der Schweiz

ISBN 3-907523-94-6

Für Thamar und ihre Freunde.

Zur Erinnerung an Claire,
die ein leuchtender Tabernakel
der Gegenwart und Schönheit Gottes war.

Zur Erinnerung an Samuel,
der im Tod die Gestalt
des vollkommenen Menschen erreichte.

Zur Erinnerung an Colette,
die – obwohl ihr Körper vom Krebs zerfressen wurde –
in sich und durch sich die Kraft der Auferstehung wirken ließ
und deren Gesicht immer schöner wurde,
wie ein zum Himmel geöffnetes Fenster.

Vorwort

Jos Buch ist von einer Eingebung durchdrungen, die ich teile und die immer mehr zur Gewißheit wird, je mehr sich uns das Geheimnis des Gottmenschen in der Feier der Eucharistie offenbart. Der Leib und der Tempel sind dieselbe mystische Wirklichkeit: der Leib *ist* der wahre Tempel. Diese Gewißheit, daß der Mensch eine Ganzheit ist oder «alles zusammen den Leib bildet», drängt sich im Alltag des gemeinschaftlichen Lebens immer mehr auf: Einer Stimme zuhören heißt, die persönliche Liturgie zu vernehmen, die von der Seele aufsteigt, und den anderen bis in die Tiefen seines Geistes zu erkennen. Das Äußere offenbart mehr als es verbirgt.

Ich glaube, daß wir in eine neue Phase der Kenntnis über die menschliche Seele eintreten. Ein notwendiger Bruch mit der Psychoanalyse volzieht sich: Die neuen Therapien gehen vom Körper aus; sie sind nicht analytisch, sondern neigen zur Synthese. Das Somatopsychische gewinnt gegenüber dem Psychosomatischen an Bedeutung. Wir könnten sagen, daß ein Richtungswechsel in der ärztlichen Behandlung stattfindet. Von der Seele auszugehen, um zum Körper zu gelangen, ist viel riskanter als umgekehrt. Nach fast einem Jahrhundert der Metaphysik, die außer Rand und Band geraten ist, atmen wir auf: Die Seele ist nicht mehr die Angelegenheit von Spezialisten, die sie als Geisel für ihre Theorien benützen; sie ist der Religion der Inkarnation, der Menschwerdung zurückgegeben.

Die bis jetzt gültigen Therapien lehrten uns, die Ursachen unserer Krankheiten auf andere abzuschieben, und verstärkten letztlich unsere Rolle als Opfer. Heute werden wir auf unsere Verantwortung verwiesen und auf unsere Freiheit, uns zu entscheiden, ob wir geheilt werden wollen oder nicht. Die Heilung geht unter die Haut, sie ist zum Greifen nahe und liegt offen vor unseren Augen; sie geschieht in der lebensnotwendigen Bewegung, zu der wir eingeladen sind.

Dieses Buch zu lesen, wird nicht immer leicht sein, drückt es doch Wahrheiten aus, die uns das Wort Gottes tief einprägen. Die Wahrheiten des geistlichen Lebens aber sind viel schwieriger zuzugeben als die verworrensten Ideen des Geistes der Welt.

Jesus nahm Gleichnisse zu Hilfe, um die für das menschliche Leben so wichtigen Wahrheiten zu erklären und so das Verständnis noch über die Sprache hinaus zu erreichen: «Denn das Herz dieses Volkes ist hart geworden, und mit ihren Ohren hören sie nur schwer, und ihre Augen halten sie geschlossen, damit sie mit ihren Augen nicht sehen und mit ihren Ohren nicht hören, damit sie mit ihrem Herzen nicht zur Einsicht kommen, damit sie sich nicht bekehren und ich sie nicht heile.» (Mt 13,15)

Die Zeugnisse, durch welche diese Studie bereichert wird, spielen eine metaphorische Rolle, vergleichbar mit der der Gleichnisse; durch sie werden wir zu einer Entscheidung geführt, zu einer Wahl zwischen Bekehrung oder strategischem Rückzug, zwischen Heilung und Krankheit, zwischen Leben und Tod. Dann werden auch Übungen vorgeschlagen, die die Lehren vertiefen und einen wahren Aufbruch ermöglichen.

Ephraim, Diakon

Einleitung

Über den Leib zu schreiben, ist heute modern geworden. Das ist sicher das Zeichen eines Unbehagens und einer Suche nach Sinn. In seinem Leib zu leben, das müßte doch von selbst gehen. Ich denke nicht, daß sich unsere Großeltern diese Frage stellten. Der Leib war harten Prüfungen ausgesetzt, er mußte sich mit der Wirklichkeit auseinandersetzen und die Materie meistern in einem unmittelbaren Kampf, aus dem er als Sieger hervorging — und das baute ihn auf.

Heute ist es der Intelligenz in vielen Bereichen gelungen, die Materie zu beherrschen, und der Mensch hielt sich einen Augenblick lang für Gott, weil es genügte, auf einen Knopf zu drücken, damit es Licht werde, und auf einen anderen Knopf, um zu sehen, was am anderen Ende der Welt vor sich geht, oder um mit dem anderen ohne Vermittlung des Leibes in Kontakt zu treten. Die Zeit der Entdecker, in der der Leib sich überwinden mußte, um unerforschte Gebiete in Besitz zu nehmen, hat einem virtuellen Bild Platz gemacht, bei dem man Abenteuer erleben und Emotionen empfinden kann, ohne jemanden dazu zu brauchen, bequem in seinem Lehnstuhl sitzend, Pantoffel an den Füßen.

Der Psychiater Viktor Frankl hat gezeigt, daß es das grundlegende Problem des Menschen ist, seinem Leben einen Sinn zu geben. Was ist der Mensch, wer ist Gott? Was ist der Sinn und die Zukunft des Leibes, der Seele und des Geistes? Wie können wir die Einheit unseres Wesens wiederfinden? Auf diese vielen existentiellen Fragen finden wir Antwort in der Betrachtung des Wortes Gottes, das uns immer weiter führt in der Entdeckung seiner Bedeutung.

Während der ersten acht Jahre unserer Gemeinschaft der Seligpreisungen fühlten wir die Notwendigkeit, uns im Gebet zu verwurzeln. Wir dachten, daß unsere Berufung rein kontemplativ wäre, und wußten, daß die wahre Fruchtbarkeit in der Stärke unserer Einheit mit Gott liegt. Doch nach diesen acht Jahren drängte sich uns die Gewißheit auf: Man darf «das Licht nicht unter den Scheffel stellen»; wir müssen die Gnaden, die Gott uns gegeben hat, anderen mitteilen. So wurden die Apostolate geboren, darunter die Abhaltung von Seminaren und Exerzitien. Mich hat man gebeten, einige Treffen mit israelischen Tänzen zu leiten. Ich hielt ein erstes Treffen mit etwa 100 Personen ab und ahnte, daß Gott uns noch weiter führen wollte, daß der Leib ein Weg war. Ein Jahr lang habe ich zu Gott gebetet: «Zeig mir, wie ich nicht nur Volkstänze lehren, sondern durch sie helfen kann, die Begegnung mit Dir zu ermöglichen, damit die Menschen den Sinn des Lebens wiederfinden und eine neue Seinsweise, eine neue Lebenskunst entdecken. Möge der Tanz ein Werkzeug sein, das die Einheit aller Dimensionen der Person bewirkt, indem er ihr hilft, geheilt zu werden und sich zu bekehren.»

Im folgenden Jahr, als ich mich darauf vorbereitete, ein zweites Seminar abzuhalten, ohne noch zu wissen, wie ich vorgehen sollte, wurde mir ein Wort meines Mannes Ephraim zur Antwort auf dieses Gebet. Alles, was der Herr in mein Herz gelegt hatte, wurde erhellt: «Wir sind nach dem Bild des Tempels aufgebaut. Jeder von uns besitzt in sich das Allerheiligste, das niemand entstellen kann. Selbst die Geisteskranken, die schwer in ihrer seelischen Struktur Erkrankten, haben in geheimnisvoller Weise die Fähigkeit, mit Gott in Beziehung zu treten und von Seiner Liebe zu leben.» Ich verstand in diesem Augenblick, daß das Wort, das Ephraim aussprach, für mich eine Einladung war, das Bild des Tempels zu betrachten entsprechend den Worten des Apostels Paulus: «Wißt ihr nicht, daß euer Leib ein Tempel des Heiligen Geistes ist, der in euch wohnt und den ihr von Gott habt?» (1 Kor 6,19)

Dank dieser Erleuchtung verstand ich, daß der Leib der Ort ist, an dem das Wort Fleisch wird, die Wohnung des Heiligen Geistes, der Weg, der uns zum Herzen des Vaters führt. Ich nahm auch wahr, was wir durch den Leib von Gott vermitteln können, den ganzen Weg der inneren Heilung, die geschehen könnte, wenn wir sie nur ein wenig annehmen, indem wir uns durch die Vermittlung des Leibes dem Blick des Vaters ausliefern, um von allen anderen Blicken befreit zu werden und so einzutreten in «die herrliche Freiheit der Kinder Gottes.»

Dieses Buch möchte an einer Erfahrung teilhaben lassen, an einem Staunen über das Werk der Schöpfung und an unserer Dankbarkeit gegenüber dem, «der alles mit Weisheit und aus Liebe gemacht hat». Möge es für jeden eine Einladung sein, die persönliche Mühe auf sich zu nehmen, um in Gotteserkenntnis und Selbsterkenntnis voranzuschreiten. Die vorgeschlagenen Übungen sollen helfen, im Leib das leben zu lernen, was man mit dem Kopf verstanden hat.

Es bleibt mir noch, Dank auszusprechen. Zuerst meinen Brüdern und Schwestern in der Gemeinschaft, mit denen ich während all dieser Jahre gearbeitet habe; dann all denen, die mir ihr Zeugnis zugesandt haben, um mir beim Erstellen dieses Buches behilflich zu sein; schließlich allen, mit denen ich wertvolle Zeit damit verbracht habe, die einzelnen Kapitel zu diskutieren; jenen, die Korrektur gelesen sowie ganz genaue Verbesserungen vorgenommen haben. Ich danke auch allen, die dieses Buch im Gebet mitgetragen haben. Da ich nicht alle einzeln aufzählen kann, bitte ich Gott, jeden und jede zu segnen.

DER TEMPEL
ORT DER GEGENWART GOTTES

Das biblische Bild des Tempels wird uns bei unserer Betrachtung helfen. Es gibt verschiedene Ebenen der Schriftlesung, die uns in den tiefen Sinn des Wortes Gottes eindringen lassen. In der jüdischen Tradition gibt es vier Stufen, zusammengefaßt im Wort P^{a}RD^{è}S, das Obstgarten bedeutet und von dem das Wort Paradies abgeleitet ist, dieser Garten, in den Gott den Menschen gesetzt hat, damit er die Früchte aller Bäume, das heißt die Fülle seiner Gaben genießen könne.

So läßt uns durch die Betrachtung des Wortes Gottes von neuem in den Garten Eden eintreten und seine Früchte genießen.

Die erste Stufe oder «Pshat», das hebräische Wort für «das, was einfach ist», bedeutet den wörtlichen Sinn. Man kann die Bibel wirklich nicht außerhalb des geschichtlichen, gesellschaftlichen und psychologischen Blickwinkels sehen. Die Rolle der Exegeten aber besteht zuerst darin, diesen Sinn zu verdeutlichen, indem sie erforschen, was die Menschen sagen wollten, die unter der Eingebung des Heiligen Geistes das Wort Gottes niederschrieben.

Die zweite Stufe oder «Remez» («Andeutung, Hinweis») läßt uns in den symbolischen Bereich eintreten. Das wird ermöglicht durch den Reichtum der hebräischen Sprache und die Fülle der Bedeutungen, die in jedem Wort und in jedem Buchstaben liegen. Diesen zweiten Sinn bezeichnet die christliche Exegese als geistlichen Sinn, den uns nur Gott offenbaren kann durch das, was er im inspirierten Text gesagt hat. Der symbolische Sinn des Wortes Gottes ist nach Aussagen der Väter der christologische Sinn, weil uns alles in der Bibel von Christus erzählt.

Die dritte Stufe oder «Darasch» ist die «Erforschung». Darasch bedeutet «untersuchen, aufmerksam betrachten, erfordern». Wenn wir «ergriffen» wurden, sind wir aufgefordert, weiterzugehen. Jesus forderte Petrus auf, über das Wasser zu gehen. Wir sind eingeladen, unser Leben nach diesem Wort auszurichten, das seinerseits in uns ein

Werk der Verwandlung vollbringen wird. Diese dritte Stufe ermöglicht uns, den zweiten Sinn, den geistlichen, in unserem eigenem Leben anzuwenden, denn als Glieder am Leib Christi müssen wir seine Geheimnisse leben und uns ihnen anpassen.

Die letzte Stufe ist «Sod», das «Geheimnis», das uns von Gott selbst enthüllt wird und das «das Geheimnis des Königs» ist. Das ist die mystische Auslegung der Schrift. Für die Christen handelt es sich um den eschatologischen Sinn, das heißt um die Enthüllung aller Dinge mit dem Kommen Jesu in Herrlichkeit. Im Judentum wird dieser geheime Sinn nicht sofort offenbart. Man darf die Kabbala nicht lesen, bevor man das Alter von 40 Jahren erreicht hat, d.h. bevor man alle Stufen der inneren Wandlung durchschritten und genug Reife hat, um sich dem Allerheiligsten ohne Gefahr zu nähern. Man erinnere sich daran, was Usa zustieß, der die Bundeslade berühren wollte, um sie vor dem Sturz zu bewahren, und der auf der Stelle vom Blitz erschlagen wurde! (vgl. 2 Sam 6,6f)

Es ist die Sünde der Esoterik, sich der Geheimnisse bemächtigen zu wollen, lieber zu «wissen» als zu «empfangen» und sich von Gott selbst in seine Kammer führen zu lassen. «Der König führt mich in seine Gemächer», sagt die Braut des Hohenliedes (Hld 1,4), das heißt in seine Intimität, an den Ort der «Geheimnisse», wo man mit dem allein ist, den man liebt.

Darum muß man, um in den Tempel einzutreten, nicht nur allen Formen des Okkultismus und der Magie widersagen, sondern auch Dingen, die harmlos erscheinen könnten, wie etwa dem Interesse für das Horoskop oder der Suche nach übernatürlichen Kräften. Man muß der Versuchung zur Ungeduld widerstehen, die Adam und Eva dazu getrieben hat, sich der Frucht des Baumes zu bemächtigen, die ihnen Gott ja nicht vorenthalten, sondern im geeigneten Augenblick schenken wollte.

Wir werden diese Stufen wiederfinden, wenn wir in der Bibel das Symbol des Tempels studieren, das eine Zusammenfassung der inneren Struktur des Menschen und der geistigen Welt anbietet. Wir werden auch entdecken, wie wir in den Tempel, d.h. in die Fülle der Gegenwart Gottes, eintreten können.

Wie ein Garten Eden im Kleinen, ganz dem Dienst Gottes geweiht, war der Tempel dazu bestimmt, der ganzen Welt zu zeigen, daß alles Gott gehört und daß es die Berufung des Volkes Gottes in diesem Leben ist, sich IHM zu nähern.

Der Tempel wurde auch zu einem besonderen Symbol für das Volk Israel. Durch die konkrete Realität der Bundeslade im Offenbarungszelt und dann des Tempels in Jerusalem konnte Gott sein Volk erziehen, es versammeln, es einen und ihm eine Struktur geben. So konnte sich Israel der kommenden Welt nähern, seinen Erfahrungen Gestalt verleihen, seine Kräfte auf das Schöne, das Gute und den Guten lenken und allen seinen Werken, allen seinen Handlungen und Gesten Sinn und Schönheit verleihen.

Erstaunlicherweise mußte Gott trotz seiner großen Sehnsucht, mit dem Menschen eine innige Freundschaft einzugehen, den Abstand achten, um dessen Freiheit zu achten. Da er zu dieser Freiheit erziehen wollte, ließ er den Menschen Erfahrungen machen, damit dieser sich selbst über seine Fehler und Anmaßungen klar werde. Diese Lehrkunst Gottes verstand ich durch eine kleine Begebenheit: Als meine Tochter drei Jahre alt war, wollte sie immer alles ganz alleine machen. Sobald sie sah, daß ich ihr helfen wollte, rief sie: «Ich! Ich! Ich!» Und wenn sie schließlich merkte, daß sie nicht weiterkam, sagte sie: «Mach du, Mama!» Ich mußte dann der Versuchung widerstehen, es an ihrer Stelle zu tun, und wir machten es gemeinsam, bis sie alleine dazu fähig war.

Das Offenbarungszelt

Nachdem Gott den Bund mit seinem Volk geschlossen und ihm das Gesetz gegeben hatte, verlangte er von Mose, ein Heiligtum zum Zeichen seiner Gegenwart unter ihnen zu errichten. Da das Volk vom Sinai fortzog, wo Gott seine Macht und Herrlichkeit offenbart hatte, brauchte es ein sichtbares Zeichen der göttlichen Gegenwart, das helfen konnte, die Herzen ohne Unterlaß zum Herrn zurückzuführen und die Anbetung nicht mehr auf die Götzen, sondern auf den einzigen Herrn an einem einzigen Ort auszurichten.

Der Allmächtige, «der überall gegenwärtig ist und alles erfüllt», der aber auch alles umfaßt, ließ sich dazu herab, seine Fülle an einem eng umschriebenen Ort zu verdichten. Deshalb sagte er zu Mose: «Dort werde ich mich dir zu erkennen geben und dir über der Deckplatte zwischen den beiden Kerubim, die auf der Lade der Bundesurkunde sind, alles sagen, was ich dir für die Israeliten auftragen werde.» (Ex 25,22)

Gott wählte sich einen Wohnsitz; in diesem Wohnsitz aber bestimmte er einen genau festgelegten Ort: das Allerheiligste und im Allerheiligsten die Bundeslade und in der Bundeslade die Deckplatte, zwischen den beiden Kerubim: «Dort werde ich mich dir zu erkennen geben!» Als die Arbeiten an diesem Wohnsitz beendet waren, nahm Gott Besitz vom Heiligtum. Er bekundete die Heiligkeit dieses Ortes, lehrte sein Volk, zwischen heilig und profan zu unterscheiden, und verpflichtete es, sein Herz auf die Begegnung vorzubereiten.

DER SALOMONISCHE TEMPEL

Die jüdischen Gelehrten haben den Vers «Errichte mir ein Heiligtum, damit ich in ihrer Mitte wohnen kann» so ausgelegt: «Ich werde in ihrem Inneren wohnen, in jedem von ihnen.» Deshalb besteht das äußere Heiligtum nur im Hinblick auf die Errichtung des inneren Heiligtums. Die Gegenwart Gottes wohnt nur dann im Heiligtum und kann dort nur bleiben, wenn die Wahrheit in unserem Herzen wohnt und in unserem Leben verwirklicht wird. Jeder kann daher die Offenbarung der Gegenwart Gottes in ihm anziehen.

Deshalb sagte Gott zu Salomon, als dieser daranging, den Tempel zu erbauen: «Dieses Haus, das du baust, — wenn du meinen Geboten gehorchst und auf meine Vorschriften achtest und alle meine Befehle ausführst und befolgst, ... dann werde ich inmitten der Israeliten wohnen und mein Volk Israel nicht verlassen» (1 Kön 6,12-13). Aber wenn Israel untreu ist, wird Gott seine Verheißungen nicht erfüllen können.

JESUS, DER NEUE TEMPEL

Der Prophet Jeremia ahnte einen neuen Bund, in dem das Gesetz nicht mehr auf Steintafeln, sondern in Herzen von Fleisch geschrieben sein würde. Jedes Wesen würde zum Tempel werden: «Ich lege mein Gesetz in sie hinein und schreibe es auf ihr Herz. Ich werde ihr Gott sein, und sie werden mein Volk sein. Keiner wird mehr den anderen belehren, man wird nicht zueinander sagen: Erkennt den Herrn!, sondern sie alle, klein und groß, werden mich erkennen — Spruch des Herrn. Denn ich verzeihe ihnen die Schuld, an ihre Sünde denke ich nicht mehr.» (Jer 31,33-34)

Das alte Heiligtum begründete eine Verbindung zwischen Gott und den Menschen, es war das Tor zum Himmel. Jesus aber, der neue Tempel, verwirklichte diesen Neuen Bund. Er bezeichnete sich als «der Weg», als «die Tür»: «Ich bin die Tür zu den Schafen» (Joh 10,7). Er ist der Weg, der zum Vater führt, der uns in die Gegenwart des dreimalheiligen Gottes bringt. Zu Philippus sagte er: «Wer mich gesehen hat, hat den Vater gesehen» (Joh 14,9). In Jesus hat uns Gott Seinen Namen und Sein Gesicht geoffenbart.

Auch wir sind dazu berufen, neue Tempel, sozusagen Auffangbekken für die Fülle Gottes zu sein. «Alle, die er im voraus erkannt hat, hat er auch im voraus dazu bestimmt, an Wesen und Gestalt seines Sohnes teilzuhaben, damit dieser der Erstgeborene von vielen Brüdern sei.» (Röm 8,29)

In Jesus sind wir Söhne und Töchter Gottes geworden, und alles, was in Ihm und durch Ihn erfüllt wurde, gehört uns. Ich vergesse nie den Ausruf Marthe Robins bei unserem letzten Besuch mit Ephraim, in dem Moment, als wir sie verließen: «Wir sind doch die Tabernakel des lebendigen Gottes!» und dreimal wiederholte sie: «Wir sind die Tabernakel des lebendigen Gottes! Wir sind die Tabernakel des lebendigen Gottes!» Es war wie ihre letzte Botschaft.

«Baut den Tempel wieder auf!»

Der Prophet Haggai ruft bei der Rückkehr nach den 70 Jahren des Babylonischen Exils aus: «Baut den Tempel wieder auf!» (Hag 1,8). Heute ertönt derselbe Aufruf in unseren Herzen. Inmitten des Volkes Israel erheben sich die Gerechten, die «Zaddikim», immer noch mitten in der Nacht, um zu weinen und zu klagen über die Zerstörung des Tempels und von Gottes Barmherzigkeit seinen Wiederaufbau zu erflehen. Dieser aber ist immer an den Wiederaufbau des Menschen gebunden.

Nach dem Babylonischen Exil also, zur Zeit des Schriftgelehrten Esra und des Propheten Nehemia, ist es ein Fremder, der Perserkönig Kyros, dessen sich Gott bedient, um den Tempel wieder aufzubauen. Der erste Tempel, von Salomon errichtet, war niedergebrannt, die Mauern Jerusalems niedergerissen und das Volk durch König Nebukadnezzar nach Babylon verschleppt worden. Dem König Joschijas war es gelungen, die Kulthöhen zu beseitigen, wo das Volk trotz Gottes Verbot fortfuhr, seine Opfer darzubringen, und wo man auch den Götzen opferte. Joschijas wollte wirklich das Volk wieder um Gott versammeln — an einem einzigen Platz, im gemeinsamen Lobpreis, um so die religiöse Einheit zu verwirklichen.

Aber die Könige, die ihm nachfolgten, kümmerten sich nicht mehr um die Sache des Herrn. «Sie taten, was dem Herrn mißfiel» und verhärteten ihr Herz. «Auch alle führenden Männer Judas und die Priester und das Volk begingen viel Untreue. Sie ahmten die Greueltaten der Völker nach und entweihten das Haus, das der Herr in Jerusalem zu seinem Heiligtum gemacht hatte. Immer wieder hatte der Herr, der Gott ihrer Väter, sie durch seine Boten gewarnt; denn er hatte Mitleid mit seinem Volk und seiner Wohnung. Sie aber verhöhnten die Boten Gottes, verachteten sein Wort und verspotteten seine Propheten, bis der Zorn des Herrn gegen sein Volk so groß wurde, daß es keine Heilung mehr gab.» (2 Chr 36,14-16)

Die Zerstörung des Tempels ist verbunden mit der Untreue des Menschen. Sie ist das Zeichen seiner Verkommenheit und seines inneren Verfalls. Wenn es im Herzen des Menschen keinen Platz mehr gibt für Gott, wird er wie der Tempel von der Wolke verlassen und setzt sich der Gefahr aus, von allen möglichen Geistern überfallen zu werden. Weil das Volk den Herrn verlassen hat, versinkt es in Korruption und Lüge; da es nur mehr den eigenen Vorteil sucht, wird es zum Urheber seines eigenen und fremden Unheils. Zugleich wird es taub gegenüber dem Ruf des Herrn: «Ach, daß doch mein Volk auf mich hörte!» (Ps 81,14)

Manchmal ist die Verhärtung der Herzen so stark, daß es keine Heilung mehr gibt, keine andere Lösung, als alles zusammenbrechen zu lassen, um alles wieder aufzubauen! Und was wie eine Züchtigung Gottes scheint, ist nur Ausdruck seiner Barmherzigkeit, um uns zu ermöglichen, wieder in die richtige Richtung aufzubrechen, wieder eine gute Entscheidung zu treffen: die Entscheidung für den Weg, der zum Leben und zum Glück führt. Gott läßt uns frei. Er kann nicht ohne Unterlaß eingreifen, um alles auszubessern, was wir unbedingt ohne ihn machen wollen. Er läßt uns die Folgen unserer Entscheidungen tragen. Oft ist er gezwungen zu warten, bis wir unser Unvermögen, uns selbst zu befreien, feststellen, bis wir uns ihm zuwenden und endlich aus der Tiefe unserer Not zu ihm rufen und Seine Hilfe erflehen.

«Aus der Tiefe rufe ich, Herr, zu dir:
Herr, höre meine Stimme!
Wende dein Ohr mir zu,
achte auf mein lautes Flehen!» (Ps 130,1-2)

Patricks Zeugnis ist in diesem Punkt sehr aufschlußreich: In einer tiefgläubigen Familie geboren, gelang es ihm nicht, mit seinen Ängsten fertigzuwerden. Verärgert, daß Gott sich ihm nicht offenbarte, wandte er sich in eine ganz andere Richtung, bis ein Motorradunfall sein Leben erschütterte und ihn zu seinem Retter zurückkehren ließ:

> «Meine Angst wandelte sich in Auflehnung gegen Gott, der sich mir nicht deutlich zeigte und der den anderen so viel zu geben schien. Dementsprechend versuchte ich zu leben; ich sage versuchte, da in mir das "Nicht-Leben" wohnte, und ich erfand immer neue Vergnügungen, neue Sensationen, um mir den Eindruck zu verschaffen, "gut in meiner Haut zu leben". Die Leidenschaft für das Motorrad war eine ideale Hilfe, um dieser Welt zu entfliehen; wie ein Drogenabhängiger kam ich dadurch zu meinem "Trip".

> Ich hätte noch lange in dieser Täuschung weiterleben können, wenn mir nicht ein Motorradunfall schwere neuro-psychologische Störungen verursacht hätte. Diese hinderten mich daran, meinen Körper zu beherrschen, und stürzten mich in ein tägliches Leiden. Dieser Zustand brachte mich wieder in die Realität zurück, er ließ mir bewußt werden, daß ich klein und abhängig bin von "irgend etwas" oder "irgend jemandem", der mir da Heilung bringen könnte, wo die Menschen unfähig waren, mir Erleichterung zu verschaffen, wo alle medizinischen Behandlungen scheiterten. Also begann ich wieder, zu Gott zu beten, aber auch zur Jungfrau Maria. Die Heilung meiner Störungen dauerte einige Jahre, aber ich kann dem Herrn nur Dank sagen für alles, was Er mich durch diese Prüfung gelehrt hat.»

Ja, wenn wir zum Herrn rufen, wird unsere Seele selbst aufgeweckt und macht sich bereit, auf ihren Schöpfer und Meister zu hören. Das Bild des Tempels spricht uns heute sehr an, weil wir sehen, wie sich die neuen Generationen immer zerbrechlicher, immer haltloser erweisen. Wurde nicht der Tempel des Leibes geschändet, der Plünderung und dem Abscheu preisgegeben, wie von Gott verlassen und dem Untergang geweiht? Es besteht eine so große Ähnlichkeit zwischen dem Zustand Jerusalems nach dem Exil und dem der heutigen Jugend, daß wir nicht anders können, als uns dieser Antwort des Volkes anzuschließen: «Wir wollen ans Werk gehen und bauen!» (Neh 2,18)

DER LEIB
TEMPEL DES LEBENDIGEN GOTTES

Der Leib als Wohnung des Geistes

Johannes Paul II. sagte in seiner Predigt anläßlich der Weihe der Basilika U. L. Frau vom Frieden in Yamoussoukro im September 1991: *«Ihr seid der Tempel Gottes. In der Tat, das wahre Heiligtum, die Wohnung Gottes unter den Menschen, ist der Mensch selbst, in dem Maß, in dem das Gebäude festgegründet ist auf dem Fundament, das Jesus Christus ist.»* (vgl. 1 Kor 3,11-16)

Wir wissen, daß Gott uns geschaffen hat «als sein Abbild, ihm ähnlich» (Gen 1,26). Dieses Bild ist uns eingeprägt, wir erahnen es und leiden zugleich darunter, ihm nicht zu entsprechen. Wir nehmen vage den Zwiespalt wahr zwischen dem, was wir sind (ein oft beschmutztes und zerbrochenes Bild), und dieser Sehnsucht, diesem Streben nach einer immer vollkommeneren Ähnlichkeit mit Gott.

Jean Guitton[1] überraschte kürzlich in einem Interview für die Zeitschrift «Famille chrétienne» die Leser, als er auf die Frage: «Welche Gabe der Natur hätten Sie gerne?» antwortete: «Die Schönheit.» Und lächelnd fügte er hinzu: «Ganz richtig, die Schönheit. Wenn ich in den Spiegel schaue, kann ich nie verstehen, wie dieses unbedeutende und blasse Gesicht meinem Wesen entspricht. Das Gesicht ist ein Geheimnis, da es eine Mischung ist aus dem, was wir sein wollen, ohne es zu können, und dem, was wir sind, ohne es zu wollen…»

In jedem von uns lebt eine Sehnsucht, schön zu sein, die zutiefst richtig und berechtigt ist. Aber es geht darum, die Schönheit zu suchen, die aus dem Inneren kommt und Geschenk Gottes ist. Sie besteht in der Einwohnung des Lichtes, die Adam und Eva im Garten Eden hatten und die sie aufgrund der Sünde verloren. Sie, die mit Licht bekleidet waren, sahen sich mit Röcken aus Fell bedeckt,

---

1 Franz. Philosoph

wodurch sie ihre Transparenz und ihre Ähnlichkeit mit dem Vater einbüßten. (vgl. Gen 1-4)

Die Schönheit des Leibes

Wir haben es nötig, angesehen zu werden, damit wir empfinden, daß unser Leben einen Sinn hat, daß wir für jemanden existieren. Wir haben es nötig, daß jemand erkennt, daß wir einzigartig sind. Manchmal versuchen wir, diese Anerkennung mit allen möglichen Tricks zu erhalten, indem wir der Beste (oder der Schlechteste) auf einem Gebiet sind oder wenigstens: der Schönste, die Schönste, der Klügste, der Stärkste, der Begabteste, der Originellste... Warum? Weil wir unseren Vater im Himmel noch nicht wirklich kennen und nicht wissen, was wir in seinen Augen sind. Gott ist ein Künstler, er hat nur einzigartige Werke geschaffen. Wir sind keine Serienprodukte. Weil wir einzigartig sind, können wir — jeder einzelne — für Gott «der Schönste», «der am meisten Geliebte» sein und in diese einzigartige Beziehung mit unserem Gott eintreten.[2]

Aber die negativen Erfahrungen der «Nicht-Liebe» sind sehr tief in unseren Leib eingeprägt und halten uns in einer Unsicherheit, die wir nicht immer benennen können. Eine junge Frau von 27 Jahren vertraute mir neulich an:

> «Bis jetzt konnte ich nie darüber sprechen, daß ich im Alter von sieben Jahren ein traumatisierendes Erlebnis mit einem meiner Onkel hatte. Ich frage mich, wie ich es geschafft habe, alle diese Dinge jahrelang zurückzuhalten. Wenn ich heute darüber sprechen kann, so deshalb, weil Jesus gekommen ist, um mir bis dorthin nachzugehen. Er vollbrachte in mir ein Werk der Heilung, der Reinigung und der Befreiung. Er überschüttete mich mit seiner Zärtlichkeit und seiner Barmherzigkeit.
> All diese Jahre war es so leicht für mich, meinen Körper abzulehnen, ihn zu verachten, ihn zu überanstrengen, ihm Gewalt anzutun...

2 Auch eineiige Zwillinge, die körperlich gleich sind, haben im Augenblick ihrer Empfängnis jeder eine einzigartige Seele empfangen, die sie sehr viel deutlicher voneinander unterscheidet als der «biologische» Unterschied.

Ich hatte immer den Eindruck, daß er eine Art Gefängnis wäre, im dem sich meine arme Seele wand und aus dem sie sich möglichst schnell zu befreien suchte.

Ich fand Jesus viel zu rein für mich. Seine Reinheit machte mir Angst. Heute beruhigt sie mich. Es ist wahr, daß ich alles Mögliche mit meinem Leib gemacht habe. Aber Jesus ist gekommen, um mir bis ins Innerste meiner Verwundungen nachzugehen. Ich kenne meine Schwäche, aber ich vertraue auf seine Kraft und seine Barmherzigkeit, und aus der Tiefe meiner Not stürze ich zu Ihm. Ich habe keine Angst mehr vor dem Blick, den Gott auf mich richtet, und ich kann ihn ohne Furcht erwidern. Sich als Sünder zu erkennen — welche Befreiung!

Jetzt fühle ich mich frei, befreit und wohl in meinem Leib, nach diesem langen Weg... Ich fühle mich wirklich daheim bei mir. Welches Glück, immerfort in die Arme des Vaters laufen zu können, sich ihm unaufhörlich zuzuwenden, seine Barmherzigkeit so sehr zu brauchen.»

Das zwiespältige Verhältnis zum Leib wird gerade heute deutlich. Einerseits wird für ihn geschwärmt, andererseits wird er sehr verachtet. Er muß sich den Forderungen der Mode unterwerfen. Die Sorge um den Körper wird mehr als übertrieben, weil wir uns nicht ertragen, wie wir sind, da uns die Welt ablehnt, wenn wir uns ihren Idealbildern nicht unterwerfen. Wir sind dazu verurteilt, zu mogeln, etwas vorzutäuschen, da uns nicht erlaubt wird, einfach zu sein, was wir sind.[3]

Wer behindert ist, leidet oft schwer darunter und erfährt Zurückweisung und Verachtung, weil es keinen Platz gibt für jene, die anders sind. Für Peter war seine Behinderung die Gelegenheit zu einer sehr tiefen Erfahrung, daß Gott die Hand auf ihn gelegt hatte:

3 Margo Maine zeigt in ihrem Buch «Anorexie, boulimie — pourquoi?» recht gut, daß die Wichtigkeit, die der Nahrung, dem Gewicht oder der Figur zugestanden wird, uns hilft, die Konfrontation mit der Realität zu vermeiden. Die Logik des «Wenn ich bloß schlank wäre...» z.B. macht allein den Körper des Mädchens und seine Beziehung zur Nahrung verantwortlich für seiner tiefsten Sehnsüchte. Aber wenn das Mädchen hofft, all das zu beherrschen, indem es seinen Überlegungen bis zum Ende folgt, ignoriert es, daß diese Methode den wahren Bedürfnissen seines Leibes nicht gerecht wird. Und es verbringt Jahre damit, sich für etwas zu verachten, das es als Willensschwäche und beschämenden Körper ansieht.

«Als meine Mutter noch nicht wußte, daß sie schwanger war, wurde sie bei einer Röntgenuntersuchung Strahlungen ausgesetzt, und so wurde ich mit einer Hasenscharte geboren, das heißt einem beträchtlichen Spalt durch Lippen und Gaumen.

Das ist eine Behinderung, die schwer zu ertragen ist, weil sie sich im Gesicht befindet und die ganze Physiognomie beeinträchtigt, das Lächeln, die Sprache. Ich wurde im Alter zwischen 6 Monaten und 24 Jahren etwa einem Dutzend Gesichtsoperationen unterzogen, bei denen ich wieder und wieder geschnitten, neu geformt und zusammengenäht wurde, eine wahre Künstlerarbeit!

Meine Eltern haben liebevoll reagiert, aber das war nicht überall der Fall, besonders nicht im Umfeld meiner Schule. Sofort machte man sich über mich lustig, umso mehr, als ich sehr näselnd sprach, weil mein Gaumen zu kurz war und die Luft beim Sprechen durch die Nase entwich. Sehr schnell verstand ich: Jedesmal, wenn ich das Haus verlasse — das wie ein gemütlicher, schützender Kokon war, wo ich mich geliebt fühlte — setze ich mich allen Arten von Anzüglichkeiten aus, spottenden Blicken und verstecktem Lachen. Kinder können sehr grausam zueinander sein, diese bittere Erfahrung machte ich täglich.

So wuchs in mir der Haß auf mein Gesicht und damit auf mich selbst. Ich verbrachte Stunden damit, mich im Spiegel zu betrachten und mir auszumalen, wie ich sein müßte, normalerweise, um liebenswert und von allen geliebt zu sein! Dieser Komplex vergiftete mein Leben, ich fühlte mich überall überflüssig; ich hatte Angst vor allen, und folglich konnte ich nicht lieben…

Jedoch betete ich, allein und mit anderen in den Gebetsgruppen der Erneuerung. Und umgeben von der Liebe meiner Brüder und Schwestern in Jesus, vollzog sich schrittweise die Versöhnung mit mir selbst, durch eine tiefe Lehre, die mir der Herr erteilte. Ich verstand, daß mich diese Behinderung von frühester Kindheit an ausgesondert hatte, sozusagen "herausgenommen". Beim Studium des Wortes Gottes entdeckte ich, daß das Wort heilig —"kadosch" — genau das bedeutet: "herausgenommen, ausgesondert". Heiligen heißt aussondern, herausnehmen. Wen Gott mit einer Liebe der Erwählung liebt, einer auserlesenen Liebe, den wählt und sondert er aus! Nach und nach drängte sich mir die Gewißheit auf: Ich muß meine Leiden des Abgewiesenwerdens annehmen als die Kehrseite einer Auserwählung, als ein Vorrecht der Liebe. Schrittweise ließ mich der Herr erkennen, daß er aus dieser Behinderung und dieser "Aussonderung" eine Weihe, ein Zeichen der Erwählung machen möchte. Tatsächlich hat mich ja diese Schwäche seit jeher und für immer auf Ihn geworfen.

Ich kann sagen: An dem Tag, an dem mir dieses Licht geschenkt wurde und ich ihm zugestimmt habe, habe ich eine große Befreiung von meinen Komplexen erlebt, so sehr, daß ich diese Behinderung in meinem Gesicht völlig vergessen habe, ich denke NIE mehr daran!»

DER LEIB UNTER DEM BLICK GOTTES

Wenn Gott zuläßt, daß wir jemandem begegnen, der uns mit einem Blick der Liebe ansieht, dann trifft uns ein Widerschein des Blickes Gottes. Dadurch wird allmählich der Blick korrigiert, mit dem wir uns selbst betrachten. Wir können uns dann selbst lieben. Aber wenn uns eine menschliche Liebe auch berühren kann und uns entdecken läßt, was schön in uns ist, so genügt sie doch nicht, damit wir den Bereich in uns akzeptieren, der nicht liebenswert ist, die Reaktionen, die wir gerne anders hätten, die wir aber nicht beherrschen können und die zeigen, daß die Einheit unseres Wesens verletzt ist. Die menschliche Liebe hat immer gewisse Schwächen, und unsere negativen Bilder gewinnen schnell wieder die Oberhand. Therese von Lisieux singt:

«Ja, ich brauche eine Liebe, brennend von Zärtlichkeit,
die alles in mir liebt, selbst meine Schwächen,
und die mich nicht verläßt, weder bei Tag noch bei Nacht.»

Wir brauchen einen Blick, der ohne Unterlaß auf uns ruht. Es ist der Blick des Vaters, der immer da ist, um uns das Leben zu geben und uns zu überzeugen, daß wir liebenswert und unendlich geliebt sind. Wir können uns unter diesen Blick stellen, uns dieser Liebe aussetzen, um uns durch tägliche Übung heilen zu lassen. Wir können uns gewisse Umstände zunutze machen, um uns darin zu üben, bis es ganz natürlich wird. Wenn wir z.B. eine Kirche, eine Kapelle oder einen Gebetsraum betreten, nehmen wir uns Zeit, diesen Blick aufzunehmen, der auf uns gerichtet ist. Ebenso sind wir, wenn das Allerheiligste ausgesetzt ist, wenn Jesus sich in der Hostie unseren Blicken aussetzt, eingeladen, uns seinem Blick auszusetzen, uns von Christus anschauen zu lassen, uns von den Strahlen seiner Liebe durchdringen zu lassen.

Clarissa macht diese Erfahrung seit Jahren:

> «Da ich vom Blick meiner Mutter sehr verletzt war, war ich überempfindlich gegenüber den Blicken anderer, vor allem von denen, die ich gern hatte. Bei der geringsten negativen Bemerkung war ich wie am Boden zerstört. Ich fühlte mich wertlos und litt schrecklich darunter, da ich zugleich ein tiefes Verlangen nach Freiheit hatte.
>
> Eines Tages, nach einer Auseinandersetzung mit meinem Mann, fühlte ich mich wie zu Boden geworfen und hatte ganz stark das Gefühl, nicht liebenswert zu sein. Ich wandte dann mein Gesicht zum Himmel und stellte mich unter den Blick des Vaters, indem ich sagte: "Aber du, du liebst mich." Ich fühlte Gottes Zärtlichkeit, seinen Blick, der auf meiner Schwäche ruhte und doch voll Hoffnung war. Ich erhielt die Kraft, meine Niedergeschlagenheit zu überwinden und aufzustehen.
>
> Seit diesem Augenblick mache ich jedesmal, wenn ich mich in ähnlichen Situationen befinde, neu diesen Schritt, mich unter den Blick Gottes zu stellen, indem ich ihm wieder sage: "Aber du, du liebst mich." Und jedesmal erhalte ich durch die Kraft dieses liebenden Blickes die Gnade, mich sofort wieder zu erheben. Diese Übung hat mein Leben ganz verwandelt und einen Weg tiefer Heilung ermöglicht. Sie ist mir zur Gewohnheit geworden, die mich in Gott festmacht.»

Camilla mochte sich nicht, ja sie verachtete sich. Während eines Seminars wurde ihr bewußt, daß das aus der Gleichgültigkeit ihrer Eltern bei ihrer Geburt herrührte. Das hatte ihr das Gefühl vermittelt, nicht zu existieren:

> «Letztes Jahr nahm ich an einem Treffen teil über die Wesenheit von Mann und Frau anhand israelischer Tänze. Mit seinem Leib konfrontiert zu sein, ist nicht immer sehr angenehm, weil dann alle möglichen Gefühle, die einem gar nicht bewußt sind, hochkom-

men. Die Tage vergingen, und ich fühlte mich immer unwohler in meiner Haut und immer häßlicher!

Eines Abends, während eines Heilungsgebetes für Verwundungen, die man zu Beginn des Lebens empfangen hatte, empfand ich auf einmal den gleichgültigen Blick meiner Eltern im Augenblick meiner Geburt und zugleich den Blick der Bewunderung, den die Jungfrau Maria im gleichen Augenblick auf mich gerichtet und nie mehr von mir abgewandt hatte. Diese Erfahrung dauerte vielleicht eine Minute, und diese zwei Blicke berührten mich sehr tief. Ich fühlte sie bis auf die Knochen.

Der gleichgültige Blick, den meine Eltern für mich hatten — auch wenn es sich sicher um eine ungewollte oder sogar unbewußte Gleichgültigkeit handelte —, durchdrang mich, aber blieb nicht bei mir stehen. Er schien etwas anderes zu suchen, so als würde ich nicht existieren. Das gab mir das Gefühl einer extremen Zerbrechlichkeit, als ob meine Knochen aus Glas wären, als ob mein Leben nicht der Mühe wert sei, gelebt zu werden, als ob es von Anfang an verpfuscht wäre!

Und augenblicklich verstand ich, daß all dieses negative Gepäck, das ich jetzt seit 34 Jahren überall "mitschleppte", diese Selbstverachtung, diese Resignation und diese Mutlosigkeit — die angesichts der Anforderungen des Lebens manchmal von einer Todessehnsucht begleitet wurde — daß all das sowie die Ablehnung meiner Weiblichkeit in diesem gleichgültigen Blick ihren Ursprung hatte.

Zugleich aber empfand ich im Hintergrund den Blick Mariens, der Gnadenvollen, einen Blick voll Bewunderung und Jubel, als ob sie sich über mich freute. Dieser Blick ruhte auf mir, er legte sich warm auf mich, als ob ich der Gegenstand all ihrer Freude und noch mehr all ihrer Hoffnung wäre. Ich hatte das Empfinden, daß sie viel Schönes in mir sah, wirklich Schönes!

Ich verstand, daß ich mich von diesem gleichgültigen Blick freimachen und auf die Selbstverachtung sowie auf die Wahl des Todes verzichten mußte, um in diesem bewundernden Blick Mariens zu bleiben und mich für all das zu entscheiden, was er mir vermittelte und in mir wachrief: das Leben, die Schönheit, die Freude, das Vertrauen in die unendliche Liebe des Vaters zu mir und ein wahrhaftes Annehmen dieser Liebe in meinem Leib und in meinem Herzen, indem ich annehme, was ich bin und wie ich bin. Ich mußte den ersten Schritt der Bekehrung tun, der die Entscheidung ist. In dieser Nacht schlief ich sehr gut, ich fühlte mich wie neugeboren!»

Als einzigartiges Wesen geliebt

Wir tragen in uns wirklich sehr widersprüchliche Gefühle und sind hin und her gerissen zwischen dem Wunsch nach Schönheit und der Ablehnung unseres Körpers, die manchmal bis zum Haß geht. Ich begegne oft Frauen, die alles haben, um schön zu sein, und die sich absichtlich häßlich zu machen scheinen. Die Gleichgültigkeit oder Nachlässigkeit, mit der wir unseren Leib behandeln, zeigt, daß wir uns selbst nicht lieben, daß wir uns keinerlei Wert zuschreiben, während uns doch der Herr selbst sagt: «Du bist wertvoll in meinen Augen, ich liebe dich.» (vgl. Jes 43,4)

Als «Erben» Adams und Evas fragen wir uns: Wie sollten wir in den Augen Gottes wertvoll sein können? Angesichts der Verzweiflung, die die einzige menschliche Lösung in diesem Drama ist, offenbart Gott seine Liebe zum sündigen Menschen. Er hat beschlossen, ihn zu lieben, was auch immer geschehen möge. Er hat im voraus entschieden, den Preis für seine Rückkehr zu Ihm zu bezahlen. Das ist der Grund, warum Jesus in unsere Mitte gekommen ist: zu zeigen, zu beweisen, daß der Vater uns liebt, indem er selbst unsere Leiden und Sünden auf sich nahm.

Wer sich also vernachlässigt, beleidigt seinen Schöpfer. Gehen wir doch gut und behutsam mit dem Leib um, den Gott uns gegeben hat! Betrachten wir ihn mit den Augen Gottes, mit dem Blick des Vaters! Der Leib ist doch der Ort der Fleischwerdung der Liebe, der Ort, wo wir Liebe empfangen und Liebe schenken. Deshalb ist der Leib so wertvoll und wird eines Tages auferstehen, um in die Herrlichkeit Gottes einzugehen.

Leib und Seele sind unsichtbar miteinander verbunden

Es ist außergewöhnlich, daß Gott unseren Leib dazu erwählt hat, der Ort Seiner Gegenwart zu sein. Das bedeutet eine unglaubliche Würde des Menschen! Gott selbst hat keinen anderen Weg gefunden, uns seine Liebe zu beweisen, als sich in einen Leib zu inkarnieren, Fleisch anzunehmen aus dem Fleisch einer Frau. Weil er uns zeigen wollte, wie sehr er uns liebt, gab er sein Leben für uns; und sein Leben geben heißt, seinen Leib ausliefern. Man kann sein Leben nicht außerhalb des Leibes hingeben. Die Hingabe des Herzens ist die Hingabe des Leibes. Es ist unmöglich, den Leib vom Herzen, von der Seele oder vom Geist zu trennen. Das ist ein außergewöhnliches Geheimnis, das uns mit Staunen erfüllen muß, mit einem tiefen Respekt für den Leib, den wir als Ort betrachten müssen, an dem sich die Gegenwart Gottes offenbart.

Es ist offensichtlich, daß der Feind Gottes ohne Unterlaß versucht, das Werk der Schöpfung zu zerstören und das Geschöpf zugrunde zu richten, weil ihm die Liebe unerträglich ist. Diese Zerstörungswut zeigt sich besonders am Ende dieses Jahrhunderts. Unsere Zeitgenossen sind in Verwirrung geraten, was ihre Identität betrifft; und wir tragen zur schnellen Ausbreitung von Krankheiten und Verhaltensweisen bei, die mit Verachtung und Zerstörung des Leibes verbunden sind: Magersucht, Eß-Brech-Sucht, Drogen, Abtreibung, Selbstmord, Euthanasie...

Durch Johannas Zeugnis verstehen wir besser die große Verwirrung, in welche so viele unserer Jugendlichen geraten sind:

> «Ich bin das vierte von sieben Kindern (fünf Mädchen und zwei Buben). Mein Vater hatte sich sehr einen Jungen gewünscht, und bei jeder Geburt eines weiteren Mädchens war seine Enttäuschung groß. Als der erste Bub auf die Welt kam, war er sehr glücklich und stolz.
>
> Meine Kindheit war nicht leicht aufgrund verschiedener familiärer Probleme, z.B. die Krankheit meines Vaters und sein Tod, als ich knapp elf Jahre alt war. Während meiner Jugend wollte ich kein Mädchen sein. Ich trug immer Hosen. Für mich bedeutete

Mädchen sein, schwach und zerbrechlich zu sein, und ich wollte mich stark und selbstsicher zeigen.

Gegen zwanzig machte ich eine sehr starke Gotteserfahrung, die mich in die Gemeinschaft der Seligpreisungen führte. Dort entdeckte ich den Tanz für den Herrn. Durch diesen Tanz erfuhr ich eine Versöhnung mit meinem Leib. Ich begann, ihn anzunehmen und zu lieben. Der Herr machte mir bewußt, daß mein Verhältnis zu meinem Leib nicht richtig war. Ich verstand, daß ich magersüchtig war, das heißt, daß ich meinen Leib völlig verneinte; ich hörte nicht mehr auf ihn. Jahrelang aß ich fast nichts mehr. Selbst wenn ich Hunger hatte, hörte ich nicht auf meinen Magen, sondern ich trank etwas, um den Hunger nicht mehr zu spüren. Ich wollte schlank sein, ich war beunruhigt von der Angst, dicker zu werden, und ich aß sehr wenig. Ich erinnere mich, daß ich am Anfang meiner Bekehrung während der Fastenzeit ein vierzigtägiges Fasten hielt, und es war überhaupt nicht schwer für mich, auf das Essen zu verzichten — im Gegenteil!

Ich arbeitete acht Stunden am Tag in einer Fabrik, dazu war ich noch sehr aktiv in meiner Pfarre und in einer Gebetsgruppe. Ich verlangte viel von meinem Körper, aber ich hörte nicht, was er von mir verlangte. Es war, als ob ich außerhalb meines Leibes lebte. Als mein Beichtvater mir die Augen für dieses Problem der Magersucht öffnete und ich mich damit auseinanderzusetzen begann, verstand ich, daß ich mich dafür entscheiden mußte, das Leben anzunehmen, das der Herr mir geschenkt hatte und das er mir jeden Tag schenkt. Ich erkannte, daß meine Sinne verschlossen waren, daß ich an nichts Geschmack fand. Zum Beispiel ertrug ich keine Berührung mit dem anderen Geschlecht, und wenn ich eine Beziehung mit einem Jungen begann, ertrug ich die Zärtlichkeit nicht und blieb eiskalt.

Jetzt esse ich regelmäßiger. Der Herr erweckt in mir alles, was abgestorben war, und allmählich gibt er mir den Geschmack am Leben wieder. Für meinen Leib handelt es sich um eine echte Neuerziehung, und ich bin erstaunt über die Wunder, die Gott in mir vollbringt. Ich bin glücklich, eine Frau zu sein und mich wie eine Frau zu kleiden. Ich lebe wieder! Ich danke dem Herrn aus ganzem Herzen und ich bete für alle, die außerhalb ihres Leibes leben und ihn nicht achten, damit sie wahre, lebendige Tabernakel werden und der Welt die Gegenwart Gottes vermitteln.»

Ist nicht die Abtreibung das größte Zeichen dieser Verwirrung, die der Verlust des Sinnes für das Leben nach sich gezogen hat? Mutter Teresa hatte den Mut, es deutlich auszusprechen:

> *«Ich merke, daß die größte Gefahr für den Frieden heute die Abtreibung ist. Was sagt uns Gott? Er sagt: "Selbst wenn eine Mutter ihr Kind vergessen könnte, ich vergesse dich nicht. Ich habe dich in meine Hand geschrieben." Wir sind in seine Hand geschrieben. Dieses ungeborene Kind ist in Gottes Hand geschrieben seit seiner Empfängnis, es ist von Gott berufen, zu lieben und geliebt zu werden, nicht nur jetzt in diesem Leben, sondern für immer. Gott kann uns nie vergessen.»* (Auszug aus einer Ansprache Mutter Teresas in Gegenwart von Präsident Bill Clinton).

Möge unsere Generation das Staunen über das Geschenk des Lebens wiederfinden, über das Geheimnis des Menschen und seine außerordentliche Würde, wie es der Psalmist so schön ausdrückt:

> «Seh' ich den Himmel, das Werk deiner Finger,
> Mond und Sterne, die du befestigt:
> Was ist der Mensch, daß du an ihn denkst,
> des Menschen Kind, daß du dich seiner annimmst?
> Du hast ihn nur wenig geringer gemacht als Gott,
> hast ihn mit Herrlichkeit und Ehre gekrönt.» (Ps 8,4-6)

Die Übereinstimmung zwischen dem Leib und dem Aufbau des Tempels

Kehren wir zum Tempel von Jerusalem zurück, zu seinem Aufbau, um — ohne überall eine genaue Entsprechung zu suchen — seine mögliche Beziehung zum Leib zu verstehen. Wie kann dieses Bild für uns ein Weg zu unserem gelobten Land, ein Weg in das Innere werden?

Wenn auch große Unterschiede bestehen zwischen dem ersten Tempel, den Salomon erbaute, und dem zweiten, der nach der Rückkehr aus dem Exil wieder aufgebaut wurde, so bleibt der Aufbau doch der gleiche.

Der Vorhof oder die Vorhalle

Der Vorhof war der äußerste Bereich des Tempels. Er war in mehrere Höfe geteilt, in denen sich das Leben des Volkes abspielte. Man ging durch Tore vom äußeren in den inneren Vorhof. Die Heiden durften den inneren Bereich des Tempels nicht betreten, sie hielten sich im äußeren Vorhof auf. Das war der Ort des Handels, der Käufer und Verkäufer, der Geldwechsler. Hier hat Jesus in einer prophetischen Handlung die Händler aus dem Tempel vertrieben, um ihn zu reinigen:

«Im Tempel fand er die Verkäufer von Rindern, Schafen und Tauben und die Geldwechsler, die dort saßen. Er machte eine Geißel aus Stricken und trieb sie alle aus dem Tempel hinaus, dazu die Schafe und Rinder; das Geld der Wechsler schüttete er aus, und ihre Tische stieß er um. Zu den Taubenhändlern sagte er: Schafft das hier weg, macht das Haus meines Vaters nicht zu einer Markthalle!» (Joh 2,14-16)

Der innere Vorhof umfaßte drei Höfe:

— den Vorhof der Priester, der vom Tempel durch zwölf Stufen getrennt war. Hier befand sich der Bronzealtar, auf dem die Opfer dargebracht wurden, ebenso das Becken für die Waschungen, damit sich die Priester Hände und Füße waschen konnten, bevor sie ihren Dienst im Tempel antraten.

— den Vorhof der Israeliten, in welchem sich alle Juden versammelten, wenn sie anläßlich der großen Pilgerfeste kamen, um zu beten und ihre Opfer darzubringen.

— den Vorhof der Frauen, die sich abseits versammelten.

Bevor man den Vorhof betrat, mußte man sich reinigen. Man kann in Jerusalem noch den einstigen Standort der rituellen Bäder sehen, die um den Tempel herum angebracht waren. So findet man auch beim Eingang unserer Kirchen das Weihwasserbecken, bei dem man sich mit geweihtem Wasser mit dem Kreuzzeichen bezeichnen kann als Zeichen der Reinigung.

Der Vorhof entspricht unserem Leib, der die Verbindung zwischen dem Inneren und dem Äußeren ist. Er ist der Ort des Austausches, aber auch der Ort der Trennung; hier entscheiden wir, uns entweder der Welt zuzuwenden und an unserer Oberfläche zu leben, oder uns Gott und dem Heiligtum zuzuwenden. Der Vorhof ist der Ort, wo wir uns Gott nähern können. Es ist auch der Ort, wo wir mit der Welt und dem Geist der Welt brechen, um uns zu bekehren, das heißt uns wieder Gott zuzuwenden. «Wenn du umkehren willst...» (Jer 4,1) wiederholt der Herr unablässig! Der Vorhof ist also der Ort der Entscheidung, der Trennung und der Reinigung.

Seine Stufen führen zur Darbringung der Opfer; der Opferaltar befand sich wirklich genau am Eingang des Heiligtums. Man kann nicht ohne Vorbereitung in die Gegenwart Gottes treten, ohne einen notwendigen Bruch mit dem Profanen, der sich durch Riten vollzieht. Der Opferritus erlaubte jedem, sich Gott zu nähern.

Auf dem Vorhof fand auch die liturgische Feier mit den Sängern und Musikinstrumenten statt. Bei uns Christen hingegen findet die Feier im Inneren des Heiligtums statt.

Das Heiligtum

Nach der Reinigung konnten die Priester im Namen des Volkes in das Heiligtum eintreten, das ein Ort des Schweigens, der Ort der Offenbarung der Herrlichkeit Gottes war.

Im Heiligtum, vor dem Vorhang des Tempels, befand sich

— der Tisch mit den «Schaubroten», die vor das Angesicht Gottes gelegt wurden als Zeichen der Opfergabe,

— der siebenarmige Leuchter, der niemals erlöschen durfte, als Symbol für das göttliche Licht, und

— der Rauchopferaltar, auf dem die Priester morgens und abends Weihrauch darbrachten, Symbol für das Gebet, wie jeden Abend in der Vesper der byzantinischen Liturgie gesungen wird: «Wie Weihrauch steige mein Gebet vor dir auf, als Abendopfer gelte vor dir, wenn ich meine Hände erhebe.» (Ps 141,2)

Das Volk hielt sich im Vorhof auf, nur die Priester, die zum Dienst Gottes beauftragt waren, konnten in das Heiligtum eintreten, um die Verbindung zwischen Gott und seinem Volk zu schaffen.

Das Heiligtum entspricht unserer Seele, unserer Psyche und all ihren Kräften, unseren Fähigkeiten, die unsere Person ausmachen: Intelligenz, Gedächtnis, Wille, Vorstellungskraft, Gefühle. Es ist der Ort unseres Inneren, wo wir entdecken können, wer wir sind, wie einzigartig wir unter dem Blick Gottes sind.

Das Allerheiligste

Im Allerheiligsten schließlich, diesem sehr heiligen Ort, den nur der Hohepriester einmal im Jahr am Großen Versöhnungstag betreten durfte, befand sich die Bundeslade, die die Gesetzestafeln, den Stab Aarons und das Gefäß voll Manna (vgl. Ex 16,33-34) enthielt. Dieser Bereich des Tempels entspricht dem des Offenbarungszeltes, wo Gott mit Mose «von Angesicht zu Angesicht» sprach. Das ist der innerste Bereich des Menschen, der Bereich des Geistes, wo «der Geist selber unserem Geist bezeugt, daß wir Kinder Gottes sind» (Röm 8,16). Hier erhalten wir unseren neuen Namen, hier wird uns in Fülle unsere Identität geoffenbart. Es ist das tiefe Herz, die «Mitte der Seele».

Man kann diese Aufteilung von außen nach innen verstehen, aber auch von unten nach oben. Die natürlichen Fähigkeiten befinden sich im unteren Bereich des Leibes, während die Lebenskraft im Herzen konzentriert ist, diesem Hauptorgan, das die Lebenskraft in alle Bereiche des Leibes ausstrahlt, und der Kopf der Sitz des Verstands und des Sprachvermögens ist. Er regiert den Leib. Jesus ist sowohl das Herz als auch «das Haupt seines Leibes, der Kirche», sagt uns der hl. Paulus.

Wir werden nun sehen, wie wir schrittweise, stufenweise eingeladen werden, in das Heiligtum einzutreten, bis hin zum Allerheiligsten.

DER AUFSTIEG ZUM TEMPEL

«Ich freute mich, als man mir sagte:
Zum Haus des Herrn wollen wir pilgern
Schon stehen wir in deinen Toren, Jerusalem!» (Ps 122,1-2)

Die Richtung wiederfinden

Unser Leben ist eine Wanderung — eine Pilgerreise auf der Suche nach Liebe und nach Glück. «Wer läßt uns Glück erleben?», fragt der Psalmist (Ps 4,7). Diese Sehnsucht ist zutiefst in uns verankert, denn es ist der Wunsch Gottes für seine Geschöpfe. Diese Pilgerreise kann nicht gelingen, ohne daß wir eines Tages entdecken: Gott liebt uns unermeßlich und will nur unser Glück. Manchmal erfaßt man das erst an der Schwelle des Todes. So war es bei Sabine, die uns erzählt, welche Umstände sie veranlaßten, sich für das Leben zu entscheiden:

> «Eines Tages erwache ich im Spital. Ich brauche einige Zeit, um zu begreifen, wo ich bin... und noch länger, um zu verstehen, was passiert ist: das Schlimmste! Es stimmt, daß ich oft an Selbstmord gedacht hatte, aber im Grunde glaubte ich nicht, dazu fähig zu sein. Genau das hatte ich nun getan: ich hatte versucht, mich umzubringen. Ich war ganz unten angekommen. Und dennoch fühlte ich mich, als ich im Spital aufwachte, von einem Frieden durchflutet, den ich niemals gekannt hatte, von einer unvergleichlichen Liebe umfangen. Ich stellte mir nicht einmal die Frage, für mich war es klar: Das ist die Liebe Gottes.
>
> Es war ein sehr starkes Gefühl, eine Wärme, die mich durchdrang. Zum erstenmal in meinem Leben fühlte ich mich wirklich geliebt. Ich erfuhr durch diese Liebe die Barmherzigkeit des Herrn, der mich nicht verurteilte, obwohl ich doch etwas Schlimmes getan hatte. Für mich war das wirklich die Entdeckung der Liebe Gottes. Man hatte mir von ihr erzählt, aber bis dahin bedeutete mir das nichts. Zugleich ließ mich diese Liebe ganz frei, als ob der Herr mir sagen wollte: "Ich liebe dich mit unermeßlicher Liebe, aber du, möchtest du das Leben wählen?" Ich erkannte, daß ich frei war, zum Leben ja oder nein zu sagen. Die Liebe des Herrn gab mir Kraft, ja

> zu sagen, ein Ja für immer. Ich habe das Leben gewählt. Es war wie eine zweite Geburt, wie meine wahre Geburt zum Leben.»

Gott läßt uns wirklich die Wahl, uns dem Leben oder dem Tod zuzuwenden: «Hiermit lege ich dir heute das Leben und das Glück, den Tod und das Unglück vor. Leben und Tod lege ich dir vor, Segen und Fluch. Wähle also das Leben, damit du lebst, du und deine Nachkommen.» (Dtn 30,15.19)

Viele Menschen können sich nicht auf den Weg machen, weil sie sich ein falsches Bild von Gott, dem Vater, gemacht haben. Er scheint ihnen weit entfernt und macht ihnen Angst. Das war der Fall bei Veronika, 23 Jahre, geboren in einer praktizierenden katholischen Familie, die uns Folgendes erzählt:

> «Ich ging jeden Sonntag zum Gottesdienst, aber ohne Freude, vielmehr mit Unlust, weil mich Gott nicht interessierte, und ich dachte, er würde sich nicht für mich interessieren. Ich glaubte an ihn, aber er machte mir Angst. Er war so weit weg…
>
> Ein alter Kapuziner kam manchmal zu uns zum Essen. Einmal sagte er mir: "Weißt du, der liebe Gott hat dich sehr gern, wirklich." Ich antwortete ihm: "Glauben Sie?" Ich wagte mir das kaum vorzustellen. Gott hatte sich auf dieser Welt um so vieles zu kümmern. Warum sollte er auch nur eine Sekunde lang an mich denken, wo mir doch nichts fehlte und ich "alles" hatte? Dennoch hoffte ich sehr, es möge wahr sein, aber aus Angst vor Enttäuschung glaubte ich es nicht.
>
> Einige Jahre später, bei einem großen Jugendtreffen, war ich sehr überrascht zu hören, daß Gott mich suche und ERWARTE, daß ich ihn liebe! Wie sollte das möglich sein? Ich dachte immer, daß ich den ersten Schritt zu dieser "edlen Majestät" machen müßte, und erwartete im übrigen gar keine Antwort. Damals habe ich beschlossen, alles zu unternehmen, um diesen Gott der Liebe zu "treffen". Und während einer Gebetszeit vor dem Allerheiligsten ließ sich Jesus von mir spüren.
>
> Ich war da, vor ihm, ich sagte ihm wieder mein Ja und plötzlich fühlte ich mich überflutet von einer verrückten, unermeßlichen, reinen und ganz sanften Liebe, so stark, daß die Tränen reichlich zu fließen begannen — wie eine Überschwemmung durch diese Überfülle an Liebe, die mein Herz nicht fassen konnte. Ich war so

glücklich und sagte mir: Heute (12. August 1990, mein 18. Geburtstag!) ist der erste Tag meines Lebens. Vorher hatte ich überlebt, aber von jetzt an lebe ich.»

Geh zu dir selbst!

Um zur Begegnung mit Gott zu kommen, muß man sich in Bewegung setzen (verlaß, steh auf, komm, geh...). Die Heiden stiegen auf die Anhöhen, um ihre Opfer darzubringen. Die Juden machten sich dreimal im Jahr auf den Weg, um ihren Gott in Jerusalem zu feiern. Jesus aber kündigt ein neues Zeitalter an. Der Samariterin, die ihm sagt: «Unsere Väter haben auf diesem Berg Gott angebetet; ihr aber sagt, in Jerusalem sei die Stätte, wo man anbeten muß», antwortet Jesus: «Glaube mir, Frau, die Stunde kommt, zu der ihr weder auf diesem Berg noch in Jerusalem den Vater anbeten werdet... Aber die Stunde kommt, und sie ist schon da, zu der die wahren Beter den Vater anbeten werden im Geist und in der Wahrheit.» (Joh 4,20-23)

Diese Pilgerreise, zu der wir eingeladen sind, findet nicht außerhalb von uns statt. Als Gott zu Abraham sagte, er solle sich auf den Weg machen, läßt sich der hebräische Text «lech lecha» auf zwei Arten übersetzen, entweder «Geh in das Land, das ich dir zeigen werde», oder «Geh zu dir selbst». Es ist der gleiche Ausdruck, den der Bräutigam im Hohelied gebraucht: «Steh auf, meine Freundin, meine Schöne, und geh zu dir selbst» (Hld 2,10). Wie Abraham, wie die Braut im Hohelied sind wir gerufen, alles zu verlassen, um zu uns selbst zu gehen, in unsere tiefste Mitte, an den Ort, den Gott erwählt hat, um dort seine Wohnung aufzuschlagen, und wo er uns erwartet, um uns die Wonnen seiner Gegenwart verkosten zu lassen.

Der hl. Augustinus bereute, das nicht früher verstanden zu haben. Er schreibt in seinen «Bekenntnissen»:

> «Spät habe ich dich geliebt, du Schönheit, so alt und so neu, spät habe ich dich geliebt! Denn siehe: du warst in mir, ich aber war draußen, und draußen suchte ich dich. In meiner Häßlichkeit stürzte ich mich auf die Anmut deiner Geschöpfe. Du warst bei mir, und ich war nicht bei dir. Die Dinge, die keinen Bestand hätten,

wenn sie nicht in dir bestünden, hielten mich fern von dir... Du hast mich gerufen, hast geschrien und meine Taubheit zerrissen, du hast geglänzt, hast gestrahlt und meine Blindheit zerstreut; du hast deinen Duft verbreitet, ich habe ihn eingeatmet und seufze jetzt nach dir; ich habe dich verkostet und hungere und dürste nach dir; du hast mich berührt und ich bin entbrannt in Sehnsucht nach dem Frieden, der in dir ist.»

Die Abschnitte des Weges

Wenn wir einmal die Entscheidung getroffen haben, beginnen für uns die verschiedenen Abschnitte des Weges.

Die Bedeutung des Aufstiegs

Untersuchen wir zuerst die Bedeutung des Aufstiegs, die in uns eingeschrieben ist. Wir identifizieren spontan «unten» mit allem Wertlosen und Schlechten und «oben» mit dem Edlen und Guten. Steigen erinnert uns von Natur aus an den Aufstieg unseres Wesens zum Höchsten.

> «Wenn wir den Fuß heben, so nicht nur, um die Stufen zu erklimmen; unser Leib folgt ihm und auch unsere Seele. Und dann, wenn wir ein wenig darauf achten, erahnen wir einen anderen Aufstieg... zu den Höhen, wo sich unser Lauf vollenden wird, zum Himmel, wo Gott wohnt.»[4]

Wer Erfahrungen mit den Bergen hat, kann das Gefühl der Reinigung bezeugen, das man empfindet, wenn man am Gipfel angekommen ist; als ob alles, was uns belastete, im Tal geblieben wäre. Man fühlt sich plötzlich frei, über allem, was uns behindert und uns an die Erde und ihre Ketten fesselt. Schon immer trug der Mensch die Überzeugung in sich, daß man auf die Anhöhen steigen müsse, um sich Gott zu nähern und ihm Opfer zur Vergebung der Sünden darzubringen. Die Alten opferten auf den Hügeln, auf den «oberen Plätzen».

4 Romano Guardini, «Von heiligen Zeichen», Matthias-Grünewald, 1992

Jerusalem liegt 800 Meter über dem Meeresspiegel, und so steigt man nach Jerusalem hinauf, aus welcher Richtung man auch immer kommt. Die Zeit des Weges ist eine Zeit der Reinigung, in die das ganze Sein einbezogen wird. In seinem Buch «Lecture amoureuse de la Parole» erklärt Ephraim den Sinn der Wallfahrt:

> «Der Leib macht sich auf den Weg, aber es ist die Seele, die unter den Unebenheiten leidet; es ist die Seele, die ermüdet und die hofft; es ist die Seele, die sich einer Sache überläßt, die der Sünde, welche Anlaß für diesen Bußgang war, die Stirn bieten muß. Man hatte dem Leib eine mühsame Reise bis zum heiligen Ort auferlegen wollen, aber es ist die Seele, die sich Schritt für Schritt umwandelt bis zu dem Tag, wo sie wie die Pilger von St. Michel an einer Wegkrümmung ausrufen kann: O Wunder! Der Aufstieg nach Jerusalem ist vor allem ein Aufstieg der Seele.»

Das Ziel der Wallfahrt

Für einen Juden ist das Ziel der Wallfahrt die heilige Stadt Jerusalem. Man ging dreimal jährlich zu den großen Festen nach Jerusalem hinauf, um Gott zu sehen und von ihm gesehen zu werden, wobei man die Wallfahrtslieder sang (die Psalmen 120 bis 134).

Die Pracht des Tempels im Herzen der Heiligen Stadt zog alle Blicke auf sich. Der jüdische Geschichtsschreiber Flavius Josephus beschwört die Schönheit des Tempels, der bedeckt war mit großen Goldplatten, die die Sonnenstrahlen widerspiegelten. Selbst die Heiden wurden vom Gotteshaus der Israeliten angezogen. «Wer ist dieser Gott, der die Menschen zu einem solchen Bauwerk inspirieren konnte, dessen Schönheit jedes Begreifen übersteigt?», so fragten sie sich, und auch die Königin von Saba hatte vom Ruf Salomos gehört. War sie nicht gekommen, um sich mit eigenen Augen zu überzeugen, ob es wahr sei, was man über die Weisheit des Königs der Israeliten und über die Schönheit des Tempels sagte? (vgl. 2 Chr 9)

Den Blick ausrichten

Wo immer man sich auch befand, man wandte sich Jerusalem zu. Sich auf ein Heiligtum hin auszurichten, trägt wirklich eine spirituelle Bedeutung in sich und bringt die Sehnsucht zum Ausdruck, sich Gott zuzuwenden. Wenn Mose ins Offenbarungszelt ging, folgte ihm das ganze Volk mit den Blicken, es erhob sich und warf sich zu Boden (vgl. Ex 33,8). Wenn die Juden in den Synagogen beten, tun sie dies immer in Richtung Jerusalem. Die christlichen Kirchen sind alle nach Osten ausgerichtet, das heißt zum Licht der aufgehenden Sonne hin. Und die Muslime wenden sich beim Beten immer in Richtung Mekka.

«Ich hebe meine Augen auf zu den Bergen: Woher kommt mir Hilfe? Meine Hilfe kommt vom Herrn, der Himmel und Erde gemacht hat.» (Ps 121,1-2)

Den Blick auszurichten, ist der Beginn der Reise. Bevor man eine Wanderung unternimmt, muß man den Blick in die richtige Richtung lenken. Wir können im Lauf des Tages öfter diese Übung machen, unseren Blick dem Herrn zuzuwenden, indem wir ihn auf einem Kreuz, einer Ikone oder einer Kirche ruhen lassen.

> Ein leitender Angestellter hatte die Furcht vor der Reaktion seiner Kollegen überwunden und in seinem Büro eine Ikone aufgestellt, um von Zeit zu Zeit den Blick zu Gott zu erheben. Als seine Mitarbeiter die Ikone entdeckten, nahmen sie an, daß er gläubig ist. Gleich am ersten Tag vertrauten sich ihm drei Personen an, und er hatte Gelegenheit, seinen Glauben zu bezeugen und für die Betreffenden zu beten, was ihm vorher unvorstellbar erschienen war.

Aufstehen

Dann muß man aufstehen. Wie oft hört man dieses Wort in der Heiligen Schrift: «Steh auf!»

«Steh auf und geh zu dir selbst», wird dem Abraham gesagt. (Gen 12,1)

«Steh auf und geh hinaus in die Ebene! Ich will dort mit dir reden», befiehlt Gott dem Propheten Ezechiel. (Ez 3,22)

«Steh auf und geh nach Ninive», befiehlt der Herr dem Jona. (Jona 1,2)

«Steh auf, nimm das Kind und seine Mutter und flieh nach Ägypten», sagt der Engel zu Josef. (Mt 2,13)

«Ich will aufstehen und zu meinem Vater gehen», ruft der verlorene Sohn aus. (Lk 15,18)

«Steh auf und geh nach Damaskus», hört Paulus. (Apg 22,10)

Jedesmal, wenn etwas Wichtiges geschehen wird, muß man aufstehen!

Aufrecht stehen

Die aufrechte Haltung ist es, die den Menschen vom Tier unterscheidet; durch sie kann der Mensch von Angesicht zu Angesicht mit Gott sprechen wie Mose am Sinai und im Offenbarungszelt. Sie drückt diese unglaubliche Würde des Menschen aus, seine Berufung, über die Schöpfung zu herrschen und die Geschöpfe zu regieren, wie es ihm von Gott im Augenblick der Schöpfung anvertraut wurde.

Gott sagt auch zum Propheten Ezechiel: «Stell dich auf deine Füße, Menschensohn; ich will mit dir reden. Als er das zu mir sagte, kam der Geist in mich und stellte mich auf die Füße. Und ich hörte den, der mit mir redete.» (Ez 2,1-2)

Aufrecht stehen ist die Haltung des Hörens; das ganze Wesen ist in Aufnahmebereitschaft, unverzüglich bereit zur Tat. Hören, das heißt schon entschlossen sein, den Kurs zu ändern oder den Weg fortzusetzen; es ist die erste Antwort auf den Ruf, die alle von Gott Auserwählten sprechen: «Hier bin ich!»

«Hier bin ich, du hast mich gerufen», antwortet der junge Samuel. (1 Sam 3,5)

«Siehe, ich bin die Magd des Herrn; mir geschehe, wie du es gesagt hast», sagt Maria zu dem Engel. (Lk 1,38)

Übung:

Beginnen wir unsere Tage in dieser Haltung der Hingabe, aufrecht stehend, die Hände geöffnet und dargeboten, um mit unserem ganzen Sein dieses «Hier bin ich» auszudrücken.

Die Berufung Abrahams, alles zu verlassen

«Zieh weg aus deinem Land, von deiner Verwandtschaft und aus deinem Vaterhaus!» (Gen 12,1)

Die Trennung

Im Gefolge Abrahams werden wir unsere falschen Identitäten verlassen, das heißt, die notwendigen Trennungen durchführen. Dieser Trennungsprozeß ist dem Herzen der Schöpfung selbst eingeschrieben. Der Prototyp davon ist die Trennung der Geschlechter, des Männlichen und des Weiblichen. Gott ordnete das Chaos, indem er das Licht von der Finsternis trennte, den Tag von der Nacht, die Wasser über dem Himmel von den Wassern unterhalb und das Land vom Meer. Daraufhin erschuf er die Pflanzen und die Bäume, die Samen tragen und Früchte bringen nach ihrer Art, dann alle Lebewesen im Meer, auf dem Land und in der Luft, jedes nach seiner Art, in einer unerhörten Mannigfaltigkeit, jedes mit einer eigenen Identität, ohne Vermischung.

Ebenso schafft Gott uns neu, um uns der Finsternis und dem Chaos zu entreißen. Er läßt uns einen Trennungsprozeß durchmachen, der unsere wahre Identität aufbaut, während die Arbeit des Bösen darin besteht, uns in die ursprüngliche Verwirrung, in das Chaos des Anfangs zurückzustürzen…

Man nennt ihn Teufel; das griechische Wort «diabolos» bedeutet «der Durcheinandertreiber», der Zerfall bewirkt, der spaltet. Aber spalten hat nichts mit trennen zu tun. Die Trennung bringt etwas anderes oder jemand anderen hervor. Die Spaltung hingegen zerbricht die Einheit, sie zerstört das innere Gefüge der Dinge oder der Wesen. Satan äfft Gott immer nach. Durch die Trennung ermöglicht Gott jedem Ding und jedem Wesen, durch sich selbst zu existieren, aber durch die Spaltung bringt der Teufel «den Wurm hinein». Er betreibt ein zerstörerisches Werk, indem er in heimtückischer Weise die Fundamente untergräbt, um das Gebäude zu zerstören.

Gott will uns durch die Kraft seines schöpferischen Wortes unserem Chaos entkommen lassen. Der hl. Paulus vergleicht es mit einem Schwert: «Lebendig ist das Wort Gottes, kraftvoll und schärfer als jedes zweischneidige Schwert; es dringt durch bis zur Scheidung von Seele und Geist, von Gelenk und Mark; es richtet über die Regungen und Gedanken des Herzens; vor ihm bleibt kein Geschöpf verborgen, sondern alles liegt nackt und bloß vor den Augen dessen, dem wir Rechenschaft schulden.» (Hebr 4,12-13)

Wie das Zellwachstum durch einen Prozeß der Differenzierung geschieht, so geschieht unser geistiges Wachstum durch eine Reihe von Trennungen, von Differenzierungen, die jedesmal unsere Identität verfeinern und uns von der Vielheit zur Einheit, vom Allgemeinen zum Einzigartigen gelangen lassen. Man findet in der Bibel vielfältige Beispiele, wo Gott trennt, verlassen läßt, herausnimmt. Die Wurzel des Wortes «kadosch», heilig, bedeutet: ausgesondert. Der Heilige ist der, der ausgesondert wurde, aus der Masse herausgezogen, um eine persönliche Beziehung mit Gott einzugehen.

Die atheistischen Systeme lassen keinen Raum für den persönlichen Ausdruck: sie fürchten den Unterschied. Jedes Individuum wird in der Masse, im Kollektiv ertränkt. Gott aber ruft uns bei unserem Namen. Er kennt uns, als wären wir sein Einziges. Man muß die Menge verlassen, um in eine Einsamkeit mit Gott einzutreten und von ihm allein unsere Identität zu empfangen.

Gott beruft Abraham, alles zu verlassen, alle seine Anhaltspunkte zu verlieren und in ein Vertrauen und eine völlige Verfügbarkeit einzutreten, um Gott überallhin blind zu folgen, wohin er ihn führen würde. «Zieh weg aus deinem Land, von deiner Verwandtschaft und aus deinem Vaterhaus in das Land, das ich dir zeigen werde.» (Gen 12,1)

Dieser Ruf, alles zu verlassen, verwirklicht sich stufenweise, in einer gewissen Ordnung. Man könnte meinen, daß Abraham zuerst sein Vaterhaus verlassen mußte, dann die Familie und schließlich sein Land. Warum steht hier: dein Land, dann deine Verwandtschaft und schließlich dein Vaterhaus? Es ist wirklich so: Selbst wenn es scheint, daß man sich von allem gelöst hat, sind die tiefsten Bindungen wohl jene des Fleisches und Blutes! Diese sind die letzten, von denen man sich losreißen kann.

Sein Land verlassen

Das Land, die Erde, das ist der Ort, an dem wir groß geworden sind und der uns durch die Gebote, die Gebräuche und gesellschaftlichen Normen eine Art vermittelt hat, das Leben zu verstehen, ihm einen Sinn zu geben. Das ist tatsächlich der Geist der Welt. Wenn man fortgeht, um im Ausland zu leben, wird man sich klar darüber, daß man alle möglichen Einzelheiten «verabsolutiert» hat; anderswo kann man ganz anders leben. Sein Land zu verlassen heißt, alle Kompromisse mit der Gesellschaft aufzugeben, die uns vom Gesetz Gottes entfernen und uns dazu bringen, die Landesgötter zu verehren.

Die Länder Ur und Haran waren Länder des Götzendienstes. Die jüngsten Ausgrabungen in Chaldäa haben gezeigt, daß seine Einwohner Polytheisten waren und unzählige Götzen verehrten. Jede Familie hatte ihren Hausgott, den sie im eigenen Heim verehrte. Die Überlieferung erzählt, daß Terach, der Vater Abrahams, selbst Götzenbilder herstellte, und dieser sich so gegen seinen Vater stellen mußte, aber auch gegen den herrischen König und gegen die ganze götzendienerische Bevölkerung seiner Umgebung. Wir kommen später noch darauf zu sprechen, was für uns heute die Götzen darstellen.

Seine Verwandtschaft verlassen

«Zieh weg von deiner Verwandtschaft». Andere übersetzen: von deinem Heimatland, deiner Familie. Das steht für alle affektiven Bindungen: die Familie im umfassenden Sinn, unsere Angehörigen, alle Blicke, die auf uns gerichtet waren, alle Erwartungen der Menschen, die uns persönlich kennen, alle Worte, die unsere Persönlichkeit begründet haben, alles, was uns aufgebaut, geformt, aber auch verformt hat und uns gefangen hält. Jesus ist radikal, wenn er bekräftigt: «Amen, ich sage euch: Jeder, der um des Reiches Gottes willen Haus oder Frau, Brüder, Eltern oder Kinder verlassen hat, wird dafür schon in dieser Zeit das Vielfache erhalten und in der kommenden Welt das ewige Leben.» (Lk 18,29-30)

Das Vaterhaus verlassen, um seine Identität zu empfangen

Das Vaterhaus, das sind die grundlegenden Bilder, die wir wie Archetypen in uns tragen; Bilder von Vaterschaft und Mutterschaft, von Vater und Mutter. Sie sind uns so tief eingeprägt, eingeschrieben in unser eigenes Fleisch, daß wir denken, wir selbst seien das; zugleich aber können wir nicht akzeptieren, «nur das» zu sein. Dieses Bild von uns selbst hat sich gebildet ausgehend von der Beziehung, die wir zu unserem Vater und unserer Mutter hatten bzw. zu denen, die für uns das väterliche bzw. das mütterliche Bild repräsentiert und uns so ein Bild Gottes vermittelt haben. Sein Vaterhaus verlassen bedeutet auch, die falschen Bilder aufzugeben, die wir von Gott haben, weil er sich uns offenbaren möchte, wie er ist.

Um Christus nachzufolgen, müssen wir auf alles verzichten, was uns begrenzt, alles, was uns gefangen hält, abhängig von etwas anderem als von Ihm. Er sagt es uns selbst: «Wer Vater oder Mutter mehr liebt als mich, ist meiner nicht würdig» (Mt 10,37). Als das Kind Jesus im Tempel wieder aufgefunden wurde, erlebte die heilige Familie selber diese Trennung. Für Josef und Maria vollzog sie sich im Leiden. Maria erinnerte Jesus an die Bindungen des Fleisches: «Dein Vater und ich haben dich gesucht», und Jesus zeigte ihnen den himmlischen Vater: «Wußtet ihr nicht, daß ich in dem sein muß, was meinem Vater gehört?» Selbst Jesus mußte also von Josef und Maria getrennt werden, damit er wieder ganz in seine Identität als Sohn Gottes eingehen konnte. Und obwohl er mit seinen Eltern nach Nazaret zurückkehrte und ihnen gehorsam war, war er in eine neue Dimension eingetreten.

Ein Vorbild dazu im Alten Testament ist Abram: Er erhält seinen neuen Namen Abraham, das heißt Vater der Menge, erst, als er alle Bindungen des Fleisches und Blutes durchtrennt hat. Daraufhin führt Gott ihn ins Äußerste der Enteignung: Er verlangt von ihm, seinen Sohn zu opfern, seinen einzigen, denselben, den er ihm auf wunderbare Weise geschenkt hatte, das Kind der Verheißung, um ihm viele Söhne schenken zu können und ihn von einer natürlichen zu einer übernatürlichen Fruchtbarkeit gelangen zu lassen. Das Gleiche gilt für uns: Wir können zu unserer wahren Identität im Herzen des Vaters nur gelangen, wenn wir etliche Trennungen erleiden, wenn wir zulassen, daß das Schwert Gottes unsere Bindungen durchtrennt.

Übung:

1. *Den Herrn fragen, welche Bindungen mich in Abhängigkeit halten und welche ich durchtrennen lassen sollte*
   — hinsichtlich der Gesellschaft, in der ich lebe
   — hinsichtlich meiner unmittelbaren Umgebung
   — hinsichtlich meiner Familie

2. *Welchen Sinn hat mein Leben?*

3. *Was beeinflußt meine Entscheidungen?*
   — Ist es die Erwartung meiner Eltern, die der anderen?
   — Ist es der Wunsch, Freude zu bereiten, oder das Bedürfnis, mich durch Reaktion zu behaupten?
   — Ist es die Angst, zu mißfallen oder Kummer zu bereiten?
   — Erfolgen sie frei und aus Liebe?

Den Götzen widersagen

«Liebe Brüder, jetzt sind wir Kinder Gottes. Aber was wir sein werden, ist noch nicht offenbar geworden. Wir wissen, daß wir ihm ähnlich sein werden, wenn er offenbar wird; denn wir werden ihn sehen, wie er ist.» (1 Joh 3,2)

Da wir nach dem Bild und Gleichnis Gottes geschaffen sind, können wir uns außerhalb von ihm nicht erkennen. Jeder falsche Zugang zu Gott zieht ein falsches Menschenbild nach sich. Das Bild, das wir von Gott haben, bedingt das Bild, das wir uns vom Menschen machen. Daher kann uns jeder Versuch, die menschliche Psychologie außerhalb von Gott zu verstehen, nur eine eingeschränkte, äußerliche und letztlich aussichtslose Sicht vermitteln. Unsere Sicht von Gott beeinflußt zutiefst unsere Psychologie, unseren Lebensstil und unsere

Handlungsweise. Deshalb beginnt Gott immer, wenn er sein Volk erziehen will, mit der Zerstörung der Götzen, die nur vom wahren Gott und von sich selbst entfremden. Das Götzenbild ist eine Fälschung des wahren Bildes. Es ist der Mensch, der sich selbst in seiner Schönheit, seinen Erfolgen und seinen Werken betrachtet und so seinen Blick abwendet von dem Einzigen, dem Anbetung, Ehre und Lobpreis gebührt. Götzendienst vertauscht also den wahren Gott mit einem Geschöpf.

Seit der Erbsünde ist der Götzendienst tief im Herzen des Menschen verwurzelt, aber dieser ist sich dessen nicht bewußt. Da die falschen Bilder heute nicht in solch greifbaren Gegenständen verkörpert sind und wir sie verehren, ohne es zu wissen, ist es schwieriger denn je, sie zu erfassen, sie zu benennen, um sie endlich zu verbrennen. Deshalb ist es notwendig, daß unser Denken erneuert wird, unsere Art, Gott und die Welt zu sehen.

«Legt den alten Menschen ab, der in Verblendung und Begierde zugrunde geht, ändert euer früheres Leben, und erneuert euren Geist und Sinn! Zieht den neuen Menschen an, der nach dem Bild Gottes geschaffen ist in wahrer Gerechtigkeit und Heiligkeit.» (Eph 4,22-24)

Mit dieser Erneuerung von Geist und Sinn beginnt die Erneuerung unseres ganzen Seins. «Ihr seid neu geboren worden, nicht aus vergänglichem, sondern aus unvergänglichem Samen: aus Gottes Wort, das lebt und das bleibt.» (1 Petr 1,23)

«Einst, als ihr Gott noch nicht kanntet, wart ihr Sklaven der Götter, die in Wirklichkeit keine sind. Wie aber könnt ihr jetzt, da ihr Gott erkannt habt, vielmehr von Gott erkannt worden seid, wieder zu den schwachen und armseligen Elementarmächten zurückkehren? Warum wollt ihr von neuem ihre Sklaven werden?» (Gal 4, 8-9)

Den wahren Gott wählen

Es stellt sich die Frage: Wollen wir wirklich dem wahren Gott dienen? Sind wir bereit, das Wort der Wahrheit zu hören, das unsere Identität begründet? Sind wir bereit, die falschen Gottesbilder aufzugeben, die wir in uns tragen? Das setzt einen großen Einsatz im Gebet voraus, eine Entschlossenheit, dem Gebet den ersten Platz in unserem Leben einzuräumen. Wägen wir dabei Preis und Einsatz ab?

Im biblischen Kontext bedeutet das Wort Götze «Bild». Man könnte auch sagen «gehauenes Bild». Es waren meist Statuen, die die Götter oder Göttinnen unter den verschiedensten Gestalten darstellten. Sie wurden verehrt und angerufen als Symbole und sogar als Personifikationen von erdachten Gottheiten, die sich die Heiden machten.

Deshalb betrifft die erste Warnung, die Gott seinem Volk gibt, die Götzen: «Nehmt euch gut in acht! Denn eine Gestalt habt ihr an dem Tag, als der Herr am Horeb mitten aus dem Feuer zu euch sprach, nicht gesehen. Lauft nicht in euer Verderben, und macht euch kein Gottesbildnis, das irgend etwas darstellt.» (Dtn 4,15-16)

Gott wollte sein Gesicht nicht zeigen, nicht einmal dem Mose. Wenn er es ablehnt, daß sein Volk ihn unter irgendeiner Gestalt darstellt, so deshalb, damit es nicht versucht wird, den wahren Gott auf ein Geschöpf zu reduzieren, selbst wenn dieses vollkommen wäre! Israel wird gewarnt: Wenn es untreu ist, wird es unter die Völker zerstreut werden. «Dort müßt ihr Göttern dienen, Machwerken von Menschenhand, aus Holz und Stein. Sie können nicht sehen und nicht hören, nicht essen und nicht riechen.» (Dtn 4,28)

Wenn sich das Volk von der innigen Beziehung mit dem Herrn abwendet, ist es versucht, sich selbst seinen eigenen Gott zu schaffen. Denn das Bedürfnis anzubeten ist dem menschlichen Herzen wirklich zutiefst eingeschrieben!

Was sind unsere Götzen?

Prüfen wir uns hinsichtlich unserer eigenen Götzen. Wem bringen wir Opfer dar? Für einige ist das Geld ihr Gott. In das Geld setzen sie ihr Vertrauen, mit Geld «sichern» sie sich vor Schicksalsschlägen, mit Geld planen sie ihre Zukunft und die ihrer Kinder, um niemals irgendeinen Mangel zu erleiden. Dem Geld weihen sie Leib und Seele.

Für andere wird der Leib zum Objekt der Verehrung, der vergötterte Leib, für den man alle Opfer an Zeit, an Geld etc. zu bringen bereit ist. Man ist bereit, sich Nahrung zu versagen und zu leiden (Schönheit muß leiden!) ... Hinter dieser Einstellung kann die Suche nach Verführung stehen, um herrschen zu können, die Suche nach

Lust, nach Genuß, oder der Wunsch, die Grenzen des Körpers im Sport immer weiter hinauszuschieben.

Für wieder andere ist es der Beruf oder der soziale Aufstieg, der zur einzigen Beschäftigung wird und für den man bereit ist, alles zu opfern: das Familienleben und das Gefühlsleben. Wir finden es ganz normal, alle diese Opfer zu bringen, die uns «die Welt» abverlangt. Wir sind bereit, früh aufzustehen und uns spät niederzulegen, unsere Zeit, unser Geld und unsere Gesundheit hinzugeben, unsere Kinder und Familien zu opfern für Dinge, die vergehen, für «Götter», die uns nicht retten können.

Oft wird ein Kind für seine Eltern zum Idol. Manche Frauen, die in ihrem Ehegatten nicht das finden, was sie erfüllen könnte, stürzen sich auf ihr Kind, um es zu besitzen und alles von ihm zu erwarten. Diese Gefahr ist heute durch das Zerbrechen der Familien noch größer. Wenn diese Zuneigung auf ein Kind übertragen wird, wird dieses schließlich ersticken oder erdrückt werden von einer solchen Erwartung, der es unmöglich entsprechen kann.

Unsere Götter zu verlassen heißt, auf alles zu verzichten, worauf wir unbedingtes Vertrauen setzen, um uns allein an Gott zu binden und alles von ihm zu erwarten. Einer meiner gabunischen Brüder, Silouane, erschrak bei der Vorstellung, keinen «Schutz» gegen die bösen Geister zu haben. Er lebte in Angst. Er erzählt uns, welche große Befreiung es für ihn war, den Götzendienst aufzugeben:

> «Ich wurde nicht im christlichen Glauben erzogen. Meine Familie, überzeugte Animisten und Fetischisten, hat uns sehr früh in die traditionelle Religion eingeführt. Vor allem mütterlicherseits, denn mein Großvater war ein großer Zauberer, sehr angesehen in der Umgebung.
>
> Das Familienklima, gewisse Unfälle sowie mysteriöse und unerklärliche Todesfälle nährten in meinem jungen Herzen nur die Angst und vergrößerten meinVertrauen in meinen Talisman, den ich von meiner Mutter bekommen hatte. Dieser Fetisch war nichts anderes als die Rinde eines "heiligen" Baumes (dem Totem meiner Familie mütterlicherseits), die in ein schwarzes Tuch eingewickelt war, über das man Gesänge gesprochen hatte mit der Absicht, mir Schutz und Erfolg zu garantieren.

Ich muß gestehen, daß mich dieser allgegenwärtige Fetischismus und diese Zauberei bis zu meiner Bekehrung in Angst und Unsicherheit leben ließen. Am hellichten Tag hatte ich den Eindruck, daß ich mit diesem Fetisch alle Schwierigkeiten meistern könnte, die mir auf meinem Weg begegnen würden. Auch bediente ich mich seiner für meine Studien, um die Mädchen anzuziehen, um meine Kameraden zu beherrschen und für weitere Werke der Finsternis, wie z.B. mich vergessen zu lassen, wenn ich bestraft worden war. Es war, als ob die Kraft dieses Fetischs meine eigene Kraft wäre. Doch in der Nacht oder wenn ich ganz allein war, fand ich mich ohne jede Kraft, mehr noch, ich war voller Furcht und unerklärlicher Ängste. Im Dezember 1985 fand mich eines Tages einer meiner Freunde, der mich suchte, um mich um Brot zu bitten, unter der Dusche in der Militärschule. Als er mich ansprach, bemerkte er, daß ich einen Talisman um die Taille trug. Ohne mir eine Strafpredigt zu halten, sagte er mir: "Gott ist mächtiger als dieser Gegenstand und er möchte dir seine Liebe zeigen und dich beschützen."

Er sprach nicht länger als drei Minuten, und dennoch wurde in diesem Augenblick mein ganzer Körper von einer sehr starken Gegenwart und einem großen inneren Frieden überwältigt, dessen Ursprung ich nicht kannte. Er hatte zu mir mit einer so großen Gewißheit und Ruhe gesprochen, daß es keiner Anstrengung bedurfte, um mich zu überzeugen, diesen Fetisch abzulegen.

Mein Freund verließ den Raum. Ich hatte eine Dusche nehmen wollen — und empfing eine wirkliche Dusche des Heiligen Geistes! An diesem Abend bekehrte ich mich zu Jesus. Als ich einige Minuten später in mein Zimmer zurückkam, war ich wie von einer inneren Kraft gedrängt, meinen Fetisch abzulegen und ihn in die Mülltonne zu werfen. Eine Stunde vorher wäre ich zu so einem Akt unfähig gewesen. Ich schlief in einem sehr sanften Frieden ein. Seltsamerweise blieben die Freude und der Friede sowie diese Gegenwart, die mich am Vorabend ergriffen hatte, auch am nächsten Tag, ja länger als ein Monat in mir.

Ohne von jemandem etwas zu verlangen, gab ich Zeugnis darüber, was mir zugestoßen war, und viele andere meiner Freunde machten, als sie das hörten, eine ähnliche Erfahrung und bekehrten sich zum Herrn. Sein Name sei immer gepriesen! Alleluja!»

Für Jean hingegen war der Sport und das leichte Leben das Wichtigste. Das verdrängte Gott, bis zu dem Tag, an dem er — nachdem er die Kehrseite der Medaille gesehen und seine Illusionen verloren hatte — «die Begegnung» erlebte.

> «Von 20 bis 38 hatte ich alles für den Sport gegeben in einem richtigen Leistungskult, indem ich immer die richtige Gebärde, ja die Perfektion suchte. Die Übung des Kampfsportes, die entschlossene Konfrontierung auf den Rugbyplätzen haben meinen Charakter geändert, und Gewalttätigkeit erfüllte mein Herz. Gute Ergebnisse bei Wettbewerben im Scheibenschießen oder bei einem Tennismatch blähten meinen Stolz auf, vor allem weil die jungen Mädchen sehr oft den Siegern gegenüber sentimenal reagieren, der Applaus und die Komplimente aber nichts vermitteln! Dieses oberflächliche Leben machte mich egoistisch und verführte mich dazu, alles zu tun, um der Beste zu sein.
>
> Etwas Wichtiges, das sich über einige Jahre wiederholte, machte mich nachdenklich. Es ist das Problem der Drogen und des Dopings. Festzustellen, daß sich ein junger zwölfjähriger Nachwuchssportler dopt, um das Training auszuhalten, war ein ernüchtender Schock! Für mich erwiesen sich die Würfel als gefälscht und ich sah keinen Ausweg. Dadurch hat Gott mich angesprochen. Zwei Jahre später habe ich mich seinem Willen ergeben, ich fand nach 30 Jahren den Weg zurück in die Kirche.
>
> Was den Sport betrifft, möchte ich dieses Wort ausstreichen für etwas in dieser Art: "mit seinem Leib beten, mit seinem Leib Dank sagen". Heute nehme ich an Waldmärschen und -läufen teil, aber immer betend, begleitet von Jesus und Maria. Es ist wunderbar, was sie mir alles gesagt haben in diesen Zeiten der Verbindung mit der Natur... und es ist erst der Anfang, weil ich sehr hoffe, alles Schlechte, was ich in der Vergangenheit begangen habe, wieder gut zu machen.»

Friedrich, der seinen Vater nicht gekannt hatte, war auf der Suche nach der Vaterschaft. Dieses Verlangen führte ihn auf gefährliche Wege:

> «Mein Vater starb mit zwanzig Jahren, kurz vor meiner Geburt; meine Mutter hat dann wieder geheiratet, als ich vier war. Trotz aller Liebe, die mein Stiefvater zu mir hatte, unterschied uns alles: Wir

waren anscheinend nicht dazu geschaffen, uns zu verstehen. Die Beziehung zu meinem Stiefvater war immer konfliktbeladen, und ich habe ihn nie richtig als Vater akzeptiert. Ich träumte immer nur von diesem Vater, den ich nie gehabt hatte...

Obwohl ich überhaupt nicht im Glauben erzogen worden war, verspürte ich immer Neugierde nach dem Jenseits, nach Gott. Diese Neugierde war in meiner Familie durch spirituelle Praktiken geweckt worden. Ich war mir damals nicht klar darüber, daß ich dabei war, mich in eine Sackgasse zu stürzen. Später setzte ich diese Experimente mit meinen Freunden verstärkt fort. Als sich eines Tages während einer spiritistischen Sitzung ein Geist als mein Vater ausgab, war ich ebenso erschrocken wie gepackt von einer unwiderstehlichen Anziehungskraft. Ich wollte mehr von ihm wissen und endlich mit dem Vater in Kontakt treten, den ich nie gekannt hatte. Ich führte daraufhin diesen Verkehr mit dem angeblichen Vater jeden Tag fort, indem ich mich Tag für Tag ganz allein in diese faszinierende und erschreckende Welt des Spiritismus versenkte. Mein Leben verdunkelte sich durch Ängste und Kälte in meiner Beziehung zu meinen Angehörigen.

Bis zu dem Tag, an dem der Herr mich einem Professor meines Gymnasiums begegnen ließ, der mir über seinen Glauben erzählte. Mein Zweifel an der Echtheit meines mysteriösen Gesprächspartners wuchs. Eines Abends stellte ich diese Frage dem Geist, mit dem ich gewöhnlich mittels eines umgedrehten Glases und des darum angeordneten Alphabets kommunizierte: "Wenn du nicht mein Vater bist, sage mir, wer du bist!" Das Glas rückte auf die Buchstaben S-A-T-A-N. Bestürzt verstand ich, in welches Sumpfloch ich gesunken war. Auf der Stelle entschied ich, mit dem Spiritismus aufzuhören. Aber die Gefühle der Beklemmung und die Ängste hörten nicht auf.

Ich wurde von meinem Professor zu einer Versammlung eingeladen, wo ich Zeugnisse von Personen hörte, die dem lebendigen Jesus begegnet waren. Wieder wurde ich gepackt und angezogen — dieses Mal in einer großen Freiheit von Gott, meinem Schöpfer. Es war zuerst die Person Jesus und die Erfahrung des Heiligen Geistes, die mein Herz umwandelten. Der Vater erschien mir noch so weit entfernt.

Meine Entdeckung Gottes als Vater geschah zu gleicher Zeit wie die Versöhnung mit meinem Stiefvater. Gott ließ mich ziemlich schnell sehen, wie wenig dankbar ich diesem Stiefvater gegenüber gewesen war, den er mir gegeben hatte, und wie unfähig ich war, ihn zu lieben und ihm zu vergeben, daß er nicht so heilig war wie der heilige Josef, der Adoptivvater Jesu. Ich bat Gott, ich flehte ihn an, mich meinen Vater mit Seiner eigenen Liebe lieben zu lassen. Durch die Gnade der Beichte gewährte mir Gott Vergebung für all den Haß, den ich ihm gegenüber aufrechterhalten hatte. Aber vor allem machte Er, der Vater voll Zärtlichkeit, mich fähig, meinen Stiefvater zärtlich und tief zu lieben.

Heute haben mein Stiefvater und ich nichts mehr gemeinsam, er ist nicht gläubig und versteht nichts von dem, was ich lebe. Aber — o Wunder! Gott befähigt uns, einander stark zu lieben, weil sich Seine Liebe gezeigt hat, Er, der Vater von allen, die Liebe in Person!»

Übung:

Nehmen wir uns einige Minuten Zeit, eine Bestandsaufnahme zu machen und uns ein paar Fragen zu stellen:

Wie ist mein Gott?

Schließen wir die Augen und vergegenwärtigen wir uns wie auf einer Leinwand das Bild, das wir vom himmlischen Vater haben.

Welches Ideal habe ich von mir selbst?

Welches Bild von mir möchte ich den anderen zeigen?

Worin suche ich Gott zu gefallen?

Worin suche ich den anderen zu gefallen?

Versuche ich, einer Erwartung zu entsprechen, die man von mir hat?

Versuche ich, mich dieser Erwartung zu widersetzen?

Welcher Blick, welches Wort hat mich bei meinem Wachstum geprägt?

DIE VORAUSGEHENDE REINIGUNG

*«Ein einziger Tag in den Vorhöfen deines Heiligtums
ist besser als tausend andere.»* (Ps 84,11)

*«Jakob, wie schön sind deine Zelte,
wie schön deine Wohnstätten, Israel!»* (Num 24,5)

«Ich aber darf dein Haus betreten dank deiner großen Güte,
ich werfe mich nieder in Ehrfurcht vor deinem heiligen Tempel.»
(Ps 5,8)

Die Reinigung der Sinne, Tore der Seele

Den Vorhof betreten bedeutet, sich schon in die richtige Richtung gewandt, eine Entscheidung getroffen und sich auf den Weg gemacht zu haben. Aber vor dem Vorhof wird einem bewußt, daß man den Tempel nicht betreten kann, ohne gereinigt zu werden. «Leg deine Schuhe ab; denn der Ort, wo du stehst, ist heiliger Boden», sagte der Herr zu Mose am Berg Horeb (Ex 3,5). Die Schuhe sind wie die Füße in Kontakt mit der Erde, staubbedeckt. Das ist die ganze Unreinheit, die wir im Verkehr mit der profanen Welt annehmen und von der wir reingewaschen werden müssen, um uns Gott zu nähern.

Bevor die Jünger Jesu das Brot des Himmels — seinen Leib — empfingen, das heißt, bevor sie Tempel des lebendigen Gottes wurden, wusch er ihnen die Füße. Als Petrus sich dagegen wehrte, sagte ihm Jesus: «Wenn ich dich nicht wasche, hast du keinen Anteil an mir» (Joh 13,8). Um in Seine Gegenwart treten zu können, kann man sich der notwendigen Reinigung nicht entziehen, der Heiligung, «ohne die kein Mensch Gott sehen wird». Man muß sich selbst sterben, um zum ewigen Leben wiedergeboren zu werden. «Kein Mensch kann Gott sehen und am Leben bleiben.» (vgl. Ex 33,20)

Der Eingang zum Vorhof ist der Ort, wo wir unsere Unreinheit, all das, was uns von Gott trennt, erkennen. Beim Eingang des Tempels waren Wasserbecken für die Waschungen bzw. rituellen Reinigungen vorgesehen. Ein riesiges Bronzebecken, gefüllt mit Wasser, das «Meer», getragen von zwölf Rindern, war den Priester vorbehalten. Sie wuschen sich Hände und Füße, um sich zu reinigen.

Der Vorhof entspricht unserem Leib als Verbindungsort zwischen dem Äußeren und dem Inneren: ein Ort des Durchgangs. Durch unseren Leib sind wir mit der äußeren Welt verbunden, und zu unserer inneren Welt haben wir nur durch die Sinne Zugang. Hat nicht schon Aristoteles gesagt, die fünf Sinne seien die fünf Tore der Seele?

Die jüdische Tradition vergleicht die sieben Öffnungen im Kopf mit den Lichtern des siebenarmigen Leuchters. Durch diese Eingänge haben wir das ewige Licht am Brennen zu erhalten. «Dein Auge gibt dem Körper Licht. Wenn dein Auge gesund ist, dann wird auch dein ganzer Körper hell sein. Wenn es aber krank ist, dann wird dein Körper finster sein. Achte also darauf, daß in dir statt Licht nicht Finsternis ist. Wenn dein ganzer Körper von Licht erfüllt und nichts Finsteres in ihm ist, dann wird er so hell sein, wie wenn die Lampe dich mit ihrem Schein beleuchtet.» (Lk 11, 34-36)

Die Reinigung unserer Herzen ist gebunden an die Reinigung unserer Sinne, durch welche wir aufnehmen und geben. Was uns befleckt, ist die Art, wie wir hören, wie wir schauen, wie wir reden.

Betrachten wir nochmals kurz im Buch Genesis den Augenblick des Sündenfalls. Gott hatte im Paradies alle guten und schönen Dinge bereitgestellt, die Mann und Frau dank ihrer Sinne verkosten und genießen konnten. Satan mißbrauchte genau diesen Weg, um in Eva einzudringen, indem er alle ihre Sinne beanspruchte. Der erste Sinn, der betroffen wurde, war das Gehör; durch das Ohr drang der Zweifel an Gottes Wort ein. Eva konnte es nicht lassen, zuzuhören und zu reagieren und ihrerseits zu verdrehen, was Gott gesagt hatte, indem sie zum Verbot «Davon dürft ihr nicht essen» hinzufügte «und daran dürft ihr nicht rühren». Daraufhin wurden alle Sinne verwirrt und führten sie unmittelbar zur Gesetzesübertretung: der Blick, der Tastsinn, der Geschmack. Sie übernahm den Blick Satans auf die Frucht, um zu sehen, daß sie gut sei, um sie zu berühren und zu kosten. Nur der Geruchssinn blieb bewahrt: sie hat nicht daran gerochen. «Da sah die Frau, daß es köstlich wäre, von dem Baum zu essen, daß der Baum eine Augenweide war und dazu verlockte, klug zu werden. Sie nahm von seinen Früchten und aß.» (Gen 3,6)

Um zu verstehen, wo die Wurzel des Übels liegt, werden wir schauen, wie unsere Fähigkeiten im Dienst der Liebe zu verwenden sind. Wir werden der Reihe nach jeden unserer Sinne prüfen: das Gehör, den Blick und den Tastsinn, mit denen wir Empfindungen aufnehmen und uns ausdrücken, aber auch den Geruchs- und den Geschmackssinn, die ganz spezifisch Empfänger sind.

Das Ohr und das Gehör

Von den fünf Sinnen wurde wohl das Gehör durch den Sündenfall am meisten angegriffen. Ich wundere mich oft über die beträchtliche Kluft, die bestehen kann zwischen dem, was gesagt, und dem, was gehört wird. Und wie verschieden kann ein und dieselbe Rede gedeutet werden! Wenn uns etwas zu nahe geht, haben wir auch eine Fähigkeit, nicht zu hören; wir nehmen eine unbewußte Auswahl vor, um uns vor dem zu schützen, was uns Angst macht. Wir besitzen gewisse Filter.

Schon mit vier Monaten hört das Kind im Mutterschoß die Stimme seiner Mutter. Professor Tomatis machte sehr interessante Entdeckungen, indem er zeigte, wieweit die seelische Entwicklung schon im Mutterschoß beginnt, wo sich der Embryo durch das, was er hört, angenommen oder nicht angenommen fühlt und schon seine ersten Entscheidungen für das Leben oder den Tod trifft.

Es ist kein Zufall, daß Gott, als er von neuem einen Bund mit seinem Volk schließen will, als erstes sagt: Höre! «Höre, Israel! Jahwe, unser Gott, Jahwe ist einzig. Darum sollst du den Herrn, deinen Gott, lieben mit ganzen Herzen, mit ganzer Seele und mit ganzer Kraft. Diese Worte, auf die ich dich heute verpflichte, sollen auf deinem Herzen geschrieben stehen.» (Dtn 6,4-6)

Als Gott König Salomon im Traum aufforderte, eine Bitte auszusprechen, spürte dieser — überglücklich mit dem Erbe, das ihm sein Vater David hinterlassen hat —, daß es das Wichtigste ist, ein Ohr zu haben, das hört: «Verleih deinem Knecht ein hörendes Herz, daß er dein Volk zu regieren und das Gute vom Bösen zu unterscheiden versteht.» (1 Kön 3,9)

Die Verbindung zwischen Ohr und Herz

Es gibt eine offensichtliche Verbindung zwischen dem Ohr und dem Herzen, die man ausprobieren kann, sobald man sich in die Haltung des Hörens begibt. Wir werden unmittelbar zum Ort des Herzens geleitet, als führte das Gehör direkt in die Mitte unseres Wesens. Das ist der Grund, warum manche Menschen die Stille nicht ertragen und gezwungen sind, sie durch unaufhörliches Geschwätz oder Musik anzufüllen, wodurch sie ständig abgelenkt werden. So vermeiden sie, mit ihren Problemen oder mit Gott konfrontiert zu werden.

Wenn wir in uns gehen, finden wir dort alle Worte, die wir aufgenommen haben, ohne ihnen Aufmerksamkeit geschenkt zu haben, und die wir wie eine unauslöschliche Prägung, oft wie einen Fluch mit uns tragen. Wenn wir uns dem Tempel nähern, wird uns unsere Unreinheit bewußt; wenn wir uns Gott mit unserem Leib nähern wollen, werden wir sofort mit dem Fluch konfrontiert, der in unsere Glieder eingeschrieben ist.

Segen und Fluch

Bei den Tanzseminaren konnte ich beobachten, wie bei der ersten Schwierigkeit negative Worte hochkommen: «Ich konnte nie tanzen. Ich bin nicht begabt. Ich bin wertlos. Ich werde nie weiterkommen. Ich war immer ungeschickt.» Die körperliche Unfähigkeit läßt sofort die tieferen Unfähigkeiten zum Vorschein kommen. Alle negativen Reden, die wir in unserer Seele tragen, ohne uns ihrer überhaupt bewußt zu sein, kommen bei einem Unbehagen oder einer plötzlichen Entmutigung zum Vorschein. Tatsächlich tragen wir in uns eine Last an Schuld und Verwünschung, das heißt an negativen Worten, die wir verinnerlicht haben.

Im Lateinischen sind die Wörter segnen und fluchen ganz deutlich: «benedicere» und «maledicere»: «Gutes sagen» bzw. «Schlechtes sagen». Anders gesagt, jedes Mal, wenn wir über unsere Brüder schlecht reden, verfluchen wir sie. Deshalb ist Jesus in diesem Punkt so streng: «Wer zu seinem Bruder sagt: "Du Narr!", soll dem Feuer der Hölle verfallen sein.» (Mt 5,22)

Der Segen ist mächtiger als der Fluch, aber wir müssen alles aufbieten, um den Feind zu entlarven, den Vater der Lüge, der uns in seinen Netzen gefangen hält, indem er uns einredet, daß das, was wir denken, richtig sei. Um davon befreit zu werden, muß es uns zuerst bewußt werden, denn oft hängen wir ganz negativen Gedanken nach, ohne es zu merken. Der Fluch beginnt in uns durch negative Blicke, die sich in Worten verkörpert und daraufhin so tief in unser Gedächtnis eingegraben haben, daß wir sie uns zu eigen gemacht haben. Sie nähren unsere Gedanken und werden schließlich zu einem unaufhörlichen inneren Gespräch. Wenn wir nicht darauf achten, verbringen wir die ganze Zeit damit, uns und andere zu verfluchen, unserem eigenen Ankläger und dem Ankläger unserer Brüder zuzuhören, während uns der Vater doch einen «Verteidiger» gesandt hat, den Geist der Wahrheit. Meist sind es Worte, die harmlos und ohne Konsequenzen scheinen. Dennoch halten sie uns in einer Selbstgefälligkeit.

Um diese Bewußtwerdung zu unterstützen, baten wir während eines Seminars jeden Teilnehmer, auf ein Blatt Papier aufzuschreiben oder laut auszusprechen, was sie von sich selbst dachten. Céline zog sich in ihr Zimmer zurück; sie war vom Nutzen dieser Übung nicht sehr überzeugt, führte sie aber trotzdem durch.

> «Ich saß also in meinem Zimmer, stellte mir vor, daß Jesus bei mir sei und mir zuhöre, und begann zu sprechen und ihm alles zu sagen, was ich über mich dachte. Das dauerte zwei Stunden. Je mehr ich in Worte kleidete, was ich empfand, desto mehr erschrak ich über das, was aus meinem Mund kam. Einerseits war es viel negativer, als ich gedacht hatte, andererseits wurde mir bewußt, daß es nicht die Wahrheit war. Es war nicht wahr! Es war wirklich, als fielen mir Schuppen von den Augen. Ich begriff endlich, daß alle Worte des Fluches, die ich gehört und an die ich geglaubt hatte, falsch waren. Manche waren so absurd, daß es genügte, sie auszusprechen, um ihnen das Gift zu nehmen. Andere mußten durch das Schwert des Wortes Gottes vertrieben werden, durch das Wort des Lebens, durch den Segen. Diese einfache Übung war für mich eine Auferstehungserfahrung, in der mich der Herr befreite, damit ich unter seinem väterlichen Blick ich selbst werden kann.»

Im Schuldbekenntnis klagen wir uns an, Gutes unterlassen und «in Gedanken, Worten und Werken» gesündigt zu haben. Es ist eine Steigerung, die bei den Gedanken beginnt. Der Gedanke nährt das Wort, und das Wort führt zur Tat. Aber man muß zur Quelle der Gedanken zurückgehen, die in unserer Fähigkeit des Hörens liegt. «Gebt also acht, daß ihr richtig zuhört!», sagt Jesus (Lk 8,18). Wir müssen schon beim Hören eine Auswahl treffen.

Wenn ein positives und ein negatives Wort in uns eindringen, so ist es im allgemeinen das negative, das wir leichter behalten, das sich uns einprägt, das bis ins Herz hinuntersteigt und dort das Werk des Untergrabens vollbringt. Das positive Wort hingegen geht bei einem Ohr hinein und beim anderen wieder hinaus, wie z.B. die Lektionen zum Auswendiglernen oder die Ermahnungen unserer Mutter.

Wir sündigen viel mit dem Ohr, indem wir üble Nachrede, Verleumdung und Verurteilungen aufnehmen. (Er hat das gesagt, sie hat jenes getan... vielleicht ist es wahr, aber das geht uns nichts an.) Jesus Sirach zeigt uns die richtige Einstellung: «Stell den Freund zur Rede, ob er etwas getan hat, und wenn er es getan hat — damit er es nicht wieder tut. Stell deinen Nächsten zur Rede, ob er etwas gesagt hat, und wenn er es gesagt hat — damit er es nicht wiederholt. Stell den Freund zur Rede, denn oft gibt es Verleumdung; trau nicht jedem Wort! Mancher gleitet aus, doch ohne Absicht. Wer hätte noch nie mit seiner Zunge gesündigt?» (Sir 19,13-16)

All das verfinstert unser Herz und läßt uns die Unschuld des «Unwissenden» verlieren. Wenn man der Person wieder begegnet, von der man Schlechtes gehört hat, fühlt man sich gar nicht mehr wohl, so als hätte ein leichter Schleier die Beziehung verdüstert. Man hat die Reinheit des Blickes verloren und sieht nur mehr den Splitter im Auge des anderen, anstatt über seine Schönheit zu staunen.

Das Herz bewachen

Wir können den Mund zumachen und die Augen schließen, aber es ist viel schwerer, die Ohren zu verschließen. «Wir haben keine Ohrenlider», sagen die jüdischen Kommentare. Das ist Sache unserer Willensentscheidung. Wir sind die Wächter, wir sind verantwortlich dafür, was wir einlassen oder abweisen. Wenn wir nicht wachsam gewesen sind und den Feind in die Stadt gelassen haben, ist es zu spät: unmöglich, ihn zu lokalisieren, unmöglich, ihn zu überwinden. Wir können nur den Schaden feststellen, den er anrichtet; und um ihn hinauszuwerfen, benötigt es zehnmal mehr Kraft, als es gebraucht hätte, ihm gleich den Zugang zu verwehren, ganz zu schweigen von dem, was hinter ihm alles wiederhergestellt werden muß.

Wächter seiner Ohren zu sein bedeutet, alle negativen Worte, alle Worte des Fluches abzuweisen, um das Wort des Lebens aufzunehmen, das uns aufbaut und uns in unserer Identität begründet. Aber es bedarf einer Bewußtwerdung, bevor man die Reinigung vornimmt. Unser Tempel wurde entweiht, verunreinigt durch alles, was wir in ihn eindringen ließen, und Gott hat ihn verlassen, weil für ihn kein Platz mehr war.

Das erinnert mich an den Zustand der Johannes-Kapelle, als wir sie einige Wochen nach unserer Ankunft in Cordes zu Beginn unseres Gemeinschaftslebens entdeckten. Das Dach war eingestürzt, im Inneren wuchsen die Bäume inmitten der Schutthaufen, und der Chorraum war unzugänglich. Wir waren gerufen worden, diese Kapelle wieder aufzubauen, die an Portiunkula erinnerte. Der Herr wollte uns zeigen, welches Werk er in jedem von uns und in seiner Kirche vollbringen möchte. Es war eine mühsame Reinigungsarbeit, um die Schutthaufen fortzuschaffen, das Unkraut und die Bäume auszureißen, die das Heiligtum überwuchert hatten, um endlich den Zugang zum Chor freizulegen. Genau das ist die Arbeit der Reinigung, die wir in uns zu vollbringen haben, um den Weg zu unserem Herzen wiederzufinden und den Zugang zum Herzen des Vaters freizulegen. Es genügt, sich dafür zu entscheiden. Seien wir mutig und entschlossen!

Hören

«Höre!» sagt uns Gott ununterbrochen. Der heilige Paulus bekräftigt, daß der Glaube vom Hören kommt. Weil wir das Wort Gottes hören und aufnehmen, können wir es dann in die Tat umsetzen. Werden wir empfänglich und aufnahmebereit, wenn wir uns für Ihn entschieden haben! Lernen wir zu hören! Der heutige Mensch hat diese Fähigkeit des Hörens vielfach verloren. «Sie haben Augen, um zu sehen, und sehen doch nicht, Ohren, um zu hören, und hören doch nicht» (vgl. Ez 12,2). Sie gehen durch die Straßen mit dem Walkman auf den Ohren. Gewisse Fernsehdiskussionen dienen als Vorbilder für die Umgangsformen: Die Spielregel besteht darin, lauter zu schreien als alle anderen, um nicht zu hören, was uns der andere vielleicht zu sagen hätte.

Das Hören, zu dem wir aufgerufen sind, befindet sich auf der Ebene des Herzens. Gott hat nicht unseren Kopf erwählt, um uns seine Gegenwart und seine Liebe zu offenbaren, sondern unser Herz. Nur dort kann das Wort Fleisch werden und unser Leben verwandeln, indem es jedes überflüssige Wort vertreibt, das uns von der Liebe abbringt. Wenn das Wort Gottes am Abend in der Vesper verkündet wird, ermahnt uns der Zelebrant: «Weisheit Gottes! Stehen wir auf, seien wir aufmerksam! Aus dem Evangelium...» Unser ganzes Wesen ist eingeladen, sich in die Haltung des Hörens zu begeben.

Die Stille ist etwas anderes als eine Abwesenheit von Lärm, als eine Leere; sie ist eine Schwingung, eine dichte Gegenwart, aber um sie zu verspüren, muß man von der äußeren zur inneren Stille übergehen und in die Tiefen hinabsteigen. Wie es Stufen der Liebe gibt, so gibt es Stufen der Stille. In der Liebe steigt man hinauf, in die Tiefen der Stille aber steigt man hinab. Gott findet sich in allen Dimensionen, in der Länge und in der Breite, in der Höhe und in der Tiefe. Auf der Ebene unseres Herzens werden wir alle diese Dimensionen erfahren. Wir sind also eingeladen, in die Tiefe unseres Herzens hinabzusteigen, in die Tiefe der Stille, von Stufe zu Stufe bis zum göttlichen Schweigen.

Die Gedanken beherrschen

Prüfen wir uns, wie wir hören und was wir hören. Welches Wort ist in mir Fleisch geworden? Wenn es stimmt, daß sich das, was durch unsere Ohren eindringt, tief in uns einprägt, wenn es stimmt, daß wir leichter die Worte des Feindes hören als die Worte, die uns zum Leben führen, dann muß unsere Art zu hören wirksam gereinigt werden, dann müssen wir die Unterscheidung der Geister üben, dann müssen wir uns vor jedem Gedanken prüfen, um zu wissen, ob er von Gott, dem Fleisch oder dem Dämon kommt. Das ist eine wahre Askese.

Wir beschuldigen uns zu schnell aller möglichen Dinge, ohne zu begreifen, daß wir in unseren Gedanken viel schwerer sündigen, daß sie es sind, die uns beherrschen, manchmal sogar tyrannisieren. Sie sind die Quelle unserer Unreinheit und entfernen uns auf sehr subtile Weise von Gott, ohne daß wir es merken.

Manche beklagen sich, nicht zum Beten zu kommen. Sobald sie beschließen, sich in die Gegenwart Gottes zu begeben, werden sie von allen möglichen Gedanken überfallen, mit denen sie nicht umgehen können. Wenn man nicht geübt ist, sie zu beherrschen, dann werden sie zur Zeit des Gebetes tyrannisch. Aber wie kann man sie unterscheiden? Ein Gedanke, der von Gott kommt, versetzt uns in Frieden. Im Gegensatz dazu verursacht ein Gedanke, der vom Feind kommt, eine sehr charakteristische Unruhe. Diese kann sich nach einiger Zeit in einem Gefühl der Niedergeschlagenheit oder der Hoffnungslosigkeit äußern. Ein Gedanke, der aus unserem eigenen Denken kommt, hat wenig Wirkung auf unser Herz, er geht, wie er gekommen ist, vertrieben durch einen anderen.

Der Mund und das Wort

Das Wort gehört nicht zu unseren Sinnen. Es ist die Verkörperung des Gedankens, und der Gedanke entsteht in uns durch das, was wir hören, was wir sehen, was wir fühlen. Was unseren Mund verläßt, offenbart, was wir durch die Tore unserer Sinne eingelassen haben. So sagt uns Jesus: «Nicht das, was durch den Mund in den Menschen hineinkommt, macht ihn unrein, sondern was aus dem Mund des Menschen herauskommt, das macht ihn unrein.» (Mt 15,11)

Wort des Lebens — Wort des Todes

Am Anfang schuf Gott die Welt durch zehn Worte, die «amarot». «Gott sprach... und so geschah es» (Gen 1). «Der Herr sprach, und sogleich geschah es; er gebot, und alles war da» (Ps 33,9). Das ist die schöpferische Kraft des Wortes, des Schöpfer-Wortes. «Am Anfang war das Wort, und das Wort war bei Gott, und das Wort war Gott. Im Anfang war es bei Gott. Alles ist durch das Wort geworden, und ohne das Wort wurde nichts, was geworden ist.» (Joh 1,1-3)

Im Neuen Testament sieht man Gottes Macht am Wort Jesu. Durch sein Wort schafft er den gefallenen Menschen neu, er richtet ihn wieder auf. Er läßt die Gelähmten aufstehen: «Ich sage dir: Steh auf, nimm deine Tragbahre und geh nach Hause!» (Mk 2,11). Er reinigt die Aussätzigen: «Ich will es — werde rein! Im gleichen Augenblick verschwand der Aussatz, und der Mann war rein» (Mk 1,41-42). Er macht, daß die Tauben hören und die Stummen sprechen: «Effata, öffne dich! Sogleich öffneten sich seine Ohren, seine Zunge wurde von ihrer Fessel befreit, und er konnte richtig reden» (Mk 7,34-35). Er treibt die Dämonen aus: «Verlaß diesen Mann, du unreiner Geist!» (Mk 5,8). Er weckt Tote auf: «Mädchen, ich sage dir, steh auf! Sofort stand das Mädchen auf und ging umher» (Mk 5,41-42). «Lazarus, komm heraus!» (Joh 11,43)

Auch wir können dieses Wort aufnehmen, damit es in uns Fleisch werde, nach dem Vorbild Mariens, die vom Engel die Verheißung empfing und ihm antwortete: «Mir geschehe, wie du es gesagt hast» (Lk 1,38). Und Elisabet konnte ihr zurufen: «Selig ist die, die geglaubt hat, daß sich erfüllt, was der Herr ihr sagen ließ.» (Lk 1,45)

Das eigentliche Werk des Feindes besteht darin, die Macht des Wortes zu verdrehen, um es zu vernichten und uns zu zerstören. Als Gott Adam in den Garten Eden setzte, gab er ihm ein Wort des Lebens: «Von allen Bäumen des Gartens darfst du essen, doch vom Baum der Erkenntnis von Gut und Böse darfst du nicht essen; denn sobald du davon ißt, wirst du sterben.» (Gen 2,16-17)

Die Schlange aber flüsterte Eva ins Ohr: «Hat Gott wirklich gesagt: Ihr dürft nicht von allen Bäumen des Gartens essen?» Sie fügt nur ein einziges kleines Wort hinzu, eine Verneinung, und läßt Gott so genau das Gegenteil sagen von dem, was er gesagt hat. Manchmal reicht es, die Betonung zu ändern, und alles ist verdreht. Man versteht, warum Jesus verlangt hat, daß dem Wort Gottes kein einziges Jota hinzugefügt oder weggenommen wird, kein Jota, das heißt kein «jod», das der kleinste Buchstabe des hebräischen Alphabets ist.

Der Dämon kennt die Lebenskraft, die im Wort Gottes enthalten ist, und er unternimmt alles, um es unwirksam werden zu lassen, indem er es verändert (Oh, nur ein kleines bißchen…!), sodaß er das Gegenteil sagt von dem, was Gott gesagt hat, um Zweifel in das Herz des Menschen zu säen und so das Schöpfungswerk zu verdrehen. Wenn er sich anfangs damit begnügt zu schmeicheln, so geht er dann, als die Frau seinem Gerede zuhört und den Dialog aufnimmt, weiter. Beim zweitenmal lügt er und widerspricht Gott.» Nein, ihr werdet nicht sterben!» (Gen 3,4). Dieses Mal widersetzt er sich ungestüm und verneint offen das Wort Gottes. Der Zweifel hat dem Aufruhr, der Verneinung, dem Ungehorsam und dem Sündenfall die Tür geöffnet. Sein Ziel ist erreicht: das Bild des Vaters, das wir in uns tragen, zu entstellen. Das Wort Gottes ist das Liebeswort des Vaters für seine Kinder. Indem das Wort verfälscht wird, wird das Bild des Vaters entstellt. Er scheint von nun an wie einer, der uns den Zugang zum Reich verwehrt, der eifersüchtig auf seine Autorität über die Schöpfung bedacht ist. Demzufolge ist es unmöglich zu glauben, daß er unser Glück wollen könnte. Man muß sich gegen seine Herrschaft schützen und versuchen, ohne ihn glücklich zu sein. Das Wort des Lebens ist zu einem Wort des Todes geworden. Das Wort ist nie unbedeutend. Es trägt in sich eine Kraft des Lebens, die — wenn sie verdreht wird — zu einer Kraft des Todes und der Zerstörung wird.

Das Zeugnis von Simon ist sehr aufschlußreich:

> «Wie ist es möglich, daß ein einziges Wort, eine Beurteilung, eine übertriebene Strafpredigt im Gedächtnis dessen bleibt, der sie erhalten hat, von der frühen Kindheit bis ins vorgeschrittene Alter und manchmal das ganze Leben lang? Als ich das Abitur bestanden hatte, sagte mein Vater zu mir: "Ich bin zufrieden mit dir." Leider konnte dieses Wort — eines der wenigen positiven, an die ich mich erinnere — niemals all die anderen auslöschen.
>
> Wenn man von seinem Vater immer nur hört: "Du wirst nie etwas Rechtes zustandebringen, ich plage mich für dich, und du bemerkst das nicht einmal, ich arbeite mich zu Tode, um dir das Studium zu bezahlen, und du — so ein Idiot...!", dann richten sich das ganze Leben und alle Handlungen nur auf das Eine: Du versuchst, den "Schaden", den du angerichtet hast und aufgrund dessen du dich ständig schuldig fühlst, wiedergutzumachen.
>
> Jahrelang steckte ich beim Essen die Nase in meinen Teller, damit ich dem Blick meines Vaters nicht begegnen mußte. Dieses Gefühl führt zur Verstellung, manchmal zur Lüge, um weitere Vorwürfe oder Strafen zu vermeiden. Nun aber fesseln Lüge und Verstellung,

während die Wahrheit frei macht. Jahrelang war meine Beziehung zum Vater von Mißtrauen und seelischer Erpressung geprägt. Durch die Beziehung zu einem Beichtvater, die auf Vertrauen und Wohlwollen aufgebaut war, sowie durch eine Generalbeichte der Dinge, die am schwersten einzugestehen waren, wurde bei mir ein unaufhaltsamer Heilungsprozeß in Gang gesetzt.

Da ich es selbst erlebt habe, kann ich bezeugen, daß ein extrem negatives Wort des Vaters ausgelöscht werden kann durch ein Wort des Segens von dem, den wir gewählt haben, damit er zu uns im Auftrag Gottes spricht: der Beichtvater. In einem Moment der Mutlosigkeit und äußersten Selbstverachtung war die einzige Antwort, die ich aus dem Mund meines Beichtvaters hörte: "Nun, ich bin stolz auf dich!" So viele Jahre hatte ich auf dieses Wort gewartet, an dem sich mein ganzes Wesen endlich wieder aufbauen konnte...»

Den Mund bewachen

Wie jedes Tor Jerusalems bewacht wurde, so müssen auch wir Wachen an jedem Eingang unseres Tempels aufstellen. «Herr, stell eine Wache vor meinen Mund, eine Wehr vor das Tor meiner Lippen! Gib, daß mein Herz sich bösen Worten nicht zuneigt, daß ich nichts tue, was schändlich ist.» (Ps 141,3-4)

Wenn schon unsere Gedanken auf uns einen beträchtlichen Einfluß ausüben, so ist die Art, in der wir ausdrücken, was wir leben, ebenso bestimmend für unser Leben. Die Worte übertragen Kräfte und lenken uns entweder in eine negative oder eine positive Richtung. Daher müssen wir wachsam bleiben, denn die Kraft unserer Worte im Guten wie im Schlechten ist groß.

Mirjam und die üble Nachrede

Das Buch Numeri erzählt uns, wie Mirjam, die Schwester von Mose und Aaron, von Aussatz befallen wurde, weil sie schlecht über Mose gesprochen hatte: «Mirjam und Aaron redeten über Mose wegen der kuschitischen Frau, die er sich genommen hatte. Er hatte sich nämlich eine Kuschiterin zur Frau genommen. Sie sagten: Hat etwa der Herr nur mit Mose gesprochen? Hat er nicht auch mit uns gesprochen? Das hörte der Herr. Mose aber war ein sehr demütiger Mann, demütiger als alle Menschen auf der Erde... Der Herr sprach:

Warum habt ihr es gewagt, über meinen Knecht Mose zu reden? Der Herr wurde zornig auf sie und ging weg. Kaum hatte die Wolke das Zelt verlassen, da war Mirjam weiß wie Schnee vor Aussatz. Aaron wandte sich Mirjam zu und sah: Sie war aussätzig.» (Num 12,1-10)

Der Aussatz, von dem Mirjam befallen wurde, war das Zeichen einer tieferen Unreinheit, so als ob Gott in seiner Pädagogik am hellen Tage zeigen wollte, was im Geheimen vorgeht, um uns die furchtbare Gewalt der üblen Nachrede und des Urteilens verstehen zu lassen. Üble Nachrede ist nicht Verleumdung. Verleumdung ist reine Erfindung, aber üble Nachrede stützt sich immer auf etwas Objektives. In gewisser Hinsicht hat es etwas Wahres an sich, aber das genügt nicht, damit es die Wahrheit sei. Wenn man vor den Gerichten der Menschen aussagen soll, muß man schwören, «die Wahrheit, die ganze Wahrheit und nichts als die Wahrheit» zu sagen. Wir können uns nicht erlauben, einen Teil der Wahrheit wegzulassen, sonst riskieren wir, sie zu verraten. Wenn wir uns anläßlich der Handlungen anderer Bemerkungen über sie erlauben, kennen wir nie alle Faktoren. Wir kennen das Geheimnis der Herzen und die tiefen Absichten der Personen nicht.

Im Fall von Mirjam und Aaron sagen die jüdischen Kommentare, daß sie nicht die Absicht hatten, Mose zu beleidigen. Da sie aber nicht verstanden, warum er seine Frau im Stich gelassen hatte, dachten sie, daß Gott auch sie erleuchten könnte und daß sie das Recht hätten, damit nicht einverstanden zu sein. Zippora hatte wirklich zu Mirjam gesagt: «Seit dem Augenblick, in dem Mose durch das göttliche Wort geheiligt worden ist, interessiert er sich nicht mehr für mich.» Von einem menschlichen Standpunkt aus war ihre Reaktion ganz und gar legitim, aber sie kannten Moses Herzensgeheimnis nicht, der aus Gründen gehandelt hatte, die allein er kannte und die er nur vor Gott verantworten konnte, selbst wenn er sich dadurch die Mißbilligung seiner Angehörigen zuziehen mußte. Gott hatte ja zum ihm «von Angesicht zu Angesicht, nicht in Rätseln» gesprochen. Der Midrasch[5] sagt, daß die Sünde Mirjams gewesen war, Mose in seiner prophetischen

5 Der Midrasch ist ein Teil der jüdischen Schriftauslegung, es ist der köstliche und erbauliche Kommentar zu einer Schriftstelle. Der Midrasch verdeutlicht etwas vom geistlichen Sinn des Wortes Gottes.

Fähigkeit getroffen zu haben, ihn an seiner Salbung zweifeln zu lassen und infolgedessen ein Hindernis zur Erfüllung des Willens Gottes aufgerichtet zu haben.

Meistens haben wir überhaupt keine Ahnung von der Reichweite, die unsere Worte haben, von der Wirkung, die sie bei anderen erzielen können. Es stimmt, daß die Frau ein besonderes Charisma auf der Ebene des Wortes hat, und sie ahnt nicht, wie verletzlich der Mann angesichts ihrer Urteile ist. Ohne sich darüber klar zu sein, beherrscht sie oft die Kunst, ihn genau an dem Punkt zu treffen, wo er sich schwach und unterlegen fühlt. Darum wollte Gott eine Lehre erteilen, die anhält, die so abschreckt, daß das Volk sie nicht vergessen kann, wie die Eltern ihren Kindern unbedingt beibringen wollen, wo die Gefahr lauert: Hier seht ihr, was die üble Nachrede in euren Seelen hervorbringt! Versteht, daß das, was euch befleckt, das ist, was aus euch herauskommt. Es sind die Worte, die wir «gegen» sprechen: gegen Gott, gegen die anderen, gegen uns selbst.

Die üble Nachrede stammt aus dem, was wir als gerecht ansehen! Aber das Wort Gottes ist da, um uns herauszufordern, um uns aus unserem Unbewußtsein herauszuführen und zur wahren Bekehrung zu treiben. Der heilige Jakobus sagt: «Verleumdet einander nicht, Brüder! Nur einer ist der Gesetzgeber und Richter: er, der die Macht hat, zu retten und zu verderben. Wer aber bist du, daß du über deinen Nächsten richtest?» (Jak 4,11.12). Und der heilige Paulus sagt den Römern: «Darum bist du unentschuldbar — wer du auch bist, Mensch — wenn du richtest. Denn worin du den andern richtest, darin verurteilst du dich selber, da du, der Richtende, dasselbe tust.» (Röm 2,1) oder auch: «Wie kannst du den Diener eines anderen richten? Sein Herr entscheidet, ob er steht oder fällt. Er wird aber stehen; denn der Herr bewirkt, daß er steht.» (Röm 14,4)

Man findet die gleiche Haltung bezüglich des Urteilens im Alten wie im Neuen Testament. «Mit welchem Recht? Wer du auch bist! Für wen hältst du dich?» Deutlicher geht es nicht! Es wird schwer sein, mildernde Umstände zu finden, einen Fall, wo man sich eventuell erlauben könnte, anderen eine Lehre zu erteilen. Manche Kommentare sagen, daß die Tora sich enthält, den Gegenstand der üblen Nachrede Mirjams und Aarons anzudeuten, damit man nicht versucht sei, das Verbot der üblen Nachrede auf einen bestimmten Fall und besondere Umstände einzuschränken. Im Gegenteil, die Tora wollte jede Gegen-Rede verbieten, jede Haltung, die — wem auch immer — Schaden zufügen könnte.

Den Segen wählen

Der heilige Jakobus[6] lehrt uns, unserer Zunge zu mißtrauen, die, so klein sie auch ist, verhängnisvolle Folgen verursachen kann: «Wie klein kann ein Feuer sein, das einen großen Wald in Brand steckt. Auch die Zunge ist ein Feuer, eine Welt voll Ungerechtigkeit. Die Zunge ist der Teil, der den ganzen Menschen verdirbt... Kein Mensch kann sie zähmen, dieses ruhelose Übel, voll von tödlichem Gift. Mit ihr preisen wir den Herrn und Vater, und mit ihr verfluchen wir die Menschen, die als Abbild Gottes erschaffen sind. Aus ein und demselben Mund kommen Segen und Fluch. Meine Brüder, so darf es nicht sein. Läßt etwa eine Quelle aus derselben Öffnung süßes und bitteres Wasser hervorsprudeln?» (Jak 3,5-11)

Es liegt an uns, Träger des Segens sein zu wollen, ihn zu empfangen und weiterzugeben. Der heilige Jakobus versucht, uns in diesem Text begreiflich zu machen, daß die einzige Art, gegen die Gefahr des Mißbrauchs unserer Zunge zu kämpfen, ist, unseren Mund in den Dienst des Guten zu stellen, um Gott zu preisen und unsere Brüder zu segnen. Wenn wir unseren Mund nicht mit Worten des Segens füllen, wie wir weiter unten noch sehen werden, wird das, was bitter ist, aus unserem Herzen hervorkommen und uns beflecken. Der Segen reinigt die vergiftete Quelle, und wir genesen von den todbringenden Worten, die wir in unser Herz aufgenommen haben.

Gerade als ich diese Zeilen schrieb, kamen Freunde, die mich nach einem Spaziergang im Park besuchten. Sie hatten einen kleinen vierjährigen Jungen getroffen, der seine Großmutter und seine Brüder verloren hatte. Meine Freunde hatten versucht, ihn zu beruhigen, indem sie mit ihm sprachen und ihm einige Fragen stellten. «Auf jeden Fall habe ich nichts im Schädel!», versicherte er ihnen und fuhr fort: «Man sagt mir nichts, aber ich höre alles!» Wo hatte er das

6 Vgl. Jakobusbrief, besonders Kap. 3

gelernt, wenn nicht bei den Erwachsenen, die das Gewicht ihrer Worte nicht bedenken, die sie wie Flüche ihren Kindern ins Gesicht schleudern oder die sie unter sich austauschen, ohne zu bedenken, daß Kinder zuhören, noch bevor sie reden können. Man braucht sich nicht zu wundern, wenn dieses Kind jedesmal, wenn es sich in einer schwierigen Situation befindet, sich wieder sagen wird, daß es — auf jeden Fall — nichts im Schädel hat, und sich in einem Verhalten des Mißerfolgs einschließt.

Nur die Macht des Wortes Gottes kann mit dem Fluch fertigwerden, wenn wir jedesmal, wenn wir mit diesem negativen Blick, der auf uns gerichtet worden ist, konfrontiert werden, das vergiftete Wort durch das Wort Gottes ersetzen. Hier einige Stereotypen der üblichen Verwünschungen: «Du bist unfähig! Du bist zu nichts gut! So ein Faulpelz! Ja dein Bruder..., aber du..., von dir kann man nichts erwarten! Ich mag Mädchen nicht! Ich hätte lieber einen Jungen gehabt! Hätte ich doch keine Kinder bekommen! Hätte ich doch abgetrieben! Aus dem da kann man nichts herausbringen! Ich frage mich, was man mit ihm anfangen soll!»

Für jedes negative Wort haben wir ein Gegengift im Wort Gottes, dessen wir uns im Glauben bedienen müssen, bis es in uns seine Wirkung gezeigt hat. Wie bei einem Schlangenbiß müssen wir das passende Gegengift wählen. Der Prophet Jesaja sagt über das Wort Gottes: «Es kehrt nicht leer zu mir zurück, sondern bewirkt, was ich will, und erreicht all das, wozu ich es ausgesandt habe» (Jes 55,11). Hier nun einige Beispiele von «Arzneien», angepaßt an die geläufigsten negativen Worte:

«Alles vermag ich durch ihn, der mir Kraft gibt.» (Phil 4,13)

«Für Gott ist nichts unmöglich.» (Lk 1,37)

«Was für Menschen unmöglich ist, ist für Gott möglich.» (Lk 18,27)

«Gott kann in uns durch die Macht seines Heiligen Geistes, der in uns wirkt, unendlich mehr vollbringen, als wir uns vorstellen oder ersinnen können.»

«Du bist mein geliebter Sohn, an dir habe ich Gefallen gefunden.» (Mk 1,11)

«Du bist teuer und wertvoll in meinen Augen, ich liebe dich.» (vgl. Jes 43,3)

«Der Herr hat mich schon im Mutterleib berufen, als ich noch im Schoß meiner Mutter war, hat er meinen Namen genannt.» (Jes 49,1)

«Selbst wenn deine Mutter dich vergessen würde, ich vergesse dich nicht. Ich habe dich eingezeichnet in meine Hände.» (vgl. Jes 49,15-16)

«Wenn mich auch Vater und Mutter verlassen, der Herr nimmt mich auf.» (Ps 27,10)

«Fürchte dich nicht, ich habe dich bei deinem Namen gerufen, du gehörst mir.» (Jes 43,1)

«Wenn das Herz uns auch verurteilt — Gott ist größer als unser Herz, und er weiß alles.» (1 Joh 3,20)

«Auch ich verurteile dich nicht. Geh und sündige von jetzt an nicht mehr!» (Joh 8,11)

Übung:

Wie können wir uns diese Worte zu eigen machen?

Ich schlage Ihnen vor, auf ein Blatt Papier die Sätze aufzuschreiben, die gegen Sie gesprochen wurden und die wie ein Fluch eingegraben bleiben. Setzen Sie sich in Ihre Gebetsecke und sagen Sie zum Herrn: Ich bitte dich, jede Person, die gegen mich Worte des Fluches ausgesprochen hat, zu segnen.

Dieser erste Schritt ermöglicht Ihnen, im Glauben die Tatsache anzunehmen, daß Gott jetzt beginnt, das Böse, das man Ihnen angetan hat, in Gutes zu wandeln. Ohne diese erste Stufe des Vergebens wird das Wort Gottes nicht in Ihr Herz hinabsteigen. Es bleibt eingeschlossen auf der Ebene Ihres Denkens.

Verbrennen Sie dann das Blatt auf einem kleinen Teller vor dem Herrn und wählen Sie ein Wort aus den oben angeführten oder unter denen, die Sie in der Bibel lieben. Lesen Sie das Kapitel, aus dem es genommen ist. Dann wiederholen Sie es behutsam mit lauter Stimme, bis Sie es ohne Anstrengung sagen können.

Bewahren Sie dieses Wort in Ihrem Herzen. Nach und nach wird es seine Wirkung zeigen. Von Zeit zu Zeit können Sie das Wort wieder aufnehmen oder das Gleiche mit einer anderen Stelle wiederholen. Nutzen Sie die Vorstellungskraft, singen Sie den Vers auf einer Melodie, die Sie komponieren, oder malen Sie ein schönes Bild, das Sie einrahmen. All das wird Ihnen helfen, sich das Wort zu eigen zu machen.

Manchmal ist es eine Person, die zum Vermittler des Segens wird, jemand, der uns selbstlos liebt und so das von Gott gewählte Werkzeug sein kann, um uns davon zu überzeugen, daß wir liebenswert sind.

Diese Gnade kann uns im Gebet geschenkt werden, wie es Florine widerfahren ist. Sie machte die Erfahrung, die Worte der Liebe zu hören, die über sie gesagt worden waren, die sie aber nicht annehmen konnte, weil das Gefühl des Abgelehntwerdens früher vorhanden war und sich schon im Schoß der Mutter gebildet hatte. Sie erzählt uns ihre Erfahrung:

> «Meine Eltern heirateten mitten in der Wirtschaftskrise und wollten erst zwei Jahre nach ihrer Hochzeit ein Kind haben. Sie erhielten die Ankündigung eines "glücklichen Ereignisses" — leider unerwünscht. Es war ein Drama, und Mama trug die Schuld, nicht rechnen gekonnt zu haben… Mir scheint, daß die Momente des Friedens, die ich im Mutterschoß erlebt habe, die Momente waren, in denen meine Mutter vergaß, daß sie schwanger war.
>
> Später verstand ich, daß die Ablehnung, unter der ich als Kind gelitten hatte, nicht wirklich aus dieser ersten Ablehnung durch meine Eltern stammte, die sich gezwungenermaßen wiederholte, sondern daß sie durch mich hervorgerufen wurde zu dem einzigen Zweck, eine Situation der Ruhe zu finden. Ich erfuhr, daß ich auch leben und existieren kann, ohne daß es notwendig ist, in meiner Umgebung Wut und Unzufriedenheit hervorzurufen. Ich kann ohne das im Frieden sein.
>
> Am nächsten Tag entschied ich mich, einen ruhigen Augenblick zu nützen und Worte des Segens auszusprechen für meine Eltern und die Personen, die mich am meisten geprägt und mein Bild des "schlimmen Kindes" verstärkt hatten.

Ich hörte daraufhin wieder all die guten Worte, die mir meine Eltern gesagt hatten und die ich niemals geglaubt hatte: Ich war das "Reh" meiner Mutter, die "Gesandte des Himmels" und die "Maienblume" meines Vaters. Ich nahm diese Worte auf als Wahrheiten der Liebe und nicht mehr wie höfliche Heucheleien. Seither fühle ich mich frei, zu lieben und geliebt zu werden.»

Der Fluch verursacht Zweifel an der Liebe

Der Zweifel hinsichtlich der Liebe schleicht sich bis in die Wurzel unseres Seins ein, der Zweifel, ob Gott uns liebt, der Zweifel, ob wir liebenswert sind. Gerade gestern hörte ich, daß ein junges Mädchen mit seinem Freund gebrochen hat mit den Worten: «Ich bin nicht wert, geliebt zu werden.»

Wie oft hörte ich während der Kurse von jemandem, der es brauchte, angehört zu werden: «Ich möchte dir nicht deine Zeit stehlen» oder «Ich verdiene nicht, daß man sich um mich kümmert» oder sogar «Das ist nicht der Mühe wert, dich unnütz zu belästigen» etc.

Dieser Zweifel zeigt sich auch in unserer Verwunderung darüber, daß man uns lieben könnte. Wenn sich jemand für uns zu interessieren scheint, verdächtigen wir ihn, daß er sich Illusionen macht über das, was wir sind. Wir sind versucht, uns zu sagen: «Wenn er mich wirklich kennen würde, würde er mir sicher nicht mehr diese Aufmerksamkeit schenken!» Wir haben sogar manchmal das Verlangen, ihm zu beweisen, daß wir nicht der oder die sind, für den/die er uns hält. Und so benehmen wir uns in einer Art und Weise, die ihm demonstrieren soll, daß er sich in seiner Beurteilung irrt und daß wir seiner Liebe nicht würdig sind. Wir haben Angst, ihn zu enttäuschen, und beschleunigen lieber den Mißerfolg, der uns unausweichlich scheint.

«Meister, welches Gebot im Gesetz ist das wichtigste? Jesus antwortete ihm: Du sollst den Herrn, deinen Gott, lieben mit ganzem Herzen, mit ganzer Seele und mit all deinen Gedanken. Das ist das wichtigste und erste Gebot. Ebenso wichtig ist das zweite: Du sollst deinen Nächsten lieben wie dich selbst.» (Mt 22,36-39)

Das ganze Programm ist in diesen drei Punkten zusammengefaßt: Gott lieben. Sich selbst lieben. Den Nächsten lieben. Es gibt eine Ordnung: Man kann den Nächsten nicht lieben, wenn man sich selbst nicht liebt, und man kann sich selbst nicht lieben, wenn man sich nicht geliebt weiß. Also sagt uns der heilige Johannes: «Wir wollen lieben, weil er uns zuerst geliebt hat» (1 Joh 4,19). Wir können Gott nicht wirklich lieben, wenn wir die Liebe, die er zu uns hat, nicht erkannt haben. «Wir haben die Liebe, die Gott zu uns hat, erkannt und gläubig angenommen» (1 Joh 4,16). Auch hier spricht die Heilige Schrift von einer Entscheidung, einer Wahl, die darin besteht, an die Liebe zu glauben, die Gott zu uns hat. «Wenn wir seine Gebote halten, erkennen wir, daß wir ihn erkannt haben. Wer sich aber an sein Wort hält, in dem ist die Gottesliebe wahrhaft vollendet» (1 Joh 2,3.5). Wir erkennen Gottes Liebe durch sein Wort, indem wir uns entscheiden, darauf zu hören und es zu glauben. Auf der Ebene des Hörens können wir die Liebe annehmen und uns tief mit uns selbst versöhnen, indem wir in seinem Wort, unter seinem Blick entdecken, wie liebenswert und wie geliebt wir sind.

Gott hat keine andere Möglichkeit, als uns beständig mit den Folgen unserer Handlungen zu konfrontieren. Wir sind erstaunt, daß wir uns immer wieder den gleichen Situationen gegenübersehen, auf die gleichen Hindernisse stoßen und immer in der gleichen Weise reagieren. Bis uns endlich die Wurzel des Übels bewußt wird, dieses Gewicht der Verwünschungen, das auf uns lastet und uns immer zum gleichen Verhalten treibt, bis wir das Schwert des Wortes Gottes nehmen, um die Fesseln zu durchschneiden, die uns gefangen halten, die uns beeinflussen, uns niederdrücken und uns vernichten.

Sein Leben erleiden oder es wählen

Im Vorhof wird uns bewußt, daß wir Akte des Glaubens setzen müssen. Ein großer Fehler wäre, eine Berührung mit dem Zauberstab zu erwarten, die alles regeln würde, zu denken, wenn man nur diese Person sehen könnte, die für ihre Charismen oder ihre Heiligkeit bekannt ist, wenn man dieses Heilungsseminar mitmachen würde, wenn man um dieses Gebet bitten oder jener Technik folgen würde..., dann würde sich endlich alles wie durch einen Zauber und letztlich ohne unsere eigene Mitwirkung auflösen. Wir erwarten von Gott, daß er wie ein Arzt sei, der schmerzstillende Tabletten verabreicht, ohne sich um die Ursache der Krankheit zu kümmern. Wir versuchen oft aufgrund von Unwissenheit, Angst oder Trägheit zuerst, die Auswirkungen des Übels zu beseitigen, ohne es bei seiner Wurzel zu packen. Die Versuchung ist, alles vergessen zu wollen: die Last der Schuld, das innere Unbehagen, das wir nicht benennen können, und die Unfähigkeit zum vollen Leben, deren Ursprung wir nicht kennen. Wir erleiden unseren Seelenzustand, wir erleiden unser Leben. Das trifft besonders auf die heutige Jugend zu, die zu allem bereit ist, um zu vergessen, und sei es nur für einen Augenblick. Es ist so leicht, eine Tablette zu schlucken, die neun Stunden lang ein Gefühl des Schwebens vermittelt, die kaum Nebenwirkungen hat außer einigen weißen Flecken im Gedächtnis, die sich nie mehr erholen...

Was muß Gott erfinden, um das Nichtwiedergutzumachende wieder gut zu machen! Das Gedächtnis ist der Ort, an dem Gott handeln kann. Jedesmal, wenn sich der Mensch erinnert, das heißt, sich eine vergangene Sache vergegenwärtigt, kann er die Gegenwart Gottes annehmen, deren er sich damals nicht bewußt war, und den Herrn all die negative Last aufzehren lassen, die in der Erinnerung enthalten ist. Wir können nicht zurückgehen und unser Leben noch einmal leben, aber wir können unsere Sicht ändern und von der Seite Gottes aus betrachten. Denn wenn er auch in unserem Leben gegenwärtig ist, so ist er doch nicht der Urheber all dessen, was wir erleiden.

Manchmal verwechseln wir den Willen Gottes mit allem, was uns zustößt. Der Mensch ist frei, und Gott läßt ihn die Konsequenzen seiner Freiheit tragen. Er kann nicht ohne Unterlaß Wunder wirken, um uns so das Leid zu ersparen, weil wir schlechten Gebrauch von dieser Freiheit gemacht haben. Aber er versichert uns immer seiner Gegenwart und seiner Liebe, selbst in den schlimmsten Situationen, in welche wir gestürzt sein können. Wer aus der Tiefe seiner Not zu ihm ruft, weil er keinen menschlichen Ausweg mehr hat, erfährt ein Glück, das plötzlich die Verletzungen durchdringt und alle Bitterkeit aufsaugt. Wir müssen nicht nur die Konsequenzen unserer Freiheit tragen, sondern wir sind auch verbunden mit der Freiheit der anderen und mit den Konsequenzen ihrer Taten. Indem wir das Hinabsteigen in die Verletzungen akzeptieren, können wir sie in einer anderen Art und Weise leben und den Segen wählen. So nehmen wir dem Fluch seine zerstörerische und todbringende Kraft und lassen von neuem den Lebensstrom in uns zu.

Konkret bedeutet das etwas, das auf den ersten Blick für die menschliche Vernunft unannehmbar ist. Es setzt nämlich voraus, Gott für alles zu loben, was er in unserem Leben und dem unserer Angehörigen zugelassen hat. Wir können Gott nicht für das Böse loben, weil Gott weder das Böse noch den Tod gewollt hat, aber wir müssen Gott loben für das Gute, das er aus dem Bösen hervorbringt. In diesem Sinn können wir Gott loben, daß er das Böse zugelassen hat, um daraus etwas noch Besseres zu machen. Hat nicht der Vater zugelassen, daß sein Sohn am Kreuz stirbt, um uns das Heil zu schenken? Wir befinden uns inmitten des Geheimnisses unseres Glaubens. Dieser Glaube läßt uns mit der Liturgie der Osternacht ausrufen: «O glückliche Schuld, welch großen Erlöser hast du gefunden!» Dieser Glaube läßt uns in Lob ausbrechen für die Schuld Adams, die Gott dazu «verpflichtete», die Unendlichkeit seiner Barmherzigkeit zu zeigen! Welch unergründliche Tiefe!

Übung:

Sind Sie bereit, im Gebet Gott für alles zu loben, was in Ihrem Leben geschehen ist? Wahrscheinlich nicht! Aber warum es nicht mit einem bestimmten Ereignis versuchen, das Sie dem Herrn übergeben mit den Worten:

«Mein Gott, wenn du das (eine Trauer, einen Mißerfolg, eine Sünde...) zugelassen hast, so deshalb, weil du daraus etwas Gutes für mich machen kannst. Ich möchte dich preisen für dieses Ereignis wie ein kleines Kind, das seinem Vater vertraut, der nur Gutes für es zuläßt.»

Man muß akzeptieren, daß das Zeit und eingehendes Gebet braucht, damit unser Glaube allmählich wachse.

Wenn dieser Schritt vollzogen ist, erinnert man sich daran, was uns in diesem Ereignis verletzt hat, aber das macht keinen Eindruck mehr auf uns. Das Wort des Lebens wird in seinem Werk des Wiederaufbaus nicht mehr gehindert sein. Jedesmal, wenn wir von nun an mit unserer Schwäche konfrontiert werden, wissen wir, daß wir die Möglichkeit haben, nicht mehr in unüberlegter Weise zu «reagieren», sondern in einer entsprechenden Weise zu antworten, indem wir einen gründlichen Wiederaufbau unseres ursprünglichen Wesens zulassen.

Die Augen und der Blick

Das Bewußtsein der Liebe

Der Vorhof ist auch der Ort, an dem wir die Notwendigkeit fühlen, unseren Blick zu reinigen, vor allem den Blick, den wir auf uns selbst richten. Ich denke gern an den ersten Blickwechsel im Augenblick der Erschaffung des Menschen, an den bewundernden Blick Adams auf Eva und den Blick Evas, die diesen Blick auffängt und ihrerseits staunt; an den Blick des Vaters auf Mann und Frau und sein Glück. «Und Gott sah, daß es sehr gut war» (Gen 1). Ich denke, daß wir die Erinnerung an den bewundernden Blick des Vaters «in unseren Genen» tragen. Wir haben Heimweh danach, und jeder ist auf seine Weise auf der Suche nach diesem Blick, durch den wir uns erkannt und geliebt fühlen. Deshalb sind wir so anspruchsvoll in Sachen Liebe, so sensibel für die geringste Schwäche, die geringste Gleichgültigkeit. Deshalb haben wir auch so sehr den Eindruck, nicht gekannt, nicht geliebt zu sein. Wir haben es dringend nötig, total geliebt zu werden, bedingungslos, um unseretwillen.

Von daher ist es leicht verständlich, warum wir solche Schwierigkeiten haben, uns selbst zu lieben. Welche menschliche Liebe könnte wirklich diesem Anspruch genügen? Unsere Eltern konnten uns nicht mehr geben, als sie selbst empfangen hatten. Wir spürten die Grenzen ihrer Liebe, wir ahnten ihre Erwartungen, ihre Enttäuschungen, und wir schlossen daraus mehr oder weniger bewußt, daß wir nicht liebenswert wären, ihren Erwartungen nicht gewachsen. Denn wir hatten ständig den Eindruck, ihren Hoffnungen nicht zu entsprechen und daher ihrer Liebe, der Liebe des Vaters, nicht würdig zu sein.

Diese Angst, nicht angenommen zu sein, nicht geliebt zu sein, führt uns dazu, alles Mögliche zu unternehmen, um Liebe und Anerkennung zu gewinnen, ohne jedoch das zu respektieren, was wir in Wahrheit sind. Sie vermittelt uns nämlich ohne Unterlaß das Gefühl einer Kluft zwischen dem, was wir sind, und dem, was wir uns zu scheinen genehmigen, und entfernt uns immer weiter von Gott. Liebende oder verletzte Blicke von unseren Eltern, vertrauensvolle oder unruhige, friedliche oder ängstliche Blicke, aufmerksame, gleichgültige, wohlwollende Blicke, Blicke ohne Nachsicht, Blicke des Neids oder der Verachtung, Blicke der Begierde, herrschsüchtige, unreine oder indiskrete Blicke..., alle diese Blicke treffen uns zutiefst. Da wir daraus eine falsche Persönlichkeit bilden, halten sie uns in einem Bild von uns selbst gefangen, das wir schließlich hassen.

Cendrine, vom Blick ihrer Mutter sehr geprägt, erinnert sich an ihre Kindheit:

> «Aus meiner Kindheit erinnere ich mich an einige Blicke, die mir gutgetan haben. Im Lächeln meines Vaters oder meiner Mutter nahm ich Bewunderung und Zärtlichkeit wahr. Diese Blicke bauten mich mehr auf als Worte oder Komplimente, sie ließen mich leben und mir bewußt werden, wer ich bin.
>
> Zugleich erlernte ich, wie ich mich benehmen mußte, um diese Blicke zu erhalten, und ich verhielt mich dementsprechend, um Bewunderung hervorzurufen und geliebt zu werden. Um liebenswert zu sein, mußte ich genau den Erwartungen meiner Eltern entsprechen. Aber allmählich realisierte ich die Kluft zwischen dem, was ich wirklich war, und dem, was ich sein mußte, um ihnen Freude zu bereiten. Ich liebte sie wirklich, sie hatten immer alles getan, damit wir glücklich sein konnten, und es war schrecklich schwer für mich, mich ihnen zu widersetzen, um meine Identität im Verhältnis zu ihnen zu finden, weil sie tadellos waren.
>
> Im Jugendalter wurde ich immer ängstlicher. Im Laufe der Jahre war der Blick meiner Mutter immer unruhiger geworden. Sie hatte Angst wegen meiner Beziehungen, Angst, daß ich mich im Leben nicht behaupten könne. Sie setzte mir mit ihren Empfehlungen zu,

weil sie mir hunderte Male wiederholte, was ich wußte. Selbst hunderte Kilometer von zu Hause entfernt war ich wie gelähmt, wie durchdrungen von ihrem Blick. Ich fühlte in mir ein Verlangen, etwas ganz anderes zu leben, aber ich wußte nicht, ob ich eines Tages die Kraft und den Mut haben würde, endlich die zu sein, die ich im tiefsten Inneren bin.»

Die Reinheit des Blickes

Weil wir die Blicke, die auf uns gerichtet wurden, auch negativ gedeutet haben, hat sich unser eigener Blick verdüstert; wir haben das ursprüngliche Licht seines Glanzes beraubt und sind blind geworden für die Gegenwart der unsichtbaren Welt, des Reiches Gottes. Rabbi Nachman vermerkt:

> «Das, was man sieht, wenn man die Dinge betrachtet, hängt stark davon ab, was man zu sehen sucht. Wenn man Böses erwartet, wird man es fast immer todsicher finden... Wenn man das Gute mit all seinen Kräften sucht, wird man es früher oder später sehen.»

Ein reines Herz ist ein Herz, das nichts für sich zurückbehält, das Herz dessen, der keine Selbstbezogenheit kennt, der in einer selbstlosen Weise liebt. Weil er ganz dem Schöpfer zugewandt ist, durchdringt sein Blick schließlich die Undurchsichtigkeit der Dinge, um Gott in allen Dingen, in allen Wesen zu sehen, um über alles zu staunen und für alles Dank zu sagen. So sagt Isaak der Syrer:

> *«Wann weiß der Mensch, daß sein Herz zur Reinheit gelangt ist? Wenn er davon ausgeht, daß alle Menschen gut sind, und keiner ihm unrein und befleckt scheint, dann ist er wahrhaft rein in seinem Herzen.»* (Asketische Schriften, 85)

Wenn wir von den Blicken, die auf uns gerichtet sind, getroffen werden, dann sind wir für die, die wir auf andere richten, verantwortlich. Auch wir können den Fluch weitertragen und Tod bringen, statt Leben zu schenken.

David und der Blick seiner Frau

Ein wunderbarer Augenblick in der Geschichte des Volkes Israel ist der Einzug der Bundeslade in Jerusalem. Man sieht da den König

David, der, vom Geist ergriffen, «mit ganzer Hingabe vor dem Herrn hertanzte und dabei das leinene Efod trug. So brachten David und das ganze Haus Israel die Lade des Herrn unter Jubelgeschrei und unter dem Klang des Widderhorns hinauf. Als die Lade des Herrn in die Davidstadt kam, schaute Michal, Sauls Tochter, aus dem Fenster, und als sie sah, wie der König David vor dem Herrn hüpfte und tanzte, verachtete sie ihn in ihrem Herzen.» (2 Sam 6,14-16)

Als die Zeremonien beendet waren und David heimkehrte, um seine Familie zu begrüßen, kam ihm Michal entgegen und sagte: «Wie würdevoll hat sich heute der König von Israel benommen, als er sich vor den Augen der Mägde seiner Untertanen bloßgestellt hat, wie sich nur einer vom Gesindel bloßstellen kann. David erwiderte Michal: Vor dem Herrn, der mich statt deines Vaters und seines ganzen Hauses erwählt hat, um mich zum Fürsten über das Volk des Herrn, über Israel, zu bestellen, vor dem Herrn habe ich getanzt; für ihn will ich mich gern noch geringer machen als diesmal und in meinen eigenen Augen niedrig erscheinen. Bei den Mägden jedenfalls, von denen du gesprochen hast, stehe ich ihn Ehren. Michal aber, die Tochter Sauls, bekam bis zu ihrem Tod kein Kind.» (2 Sam 6,20-23)

Das Urteil trifft unwiderruflich: Michal bekam bis zu ihrem Tod kein Kind! Die Verurteilung, die sie über David brachte, fiel auf sie zurück und schlug sie mit Unfruchtbarkeit, das Schlimmste für eine Frau, vor allem in der damaligen Zeit, in der die Unfruchtbarkeit als echte Schande, als Fluch angesehen wurde.

David hatte offenkundig all seine Beherrschung verloren, er war außer sich, er war in Gott. Er tanzte und tanzte und tanzte immer weiter, er stieß Freudenschreie aus, und als er sich so drehte, hob sich der Lendenschurz und entblößte seine Nacktheit. Aber David kümmerte sich nicht darum. Er tanzte unter dem Blick Gottes, er war bekleidet von diesem Blick, eingehüllt in diesen Blick, und er schämte sich nicht, so wie sich Adam, der im Garten Eden nackt war, nicht schämte. Er war frei, wunderbar frei! Er verspürte eine außergewöhnliche Trunkenheit. Niemand war schockiert, da alle diese so greifbare Gegenwart des dreimal Heiligen wahrnahmen. Gott tanzte mit

David, wie es bei Jesaja geschrieben steht: «Er wird für dich tanzen mit Freudenrufen, dein Gott ist in dir, alleluja!»

Es braucht einen fremden Blick, einen Blick von außen, einen Blick aus einem kalten Herzen, aus einem Herzen, das nicht in DER GEGENWART schwingt, um entrüstet aufzuschreien. Wörtlich heißt es: «Sie betrachtete ihn und sie verachtete ihn.» Was ist schlimmer für einen Mann als die Verachtung seitens der Frau, die ihm als Gefährtin, als eine Hilfe gegeben wurde? Die Frau ist empfindlich, wenn sie sich nicht wirklich geliebt fühlt, aber der Mann ist genauso empfindlich, wenn er sich nicht verstanden, nicht anerkannt fühlt, und die Verachtung seitens der Frau trifft ihn zutiefst.

David hätte aus ganzem Herzen getroffen sein können, gehemmt in seiner Begeisterung für Gott. Er hätte wieder «vernünftig» werden, sich so verhalten können, wie man es von ihm erwartete. Wenn uns ein verachtungsvoller Blick trifft, beginnen wir an uns selbst zu zweifeln, wir wissen plötzlich nicht mehr, was wir tun sollen, wir sind ratlos, und es braucht lange, bis wir uns wieder erholen, bis wir diese Unschuld des Kindes wiederfinden, das zu allem fähig ist, weil es nicht auf sich selbst schaut, sondern seine Kraft und seine Sicherheit aus dem Blick seines Vaters erhält.

Aber David kannte und liebte Gott. Er hatte unter seinem Blick getanzt, und kein anderer Blick konnte ihn treffen. Er war bereit, von neuem zu beginnen, noch weiter zu gehen, sich auch in den Augen seiner Frau, in den Augen der Welt zu erniedrigen und seine menschliche Würde zu verlieren, um diese «herrliche Freiheit der Kinder Gottes» wiederzufinden und von der Herrlichkeit Gottes selbst umkleidet zu werden. Daran kann das Volk erkennen, wer glaubwürdig ist, und so den anerkennen, der vor den Blicken der Menschen keine Angst mehr hat, der nicht mehr den Menschen zu gefallen sucht, sondern sein Herz in Gott erfreuen will. Welch eine Lehre!

Und wir, auf welche Seite stellen wir uns? Von der Sehnsucht unseres Herzens her sicher auf die Seite Davids. Wie sollte man nicht eifersüchtig sein auf diese Freiheit, diese Begeisterung? Wie sollte man nicht diese Lauterkeit anstreben, diese genaue Übereinstimmung des Inneren und des Äußeren, des Herzens, der Gedanken und der Gebärden?

Aber wie sehr erkennen wir uns in der Reaktion Michals wieder, in ihrer Angst vor den Blicken der Diener, in ihrer Angst vor dem, «was man sagen könnte»! Sie erblickte David und sie wollte nicht mehr hinsehen, nicht verstehen, nicht in die Freude des Festes eintreten. Ihre Verachtung ist ein Schutz, eine Art, sich nicht von der Freiheit Davids treffen zu lassen, nicht mit dem eigenen Mangel an Freiheit konfrontiert zu werden, mit der Enge und Härte ihres Herzens und letztlich mit ihrer Unfähigkeit, Leben zu schenken. Und Michal bekam keine Kinder! Sie bekam keine Kinder, weil sie in ihrem Herzen unfruchtbar war, unfähig, aus sich herauszugehen, um sich hinzugeben, in Angst vor dem Leben, Angst vor der Freude, Angst vor dem Fest.

Daran gewöhnt, alle Ereignisse in ihrem Kopf hin und her zu überlegen, war sie unfähig, die Gewalt ihrer Gedanken zurückzuhalten. Sie mußte sie den ganzen Tag kommen und gehen lassen und sich in Empörung halten, sodaß sie nicht mehr erwarten konnte, bis David nach Hause kam. Sie ging ihm entgegen, nicht um ihn als liebende Ehefrau zu begrüßen, sondern das Herz übervoll mit Vorwürfen. Sie hatte den ganzen Tag über die bissigste Formulierung nachdenken müssen, die David am tiefsten treffen würde. Was erwartete sie eigentlich? Wollte sie ihm wirklich Böses antun? Sie wußte es selbst nicht. Nein, sie wollte ihm nicht wirklich Böses antun, vielleicht nur sich selbst Erleichterung verschaffen. Sie konnte es nicht mehr. Es war zu stark! Unmöglich, sich zurückzuhalten. Sie mußte es ihm sagen! Er mußte es wissen! Er mußte begreifen, daß er zu weit gegangen war!

In diesem Zustand war es unmöglich zurückzutreten, unmöglich, das Schweigen zu bewahren, unmöglich, nicht zu explodieren. Wenn man die Gedanken nicht von Anfang an beherrscht, wenn man die Phantasie nicht zähmt, sobald sie sich in Bewegung setzt, dann ist es zu spät, wie der Psalm sagt: «Dann hätten die Wasser uns weggespült, hätte sich über uns ein Wildbach ergossen.» (Ps 124,4)

Welchen Blick hatte Michal von ihrem Vater erhalten, um eine solche Verachtung zu entwickeln, um auf David die Verachtung zu projizieren, die sie für sich selbst empfand und mit der sie nicht fertigwerden konnte? «Michal, die Tochter Sauls», heißt es wiederholte Male. Michal, die David so sehr geliebt hatte, die ihn vor der mörderischen Wut ihres Vaters gerettet hatte, fand sich plötzlich als Tochter ihres Vaters wieder. Im Hebräischen ist der Ausdruck «der Sohn von», «die Tochter von» sehr stark und zeigt eine Kontinuität zwischen den Generationen an, die Erinnerung an den Ursprung. So sehr das ein Segen sein kann, so kann es auch ein Fluch sein. Im Falle Michals ist ihr Vater ein verschworener Feind ihres Mannes, und die Erinnerung an seine Vaterschaft läßt erkennen, daß die alten Dämonen wieder auftauchen. Michal fühlt sich plötzlich an ihren Vater gebunden, an den Haß ihres Vaters gegen den Gesalbten des Herrn. War Saul nicht verworfen worden, weil er lieber den Menschen gefallen als dem Herrn gehorchen wollte? Hatte er nicht, als er merkte, daß sich Michal in David verliebt hatte, gesagt: «Ich will sie ihm geben; sie soll ihm zum Verhängnis werden» (1 Sam 18,21)?

Unbewußt ist Michal unter der Abhängigkeit von ihrem Vater geblieben, durchdrungen von seinem Blick; sie kann nicht selbständig sehen noch ihrem Herzen entsprechend reagieren. Der Anblick des glühenden Eifers Davids ist ihr unerträglicher als der seiner Blöße. Diesen Eifer findet sie unanständig, weil er sie auf ihre eigene Kälte hinweist. Sie ist die Tochter ihres Vaters geblieben. Ihrem Haß und ihrer Empörung entsprechend, konnte sie nicht diese innige Freundschaft mit ihrem Vater im Himmel eingehen und von ihm, unter seinem Blick, ihre wahre Identität erhalten, sodaß sie eine wahre Gattin für David hätte werden können, ein Gegenüber und nicht eine Fremde, schlimmer noch, eine Feindin. Und welcher Vater war Saul gewesen, daß er ihr eine solche Selbstverachtung und damit eine solche Verachtung anderen gegenüber vermittelt hatte? Welch anderes Interesse hatte er an ihr, als sie zu benutzen, um David eine Falle zu stellen? Sie hatte sich vielleicht mißbraucht gefühlt, vernichtet, ohne eigenen Wert, gerade gut genug, um den Interessen ihres Vaters zu dienen. Wie könnte sie anders leben als außerhalb ihrer selbst, da niemand sie je in ihr tiefes Herz geführt hatte?

Den Blick ändern

Man sieht, wie der Blick, den wir auf die anderen und auf die Welt richten, beeinträchtigt sein kann, ohne daß wir es merken. Durch ein

Ereignis, das uns zustößt, kann uns bewußt werden, daß unser Blick nicht richtig ist, daß es nicht der Blick Gottes ist. In Wirklichkeit beeinflußt uns die Art, wie wir schauen, tiefer als wir uns vorstellen. Die Heiden hatten Angst vor dem bösen Blick und trugen Amulette, um sich vor bösen Blicken zu schützen, da sie intuitiv die Macht eines Blickes erkannten, der einem Böses will.

Wenn wir uns völlig arglos allen Blicken ausliefern, ohne zu erkennen, wie sie uns gefangenhalten, einengen und uns am Leben hindern, sind wir beeinträchtigt und beginnen unsererseits zu schauen, wie wir angeschaut wurden. Es kommt vor, daß wir durch unsere Art, die Dinge zu sehen, belastet sind, ohne es zu wissen.

Der Blick, den wir auf andere richten, kann diese in einer Rolle einschließen, aus der wir sie nicht herauslassen, und es genügt, daß wir sie anders anschauen, damit sich Situationen lösen. Diese Einstellung ist dem entgegengesetzt, was uns die Welt lehrt, die uns zu Mißtrauen und Verdacht verleitet, die uns unsere Unschuld verlieren läßt im Suchen, «das Böse zu sehen», um uns davor zu schützen. Sobald der Verdacht eindrungen ist, ist man in jeder Beziehung verloren, wie Adam und Eva verloren waren von dem Augenblick an, in dem sie den Einflüsterungen des Bösen ihr Ohr geöffnet hatten, der sie dazu bringen wollte, Gott zu verdächtigen, der die Gemeinschaft zerstören wollte, die sie mit ihm hatten. Wenn man das Böse sucht, findet man es schließlich immer.

Auch wenn wir weder Personen noch Situationen verändern können, so können wir doch unseren Blick ändern. Der Verdacht kommt aus der Angst, daß der andere uns etwas verbirgt und daß seine Absichten nicht rein sind. Gott verdächtigt uns nicht, da nichts vor seinen Augen verborgen ist, und selbst wenn er unsere Sünde sieht, sieht er darüber hinaus die Sehnsucht, die in unserem Herzen verborgen ist. Er hört nicht auf, in jedem den kleinsten Funken der Güte zu finden. Jedes Wesen, selbst das verdorbenste, trägt in sich die Spur und die Erinnerung an das göttliche Licht. Wer sich in seiner Bosheit und in dem Bild, das er von sich selbst zeigen möchte, verschließt, löscht dieses Licht in sich und versenkt es in der Finsternis. Aber wir haben die Macht, diese Flamme wiederzubeleben durch den Blick, den wir auf jedes Wesen richten. Wenn wir nicht nur das Böse nicht vermuten, sondern das Böse selbst dann nicht berücksichtigen, wenn wir sein Opfer geworden sind, dann geben wir anderen die Möglichkeit, sich wieder zu erheben, und die Kraft, sich zu ändern.

«Sieh nur das Gute in deinem Bruder, überlasse den Rest meiner Barmherzigkeit.» Jedesmal, wenn wir einen negativen Blick haben, eine Verurteilung aussprechen, jedesmal, wenn wir den anderen in eine Schublade einschließen, hindern wir ihn daran, sich zu wandeln. Versuchen wir immer, das Bessere zu sehen, uns an dem, was im anderen schön ist, zu erfreuen, Gott in ihm zu sehen. Möge unser Blick Leben schenken. Es gibt Menschen, in deren Gegenwart man sich besser fühlt, und andere, gegenüber denen man sich ärmlich fühlt und den Mut verliert. Die Heiligen wecken in uns das, was an Edlerem vorhanden ist, sie wecken in uns die Sehnsucht nach Gott. Die heilige Katharina von Siena schrieb an einen Bischof mit dem Feuer, das ihr eigen war: «Möge Ihre Liebe ausreichend sein, um die toten Kinder, die im Schoß der Kirche sind, neu zu beleben.» Unsere Liebe muß stark genug sein, um Christus, der in allen Menschen schläft, aufzurütteln, um die Gegenwart Gottes, die sich in jedem findet, aufzuwecken.

Die Liebe geht durch den Blick

Das ist bei unseren Kindern ganz offensichtlich. Der Blick, den wir auf ihre Schwächen richten, kann sie in einer Rolle einschließen, aus der sie nicht entkommen können, wenn wir uns nicht entscheiden, diesen Blick zu ändern. In unserem Blick finden sie die Kraft zu glauben, daß sie nicht schlecht sind und daß es in ihnen Gutes gibt.

Das Kind nimmt durch unseren Blick den geringsten Zweifel, die geringste Unruhe unsererseits wahr, und das genügt, damit es das Selbstvertrauen verliert. Wo soll es die Kraft und den Mut finden, den Kampf aufzunehmen, wenn nicht in unserem Blick, in unserem Vertrauen? Wie könnte es Vertrauen haben, wenn wir ihm nicht unser unbedingtes Vertrauen schenken? Dieses Vertrauen, das das erste Zeichen der Liebe ist, zeigt sich im Blick. Das Kind hat es nötig, angesehen zu werden, es muß fühlen, daß es für jemanden existiert, daß es interessant ist, andernfalls wird es immer diesen tiefen Zweifel in sich eingeschrieben tragen: «Niemand mag mich! Übrigens weiß ich gar nicht, warum man mich lieben sollte, ich bin nicht interessant. Lieber würde ich gar nicht existieren.»

Wenn sich das Kind angeschaut fühlt, erfährt es ein Gefühl der Sicherheit und des Wohlergehens, sein «Kornspeicher der Gefühle»[7] füllt sich und gibt ihm eine innere Stabilität. Wenn es auf seine Rechnung gekommen ist, beginnt es zu laufen, als hätte es uns nicht mehr nötig, es kann fern von uns wohnen und sein Leben leben, solange ihm die Erinnerung an unseren Blick, an unsere Liebkosungen, an unsere Zärtlichkeiten eingeprägt bleibt. Es wird eine Zeit kommen, in der es von neuem nötig hat «aufzutanken», und es wird kommen und um unsere Aufmerksamkeit betteln. Man kann den ganzen Tag «die Kinder zwischen den Beinen» haben, ohne sie je eines Blickes zu würdigen. Nicht die Quantität der Zeit, die wir mit dem Kind verbringen, ist das Wichtigste, sondern die Qualität der Aufmerksamkeit, des Blickes, der ihm die Zusicherung gibt, geliebt zu sein, und der bewirkt, daß wir im Kind lebendig sind und es sich nicht einsam fühlt.

Man kann also die Verletzungen erahnen, die mit dem Blick verbunden sind, die Gefühle des Abgewiesenseins, der Bedeutungslosigkeit, der Nichtigkeit, der Unsicherheit, des Selbstzweifels, die wir erleiden können, weil uns unsere Eltern vielleicht nicht genügend angesehen haben. In diesem Fall hat die Abwesenheit des Blickes, die Gleichgültigkeit, schlimmere Folgen als ein ängstlicher Blick.

Aber es gibt auch all die Erwartungen, die wir aufgenommen haben und die wir nicht zufriedenstellen konnten, alle Enttäuschungen, die wir verursacht haben. Das Gefühl, der Erwartung nicht zu entsprechen, ist sehr tief verankert, da es meist aus den Erlebnissen der ersten Lebensstunden stammt, wenn nicht schon aus dem Mutterschoß. Wenn wir den Eindruck haben, in Zwiesplat zu sein mit dem, was man von uns erwartet, so ist unsere eigene Erwartung an uns selbst noch größer und kann uns sogar in Verzweiflung stürzen. Wir stehen in ständiger Spannung, wenn wir nicht so angenommen wurden, wie wir sind. Dadurch sind wir vom Blick der anderen noch verletzbarer

7 So nennt es Dr. Campbell in seinem Buch «Comment vraiment aimer vos enfants».

und verbringen unser Leben damit, zu versuchen, dem zu entsprechen, was man von uns erwartet.

Wie auch immer die Umwelt ist, in der wir heranwachsen, wir kommen der Regel nicht aus, sei es auf der Ebene der Kleidung, der Sprache oder der Umgangsformen. Es gibt überall Regeln zu beachten, um angenommen zu werden, und wir sind deren Sklaven. Nur wer sicher ist, seinen Platz nicht zu verlieren, kann sich mehr Freiheit erlauben, sei es in Banden, im bürgerlichen Bereich oder in religiösen Gemeinschaften.

Die Wahrnehmung unserer Identität

Hier stellt sich wieder die schwierige Frage unserer Identität. Wer sind wir wirklich? Sind wir das, was wir scheinen, was wir zu sein glauben, oder das Bild, das die anderen von uns wiederspiegeln?

Während wir uns diese Fragen stellen, ahnen wir, daß uns keine Antwort zufriedenstellen wird und daß wir anderswo suchen müssen. Nur ER, der uns geschaffen hat, kann über uns Auskunft geben und uns offenbaren, wer wir sind. Aber dazu müssen wir uns gefallen lassen, daß uns nach und nach unsere falschen Identitäten bewußt werden, unsere Masken, unsere gekünstelten Rollen, die wir den Umständen entsprechend spielen. Wir müssen den Mut haben, uns entblößen zu lassen von allem, was nicht unser wahres Ich ist, was uns durch Worte und Blicke von außen auferlegt wurde und was wie ein anderes Ich geworden ist, in dem wir uns nicht wirklich zu Hause fühlen und das wir nicht lieben können.

Doch genügt die Bewußtwerdung allein nicht, wenn nicht die Begegnung mit einem anderen Blick stattfindet, wenn nicht ein anderes Wort aufgenommen wird, ein anderer Hauch, der uns Leben und Sein mitteilen kann. Wir müssen uns unter den Blick des Vaters stellen, um von ihm unsere wahre Identität zu empfangen, damit uns sein liebender Blick von allen Liebesmängeln heilt, von allen anderen Blicken befreit, uns bis in unsere Dunkelheiten hinein heimsucht und alles verklärt. So fühlen wir uns geliebt und können uns mit uns selbst und mit den anderen versöhnen. Jenseits des Vorhofes, im Heiligtum, beginnt diese Begegnung mit dem Vater; wir werden davon später noch sprechen.

Der Blick Jesu

«Wer mich gesehen hat, hat den Vater gesehen» (Joh 14,9). Der Blick Jesu auf den Ikonen oder der, den man auf dem Turiner Leichentuch erspürt, läßt uns die Tiefe dieses Blicks erahnen, der so viel weiter geht als bis zu unserem Aussehen und der uns, wenn wir uns von ihm durchdringen lassen, unbekannte Gebiete aufdeckt, Seiten an uns, die wir nicht kennen. Wie könnte man zulassen, das Innerste unserer Seele zu enthüllen, außer vor einem Blick voll unbedingter Liebe? Wie wohltuend ist es, uns anschauen zu lassen, wenn wir uns ganz aufgenommen, ganz angenommen fühlen. Wie gut ist es, sich ohne Furcht diesem liebenden Blick auszusetzen, ohne irgend etwas verbergen zu müssen.

Betrachten wir Jesus in seiner Wesensart, in seinen Handlungen. Sehr oft wird im Evangelium der Blick Jesu erwähnt. «Er sah ihn an und gewann ihn lieb», heißt es den reichen Jüngling betreffend (Mk 10,17f). Jesus sieht die blutflüssige Frau an, ebenso Petrus nach seiner Verleugnung. Er blickt zu Boden, um die Ehebrecherin nicht anzuklagen.

Sehen wir nun, wie wir Gott erlauben können, alle negativen Blicke auszulöschen durch die «Infusion» seines leuchtenden Blickes in unsere Seele. In der schweigenden Anbetung des Allerheiligsten setzen wir uns dem Licht aus, das in den Augen Gottes glänzt. Gott anzusehen ist unser einziger Ausweg. Es ist unwichtig, ob wir etwas fühlen oder nicht, wir müssen lernen, wie die kleinen Kinder im Glauben «aufzutanken». Ein Stunde damit zu verbringen, um Jesus zu sagen: «Ich glaube, daß du in der geweihten Hostie lebst, daß in der äußeren Gestalt des Brotes deine unendliche Liebe gegenwärtig ist!», das ermöglicht Gott, seine Liebe über uns auszuschütten, seine Zärtlichkeit, seinen Blick. Wenn wir nichts fühlen, sagen wir uns, daß Gott dabei ist, unser Wesen aufzufüllen und daß es uns bald klar sein wird, weil es überfließen wird!

Die Folge der Sünde: Angst vor dem Blick Gottes Adam oder die Erfahrung von Angst und Scham

Der Text aus der Genesis ist ein Bild von unerhörtem Reichtum, durch das wir den Ursprung unserer tiefsitzenden Gewohnheiten finden können. Wie sollte man sich nicht in Adam wiederfinden? Anscheinend hat ihm das Essen der Frucht keine Probleme bereitet; es sieht nicht aus, als hätte er einen bewußten Akt gesetzt. Er aß einfach, und sicher fand er, daß es gut war. Aber sein Genuß war von kurzer Dauer. Plötzlich gingen ihm die Augen auf und das Bewußtsein, daß er das Verbot übertreten hatte, überfiel ihn ganz und gar und stürzte ihn unverzüglich in tödliche Angst. Unmöglich, wieder zurückzukehren, zu tun, als wäre nichts gewesen. Wie sollte man das Nicht-wieder-gut-zu-Machende wieder gut machen?

«Da gingen beiden die Augen auf, und sie erkannten, daß sie nackt waren. Sie hefteten Feigenblätter zusammen und machten sich einen Schurz» (Gen 3,7). Vor dem Sündenfall waren Mann und Frau «nackt, aber sie schämten sich nicht voreinander» (Gen 2,25). Sie waren bekleidet mit Licht, mit der Liebe des Vaters, ganz durchsichtig für seinen Blick, von ihm allein abhängig, deshalb empfanden sie keine Scham, da sie sich in diesem Licht, in dieser Durchsichtigkeit sahen.

Um das Gebot Gottes zu übertreten, entzogen sie sich dem Blick des Vaters und trennten sich so von seinem Schutz. Sie fanden sich plötzlich den Blicken des anderen ausgesetzt, bevor sie selbst ihr eigenes Geheimnis schützen konnten, und sie versteckten ihre Nacktheit, indem sie sich einen Schurz zusammenhefteten. Von nun an konnten sie einander nicht mehr ganz vertrauen. Aber das Furchtbarste war die Vorstellung, dem Blick des Vaters standzuhalten. Als sie seine Stimme hörten, versteckten sie sich unter den Bäumen des Gartens.

Wer kennt nicht die Angst des Kindes, das eine große Dummheit begangen hat und sich schnell versteckt, wenn es die Stimme des Vaters oder auch nur das Motorengeräusch seines Autos hört? Sind nicht auch wir wie dieses Kind, die wir uns vor dem Blick des Vaters verstecken, die wir zutiefst erschrecken bei der Vorstellung, er könnte unsere Blöße sehen? Wir schämen uns über uns selbst, über das, was wir sind, und noch mehr über das, was wir nicht sind. Wir bleiben lieber hinter unserem Busch, bleiben lieber fern von Gott, als ihm unsere Blöße zu enthüllen, als ob er sie nicht kennen würde, als ob wir ihn täuschen könnten, indem wir ihm nur unsere beste Seite zeigen, um angenommen zu werden.

«Ich geriet in Furcht, weil ich nackt bin, und versteckte mich» (Gen 3,10), antwortet Adam, als Gott ihn sucht. Wir lächeln über die Vorstellung, daß sich Adam und Eva hinter ihrem Busch verstecken, aber machen wir nicht genau das Gleiche? Angst und Scham sind in unser Fleisch, in unsere Glieder eingeschrieben, die Angst vor Gott und vor allem, was ihn repräsentiert, und die Scham über uns selbst. Sie drücken sich in unserem Leib aus durch Steifheit, Verspannungen und Blockaden, die jedesmal auftreten, wenn wir in eine unangenehme Situation geraten, jedesmal, wenn wir den Blicken anderer ausgesetzt sind.

Auch wenn wir sie vergessen haben, unser Leib bewahrt die Spuren unserer Kinderängste, unserer Traumen, aller Liebesmängel. Und wir müssen das Vertrauen und die Hingabe wieder lernen, damit wir wagen, uns von neuem Gott zu nähern, sodaß die Wärme seiner Liebe all unsere Widerstände zum Schmelzen bringen kann.

Die Sünde Adams ist zuerst der Ungehorsam, aber alles wäre noch möglich gewesen, wenn er, anstatt sich zu verstecken, sich in die Arme des Vaters geworfen hätte, um ihm seinen Fehler einzugestehen und ihn zu bitten, alles wiedergutzumachen. Die Folge seiner Sünde ist, die Liebe des Vaters bezweifelt, sich seinem Blick entzogen und sich seiner Nacktheit geschämt zu haben.

Der hl. Franziskus, nackt vor seinem Vater

Der heilige Franz von Assisi hat lange die Nacktheit Christi auf dem Kreuz von San Damiano betrachtet, diesen Christus, der eines Tages durch diese Ikone mit ihm gesprochen hat. Hat nicht Franziskus, der Jesus nachgeahmt hat, gewissermaßen versucht, die Sünde Adams wieder gutzumachen, als er nackt vor dem Bischof von Assisi erschien, vor dem Repräsentanten der Kirche Jesu Christi auf Erden? Als er — von seinem eigenen Vater angeklagt — vor dem Gericht des Bischofs erschien, zweifelte er nicht daran, daß dieser, der der Vertreter seines Vaters im Himmel war, ihn in seiner Nacktheit aufnehmen und mit seinem Mantel bedecken würde. «Wenn du deinen Bruder sündigen siehst», sagen die Wüstenväter, «wirf den Mantel der Barmherzigkeit über ihn.» Seiner Kleider und all seiner falschen Identitäten beraubt, die ihm sein irdischer Vater aufzwingen wollte, setzt der heilige Franziskus hier eine prophetische Handlung. Und der Bischof, erschüttert von solchem Vertrauen, antwortet mit einer anderen prophetischen Geste. Er hüllt ihn in seinen Mantel, um seine Nacktheit zu bedecken, und nimmt ihn so, wie er ist, um ihn der Barmherzigkeit Gottes anzubieten.

Ich habe diesen Augenblick im Leben des heiligen Franziskus oft mit Neid betrachtet. Ich fühlte, wie sehr ich durch so viele Blicke gefangen war, durch so viele Ängste, «Kummer zu bereiten», durch Angst, die zu werden, die ich in meinem Grund ahnte, aber die nicht den Mut hatte, sich zu existieren zu erlauben, und die fortfuhr, sich an die Erwartungen der anderen anzupassen. Ich forderte von ihm diesen Mut, denn ich bin mehr und mehr davon überzeugt, daß hier unsere Heilung liegt, in diesem Mut: daß wir wagen, unsere Nacktheit Gott dem Vater zu zeigen, daß wir aufhören, verstecken zu spielen wie Kinder, um uns die Illusion zu geben, daß er uns nicht sieht, und daß wir uns in seine Arme werfen, so wie wir sind, damit er in uns das Abbild Gottes wiederherstellen kann und uns die Wonnen seines Gartens kosten läßt.

Gott kann uns seinen Blick nicht aufdrängen, da wir ja Angst vor ihm haben, deshalb läßt er den Klang seiner Stimme hören. Unaufhörlich richtet er diesen Ruf «Adam, wo bist du?» an jeden von uns, voll unruhiger Zärtlichkeit, mit der geheimen Hoffnung, daß wir unsere Ängste hinter uns lassen und hinter unserem Busch hervorkommen, um unser Leben seinem Licht auszusetzen. Welch unerhörtes Geheimnis ist unsere Freiheit! Gott ist von unserer Freiheit abhängig. Der Allmächtige hat sich zum Gefangenen unseres Ja gemacht. Er kann nichts, wenn wir ihm nicht die Erlaubnis dazu geben. Er kann nur mit dem handeln, was ihm gehört, und ihm gehört nur das, was wir ihm geben. Er nimmt uns nie mit Gewalt. Haben wir keine Angst, unser Leben in sein Licht zu stellen, uns von seiner Zärtlichkeit und Barmherzigkeit bekleiden zu lassen, uns lieben zu lassen bis dorthin, wo wir am wenigsten liebenswert sind, bis dorthin, wo wir uns schämen! Wenn wir ihn haben hinabsteigen lassen bis in unsere Hölle, wie Christus in die Hölle hinabgestiegen ist, um zu suchen und zu retten, was verloren war, und wenn wir seine Liebe angenommen haben bis in die tiefste Tiefe unserer Dunkelheiten, dann verstehen wir, daß er nicht nur unser Vater ist, sondern daß er der Allmächtige ist und von nun an, wenn wir ihm angehören, alles in uns vollbringen kann.

Wenn wir im Vorhof und am Eingang zum Heiligtum angekommen sind, fühlen wir die Notwendigkeit, von jeder Befleckung gereinigt und von aller Unreinheit gewaschen zu werden, deren Opfer oder Täter wir gewesen sind. Im Licht Gottes springt sie uns plötzlich ins Auge und scheint uns unerträglich. Gewöhnlich stellen wir nicht viele Fragen über unser Leben, wenn aber das Licht in unsere Dunkelheit dringt, erschrecken wir, da wir uns als Sünder erkennen. Solange unser Gewissen schläft, meinen wir, keine Probleme zu haben, aber das Erwachen ist furchtbar.

Der Punkt, an dem die wahre Heilung beginnt, ist ein Geständnis unserer Schuld im Sakrament der Versöhnung. Es macht wenig, wenn wir nicht gut beichten können. Es genügt, dem Priester, der uns empfängt, vorher mitzuteilen, daß wir die Vergebung Gottes ersehnen, aber daß wir Hilfe brauchen, um uns dafür zu bereiten, sie anzunehmen.[8]

DER TASTSINN UND DIE LIEBE

Das Bewußtsein der Liebe bei den ganz Kleinen

Wenn die erste Wahrnehmung der äußeren Welt durch den Geruchssinn geschieht, so geschieht der erste Kontakt mit der Mutter durch den Tastsinn. Das Kind empfängt die Liebe durch die Empfindungen, durch den Hautkontakt mit seiner Mutter, durch den kleinen Babykörper, der sich an ihre Brust schmiegt. Die Intimität setzt

8 Siehe P. Jacques Marin «Das Sakrament der Versöhnung — Das Wunder der Liebe», Parvis-Verlag, 1997

sich fort in diesem Körperkontakt, in diesem Austausch von Zärtlichkeit, Sicherheit und Fülle, in dem das Kind alle Liebe von der empfängt, die ihm das Leben geschenkt hat. Es ist für ein Kind lebensnotwendig, berührt zu werden, liebkost zu werden, mit seinem Leib einem anderen Leib verbunden zu sein, der fortfährt, ihm das Leben zu schenken.

Unsere Zeitgenossen, die begierig nach Statistiken sind, unternahmen Experimente, die tragisch endeten. Sie legten in einen Raum Babies, die durch Gitterstäbe gefüttert wurden, ohne berührt zu werden, und in einen anderen Raum Babies, die man in die Arme nahm, um ihnen das Fläschchen zu geben. Im ersten Raum hat keines überlebt, während alle anderen lebhafte Babies wurden. Das zeigt, wie lebensnotwendig der Körperkontakt ist, der auch Ausdruck der Zärtlichkeit ist. Kinder, denen wir diese Zärtlichkeit nicht erweisen, haben furchtbare affektive Mängel, die sie ein Leben lang zeichnen.

Die afrikanischen Völker brauchen dies nicht erst aus Büchern zu lernen! Im allgemeinen behält die Mama den Säugling immer bei sich. Ob sie kocht oder auf den Feldern arbeitet, das ganz Kleine bleibt bei ihr. Bis es entwöhnt wird, ist es in ständigem Kontakt mit dem Körper seiner Mama. Aus diesem Kontakt schöpft es seine Sicherheit, daraus baut es sich auf, daraus zieht es das Empfinden für seine Existenz. Es ist natürlich wahr, daß diese Haltung maßlos sein kann und daß es das Baby auch nötig hat, von seiner Mutter getrennt zu werden, um selbständig werden zu können.

Wenn der Tastsinn in einer so existentiellen Weise das Leben und die Liebe übermitteln kann, so lenkt ihn die Sünde von seinem wahren Ziel ab. Sie stellt ihn in den Dienst des Egoismus, des persönlichen Vergnügens. Man kann den Leib nicht anfassen, ohne das zu berühren, was im Menschen lebenswichtig ist. Und wenn der Ausdruck einer reinen und selbstlosen Liebe durch Zärtlichkeit und Liebkosungen dazu beiträgt, uns das Gefühl zu geben, zu existieren und geliebt zu werden, uns aufzubauen und uns zur Entfaltung zu bringen, so kann ein körperlicher Kontakt, der nur Regungen befriedigt, die Person tief beeinträchtigen, ohne daß ihr das unbedingt bewußt wird, und in ihr Türen zuschlagen, die nur danach verlangten, sich zu öffnen. Wie viele Frauen, die durch den Vater oder einen Onkel, durch einen Bruder oder einen Freund der Familie sexuell mißbraucht wurden, sehen sich außerstande, ein normales sexuelles Leben zu führen; sie tragen in sich ein tiefes Unbehagen, einen Eindruck von Unreinheit und Scham, von dem sie sich nicht befreien können.

Aber man muß nicht ein Trauma erlebt haben. Der Mangel an Ausdruck von Zärtlichkeit kann uns sehr tief treffen. Auch in den wohlwollendsten Familien kann man die Liebe zu den Kindern nicht immer zeigen. Man denkt zu oft, daß das von selbst geht. Das ist es, was uns Valerie erzählt:

> «Ich stamme aus einer praktizierenden katholischen Familie, die in Liebe vereint war, aber so allgemein, zurückhaltend: wenig Schmeicheleien, wenig Gesten der Zärtlichkeit… wenig körperliche Erweise dieser Liebe, die überall gegenwärtig war!
>
> So lernte ich sehr schnell, mich nicht zu viel mit meinem Körper zu beschäftigen (vor allem hinsichtlich der Kleidung) und auf Gesten der Zärtlichkeit zu verzichten. Für mich geschah alles im Herzen, vor allem aber im Verstand. Dennoch spürte ich einen Mangel in mir: ich hatte ein verrücktes Bedürfnis nach Zärtlichkeit, aber ich wagte es nicht einzugestehen, ich hatte Angst, lächerlich zu erscheinen. Ich versteckte mich hinter Masken, hinter wohl analysierten und reflektierten Haltungen. Ich hatte das Bedürfnis nach Berührung, nach Komplimenten… und zugleich konnte ich nicht zugeben, daß ich irgend etwas brauchte, ich konnte es nicht ertragen, daß man mich berührte, ohne erschüttert zu sein.
>
> Diese Haltung schloß mich in mich selbst ein, und ich hatte keine Freunde, keine einfachen und wahren Beziehungen. Ich war meinem Körper gegenüber komplexbeladen und hatte Schwierigkeiten, mich so anzunehmen, wie ich bin. Ich hatte niemand, dem ich mich anvertrauen konnte, außer Gott. Ihn wählte ich als Freund und Vertrauten, und je weiter ich in meiner Beziehung mit ihm vorankam, desto mehr entdeckte ich, daß er ein Gott der Liebe und der Zärtlichkeit ist, und daß er mir diese Zärtlichkeit zeigen möchte. Nur, sobald das Wort "Zärtlichkeit" auftauchte, verschloß ich mich. Ich ertrug nicht, daß man mir näher kam, daß man mich berührte (selbst einfach eine Hand auf meiner Schulter ließ mich zusammenzucken).»

Durch das Tanzen unter dem Blick Gottes entdeckte Valerie die unendliche Zärtlichkeit des Vaters, wie sie später erzählen wird.

Jesus und die göttliche Berührung

Bevor Gott Mose seinen Namen nannte, sagte er: «Ich halte meine Hand über dich» (Ex 33,22). Dann offenbarte er sich als «barmherziger und gnädiger Gott» (Ex 34,6). Weil Mose die göttliche Berührung erfahren hat, kann er den Namen Gottes aufnehmen.

Wenn wir auf Jesus schauen, sehen wir, wie sich sein Handeln nicht auf den Bereich des Geistes beschränkt, sondern sich im Leib verkörpert, in einem physischen Kontakt mit den Menschen, denen er begegnet. Er könnte ohne Berührung heilen, doch in den meisten Fällen geht er den Weg der körperlichen Vermittlung, der Gesten, die greifbare Zeichen der Zärtlichkeit Gottes sind.

«Jesus hatte Mitleid mit ihm; er streckte die Hand aus und berührte ihn» (Mk 1,41). «Wenn ich auch nur sein Gewand berühre, werde ich geheilt», sagte sich die blutflüssige Frau. Jesus, der merkte, daß eine Kraft von ihm ausströmte, wandte sich um und fragte: «Wer hat mein Gewand berührt?» (Mk 5,28-30). Wir sehen öfter, wie Jesus die Menschen an der Hand nimmt. «Er faßte das Kind an der Hand und sagte zu ihm: "Talita kum!", das heißt übersetzt: Mädchen, ich sage dir, steh auf!» (Mk 5,41). Den Taubstummen nahm er beiseite, er «legte ihm die Finger in die Ohren und berührte die Zunge des Mannes mit Speichel.» (Mk 7,33)

Die Jünger verstanden, daß Jesu Berührung heilend war, deshalb brachten sie die Kranken zu ihm, damit er sie berühre. «Da brachte man einen Blinden zu Jesus und bat ihn, er möge ihn berühren. Er nahm den Blinden an der Hand... bestrich seine Augen mit Speichel, legte ihm die Hände auf» (Mk 8,22-23) und der Blinde konnte wieder sehen. Auch beim Blindgeborenen «spuckte er auf die Erde; dann machte er mit dem Speichel einen Teig und strich ihn dem Blinden auf die Augen.» (Joh 9,6)

Jesus erlaubt auch, daß man ihn berührt. Gott hat sich der Zärtlichkeit und den Liebkosungen von Maria und Josef ausgesetzt. Er läßt zu, daß ihm Maria Magdalena die Füße mit wohlriechendem Öl salbt und sie mit ihren Haaren abtrocknet. Johannes ruht an seinem

Herzen, Judas gibt ihm einen Kuß. Auf dem Kreuzweg trocknet Veronika Jesu Gesicht mit einem Leinentuch ab.

Im Gleichnis vom verlorenen Sohn (Lk 15,11-32) sagt der Vater kein Wort zu seinem Sohn, sondern alles geschieht durch den Blick und durch Gesten: «Sein Vater sah ihn schon von weitem kommen, und er hatte Mitleid mit ihm. Er lief dem Sohn entgegen, fiel ihm um den Hals und küßte ihn.» Der Sohn beginnt sein Geständnis, aber der Vater läßt ihn nicht ausreden, er läßt ihm das beste Gewand holen, den Ring und die Schuhe, um ihn wieder in seine Würde als Sohn einzusetzen.

Es gibt Augenblicke, in denen das Gefühl zu stark ist, als daß man es in Worte fassen könnte. Die Geste wird Wort. Die Kirche benützt in ihrer Pädagogik Gesten, die Zeichen der Menschwerdung Gottes sind. Man sagt, die Sakramente sind «sichtbare Zeichen einer unsichtbaren Gnade». Die Salbung mit Öl, das Auflegen der Hände und die Kommunion mit Leib und Blut Christi sind göttliche Berührungen. Auch sie behält unser Leib in Erinnerung.

Der Geschmackssinn

Der Geschmackssinn ist der Sinn, durch den wir den Geschmack der Speisen aufnehmen. Er regt in uns den Appetit an und läßt uns die Nahrung gerne zu uns nehmen, deren wir bedürfen, um zu leben und die Kraft unseres Leibes zu erhalten.

Es war das schöne Aussehen der Frucht, das ihren Geschmack erahnen ließ («Da sah die Frau, daß es köstlich wäre, von dem Baum zu essen» Gen 3,6), das die Begierde in Eva weckte und sie zur Gesetzesübertretung führte. Das Verlangen zu essen verbindet sich mit dem Verlangen zu besitzen. Der Abgrund, der in uns durch den Sündenfall entstanden ist, zeigt sich in der Furcht vor Mangel. Wir versuchen, ihn mit allen möglichen Mitteln aufzufüllen. Durch Essen und Trinken stillen wir für einen Augenblick diese Unruhe der Eingeweide, die uns zwickt, aber wir sind niemals gesättigt.

Die Kirche in ihrer Weisheit lädt uns zum Fasten und zur Mäßigkeit ein. Fasten ist nicht ein völliger Nahrungsentzug, sondern eine vorübergehende Kasteiung des Geschmackssinns, der uns von uns selbst freimacht und unser Verlangen auf Ihn richtet, der allein uns erfüllen kann. Nach einem Tag des Fastens machen wir die Erfahrung, daß die Speisen schmackhafter sind. Die Tatsache, daß wir die Gewohnheit gebrochen haben, läßt uns plötzlich die Güte Gottes erkennen, der der Nahrung Geschmack verliehen hat, damit wir das Leben genießen können und ihm für all seine Gaben Dank sagen.

Das Verhältnis zur Nahrung ist so tief in uns verwurzelt, daß es nicht leicht ist, es umzuformen. Das kann sehr schnell bedrängend werden. Die Welt hört nicht auf, alle möglichen Diäten vorzuschlagen und uns in glänzenden Farben die Zaubertränke zu schildern, die uns gesunde Körper, Traumkörper verleihen würden. Essen oder Nicht-Essen wird so zu einer Zwangsvorstellung, die zwanghaftes Verhalten nach sich zieht, wo man sich auf die Nahrung stürzt und anschließend verzweifelt versucht, die Schäden wieder gut zu machen.

Jesus stellt das Problem anders: «Meine Speise ist es, den Willen dessen zu tun, der mich gesandt hat» (Joh 4,34). Er gibt sich selbst zur Speise, um all unseren Hunger zu stillen: «Ich bin das Brot des Lebens; wer zu mir kommt, wird nie mehr hungern, und wer an mich glaubt, wird nie mehr Durst haben» (Joh 6,35). Nur seine Gegenwart in uns kann unser ganzes Wesen beruhigen; sie stillt dieses irrationale Bedürfnis zu essen, zu trinken, zu rauchen, alle möglichen Drogen in sich hineinzuziehen, nur um die Existenzangst zu vergessen, die uns «zwickt».

Der Geruchssinn

Ein Sinnesorgan, das im Mutterschoß sehr früh funktioniert, ist die Nase. Durch sie empfängt das Baby den Atem des Lebens, von dem Augenblick an, wenn es aus dem Leib seiner Mutter hervorkommt, und der Schrei, den es in diesem Moment ausstößt, ist das

Zeichen des Lebens. Man denkt an Gott, der den «Lebensatem» in die Nase Adams blies. Wir bewahren diesen Atem, der uns bewohnt, bis wir ihn mit unserem letzten Atemzug zurückgeben, bis unser Atem zurückkehrt zum Atem Gottes, bis unser Geist sich mit seinem Geist vereinigt.

Wenn auch alle Sinne durch den Sündenfall beeinträchtigt wurden, so wurden sie es verschieden stark, und nach der jüdischen Tradition wurde der Geruchssinn am meisten bewahrt. Er wurde sicher sehr gemindert, aber wenig verdorben. Man vergißt oft, ihn zu benützen, weil man es sehr eilig hat, und um zu riechen, muß man sich Zeit nehmen, einige Augenblicke innezuhalten. Wir vergessen sogar zu atmen und nützen unsere Fähigkeiten des Atems nur minimal.

In Wirklichkeit sind wir oft sehr dadurch geprägt, daß wir in Gerüchen denken. Ein Geruch kann aus sehr alten Erinnerungen ins Gedächtnis aufsteigen. Man erinnert sich an den Geruch der Schule, der neuen Hefte zu Schulbeginn, an den eigentümlichen Geruch des Frühstücks oder des Nachmittagskaffees oder gewisser Gerichte, die man gern hatte; auch an den Geruch gewisser Personen, die uns geprägt haben. Aber der erste Geruch, der uns am meisten das Gefühl der Sicherheit vermittelt, ist der Geruch unserer Mutter. Ein Baby ist stärker verunsichert, wenn es seine Mama nicht mehr riecht, als wenn es sie nicht mehr sieht.

Durch seine Suggestivkraft kann uns der Geruchssinn, der an ferne Erinnerungen gebunden ist, tyrannisieren. Wie die anderen Sinne muß er beherrscht werden. Man kann sich von Nostalgie überfallen lassen, die durch einen Duft ausgelöst wurde, oder dem Liebesverlangen unterliegen, das durch ein Parfum geweckt wurde. Auch hier gilt es, Wachsamkeit zu üben.

Der Duft

Am Sabbatabend ist es in jeder jüdischen Familie üblich, Düfte einzuatmen. Das gehört zum Vergnügen, das man beim Genuß der guten Dinge empfinden soll, die Gott zu unserer Freude geschaffen hat. Wenn der Sabbat zu Ende geht und man von neuem in die profane Welt zurückkehrt, riecht man ein letztes Mal an den Parfumfläschchen, damit die Erinnerung an diese herausgehobene Zeit, an die Gegenwart Gottes in uns eingegraben bleibt bis zum nächsten Sabbat.

Gott liebt die Düfte! Im Tempel war ein Altar im Heiligtum vorgesehen, um darauf morgens und abends Weihrauchopfer darzubringen. Ebenso war das Öl für die Salbungen mit Duftstoffen versehen und auf ganz besondere Weise zusammengesetzt.

Was übrigens die Opfer betrifft, so sagte Gott zu Mose: «Ein Brandopfer ist es, ein Feueropfer zum beruhigenden Duft für den Herrn» (Lev 1,9). Man findet diesen Ausdruck viele Male in der Tora. Ist es der Geruch des verbrannten Fleisches, den Gott liebt? Ist es nicht vielmehr der Herzenswunsch dessen, der zu ihm zurückkehren möchte und ein Opfer zur Wiedergutmachung darbringt? Der schlechte Geruch ist mit der Unreinheit verbunden, der köstliche Duft mit der Liebe, mit der Reinheit des Herzens.

Der heilige Paulus nimmt dieses Bild in seinem Brief an die Korinther wieder auf: «Denn wir sind Christi Wohlgeruch für Gott unter denen, die gerettet werden, wie unter denen, die verlorengehen. Den einen sind wir Todesgeruch, der Tod bringt; den anderen Lebensduft, der Leben verheißt.» (2 Kor 2,15-16)

Der Duft ist Symbol für die Liebe, für das Gebet, für die Wirklichkeit der unsichtbaren Welt. Er verbreitet und verflüchtigt sich, ohne daß man ihn sieht. Gott, der Herz und Nieren erforscht, erkennt den Duft eines reinen Herzens. Simon empörte sich über die Kühnheit Maria Magdalenas, die in sein Haus kam, um wohlriechendes Öl über Kopf und Füße Jesu zu gießen. Aber Jesus ließ sie gewähren. Hinter dem Äußeren und dem Ruf Maria Magdalenas sah er das glühende Verlangen ihres Herzens, das sie trotz allem eine prophetische Handlung an ihm vollbringen ließ. Es war üblich, die Leiber der Toten mit wohlriechenden Ölen zu salben. Jesus wußte, daß seine Stunde gekommen war, er wußte, daß die Frauen keine Zeit haben würden, sich um seinen Leichnam zu kümmern. Darum ließ er zu, daß Maria Magdalena den Duft der Liebe über ihn vergoß und so seinen Leib verehrte, der ausgeliefert werden würde zur Vergebung der Sünden.

Auch im Hohelied ist eine große Anzahl von Düften genannt.

Wenn wir mit all unseren Sinnen sündigen, so sündigen wir — w den Geruchssinn betrifft — am öftesten durch Unterlassung, ind wir vergessen einzuatmen, zu riechen, zu leben, Gott aufzunehme

Die Weihe der Sinne

Wenn wir einmal Gott erfahren haben, haben wir das Verlang ihm unser Leben zu übergeben, und wir tun dies bereitwillig u großzügig. Aber wie groß ist unsere Überraschung und unsere E täuschung, wenn wir — nachdem wir die Wonnen seiner Gegenwa die alles erleuchtet, gekostet haben — uns «ganz wie vorher» find mit den gleichen Verletzungen, den gleichen Problemen, den gleich «Unbekehrtheiten». Wir haben den Himmel gesehen und finden u auf der Erde wieder, ohne zu wissen, wie wir den Weg finden sollt Bei dieser Entscheidung, in den Tempel einzutreten und bis zu Allerheiligsten vorzudringen, die wir getroffen haben, kommen w schnell vom Weg ab und werden daran gehindert weiterzugehen.

Es gibt ein ganz einfaches Mittel, um zu sehen, wo wir sind, u zu verstehen, warum wir uns verirrten, ein Mittel, um zu G zurückzukommen: unser ganzes Wesen im einzelnen Gott zu weihe Das geschieht im Sakrament der Taufe durch die «Besiegelung». D Kirche bezeichnet den ganzen Leib mit dem Zeichen des Kreuzes: d Augen und die Ohren, die Lippen und das Herz, alles, was im Me schen lebt und wirkt, damit das ganze Wesen ergriffen und dur Christus verklärt werde.

«Deine Ohren seien besiegelt mit dem Kreuz Christi, damit du d Stimme des Herrn hörst. Deine Augen, damit du die Herrlichkeit Got sehen kannst. Deine Lippen, damit du Gott antworten kannst, der zu d spricht. Dein Herz, damit Christus in dir durch den Glauben wohn Deine Schultern, damit du jeden Tag dein Kreuz auf dich nimmst, u Christus zu folgen. Sei ganz bezeichnet mit dem Siegel des Kreuzes, dam du das Leben hast im Namen des Vaters und des Sohnes und des Heilig Geistes.» (Taufritus)

Wir können unsere Taufgelübde erneuern, indem wir Gott für unsere Untreue um Vergebung bitten, ihm alle unsere Sinne, alle unsere Glieder, alle Kräfte unserer Seele weihen, damit unser ganzes Wesen der Herrlichkeit Gottes diene und gemäß seiner Verheißung das Gefäß seiner Gegenwart, der Tempel von einzigartiger Schönheit werde.

Gebet zur Weihe unserer fünf Sinne

Herr, ich danke dir für den Leib, den du mir gegeben und den du erwählt hast, damit er ein Tabernakel deiner Gegenwart sei. Ich möchte deinen liebenden Blick auf diesen Leib empfangen, den ich oft so schwer annehmen kann. Verzeih mir, daß ich mich so wenig liebe, daß ich dein Werk so wenig achte.

Ich möchte dir heute danken für die Auferstehung des Fleisches, für den Tag, an dem ich in dein Bild und Gleichnis verwandelt werde, für mein Gesicht, das jenes sein wird, das du mir gegeben hast, das aber nicht mehr von Leid und Sünde gezeichnet sein wird. Ich liefere mich dir heute ganz und gar aus, damit du dieses Werk der Verklärung beginnst und damit ich dir immer ähnlicher werde. Mache mich zu einem Werkzeug deines Friedens und deiner Liebe.

Herr, ich bitte dich, meine Ohren zu reinigen.

Vergib mir, daß ich nicht wachsam war und so viel Schlechtes in mich eingelassen habe, daß ich das Ohr willig der üblen Nachrede, der Verleumdung und dem Fluch geöffnet habe, daß ich zuließ, daß sich mein Herz verdunkelte, weil ich unterschiedslos so viele Worte aufnahm, die nicht von dir kamen.

Ich weihe dir meine Ohren, damit ich durch sie dein Wort aufnehmen kann. Öffne meine Ohren, damit ich deine Stimme höre, daß ich dich und meine Brüder höre. Wie Salomo bitte ich dich um ein Herz, das hört, ein Herz voll Mitleid.

Herr, reinige meine Augen, reinige meinen Blick.

Bewahre mich vor einem hochmütigen und verachtungsvollen Blick. Ich bitte dich um Verzeihung, daß ich rascher das Böse sehe als das Gute. Verzeih mir, daß ich mir in Bildern gefalle, die Verwirrung in mir wachrufen, daß

ich nicht die Augen verschließe vor dem, worüber du mich nicht zum Richter bestellt hast.
Ich weihe dir meine Augen, damit ich das Unsichtbare sehen kann, damit ich deine Gegenwart erkennen kann, die sich hinter allen Dingen und hinter jedem Ereignis verbirgt. Gib mir Augen, die staunen und die deine Herrlichkeit betrachten, die ins Herz der Schöpfung eingeschrieben ist. Ich gebe dir meinen Blick, ich schenke dir mein Lächeln, damit sie Werkzeuge deiner Liebe und deiner Güte werden. Wie bei Maria möge mein Blick die Schönheit des ganzen Wesens enthüllen und allen Dingen Leben und Adel verleihen.

Herr, stell eine Wache vor meinen Mund,
eine Wehr vor das Tor meiner Lippen. Reinige sie von allen unnützen Worten. Ich bitte dich um Vergebung für alle Worte, die nicht im Dienst deiner Liebe standen, für alle Worte, die ich nicht zurückhalten konnte und die mir entschlüpft sind, weil mein Herz seine Unschuld verloren hat. Vergib alles Böse, das aus meinem Mund gekommen ist, vergib, daß ich mir erlaubt habe, über meine Brüder zu richten, vergib mein unnützes Geschwätz, das nicht aufbaute.
Ich weihe dir meinen Mund, damit er dazu dient, dich zu loben und meine Brüder zu segnen, dein Wort zu verkünden, dein Lob zu singen und dir immer und überall Dank zu sagen.
Herr, erbarme dich meiner Schwäche und meiner Unbeherrschtheit. Ich bitte dich um Vergebung für alle Male, wo ich meine Instinkte nicht zügeln, meinen Appetit nicht mäßigen, den Versuchungen der Unmäßigkeit nicht widerstehen und die Dinge nicht in ausgemessener Weise gebrauchen konnte.

Ich weihe dir meinen Geschmackssinn,
damit dieses Verlangen, das Leben zu genießen, das du in mich gelegt hast, ganz auf das Gute hingerichtet sei, damit ich den Geschmack der Speisen schätzen kann und wachse in der Dankbarkeit dir gegenüber, der du alle Dinge mit Weisheit und aus Liebe geschaffen hast.

Herr, reinige in mir den Tastsinn,
durch den du mich in Kontakt bringst mit dem Leben und mit den anderen. Ich übergebe deiner Barmherzigkeit alle Abweichungen meiner Empfindsamkeit, alle die Male, wo ich mehr danach suchte zu nehmen,

als zu empfangen. Vergib mein Verlangen, zu meiner eigenen Befriedigung zu nehmen. Vergib auch meine Unaufmerksamkeit und meinen Mangel an Dankbarkeit für das Geschenk des Lebens, das du mir unablässig jeden Augenblick mitteilst.
Ich weihe dir diese Empfänglichkeit, die du in mich gelegt hast, damit ich unaufhörlich in Kontakt mit der Wirklichkeit sei, damit ich alle guten und schönen Dinge annehmen kann, die du für mich in deiner Schöpfung bereithältst und durch die ich dich erfahren und lieben kann.

Herr, ich weihe dir auch meinen Geruchssinn.
Wenn er auch von meinen fünf Sinnen der ist, der vom Sündenfall am meisten verschont wurde, so ist mir doch bewußt, daß ich durch Unterlassung gesündigt habe, daß ich nicht genug Wert gelegt habe auf dieses Geschenk, das du mir gemacht hast, indem du mir erlaubtest, die Gerüche und Düfte wahrzunehmen und zu genießen und so die Freuden der kommenden Welt zu erahnen.

VOM VORHOF INS HEILIGTUM

Der Opferaltar

Über dem Vorhof, am oberen Ende der Stufen vor dem Eingang zum Heiligtum, befand sich der Opferaltar, auf dem ständig Tieropfer zur Sühne für die Sünden dargebracht wurden. Versuchen wir zuerst, diese biblische Symbolik zu verstehen. Was bedeutet dieser Opferaltar für uns? Warum befindet er sich nicht im Tempel, sondern am Eingang?

Wenn er sich am Eingang befindet, so heißt das, daß das Opfer ein notwendiger Durchgang ist, aber eben nur ein Durchgang. Es ist nicht das Ziel. Das Ziel befindet sich im Inneren des Heiligtums, hinter dem Vorhang, der das Heiligste vom sogenannten Allerheiligsten trennt. Dort sind wir eingeladen, von Angesicht zu Angesicht, von Herz zu Herz mit Gott zu sprechen. Bevor wir eintreten, müssen wir auf dem Altar das Opfer unseres ganzen Lebens darbringen, damit alles vernichtet wird, was Gott nicht verherrlicht, und damit in uns nichts mehr ein Hindernis für das Eindringen der Liebe darstellen kann.

Sacrificare bedeutet «heilig machen», das heißt aussondern für Gott. Aussondern ist der Sinn des hebräischen Wortes «kadosch», heilig. Der Heilige ist der, der «beiseite, heraußen» ist, der sich von der profanen Welt unterscheidet. In diesem Sinn sagte Lanza del Vasto: «Nur der Heilige ist hervorragend.»

Geheiligt ist alles, was sich auf die Gegenwart Gottes bezieht, und im weiteren Sinn alles, was den Tempel berührt. Im Lateinischen bedeutet das Wort *profane* «außerhalb des Tempels». Das Opfer also läßt uns in den Tempel, das heißt in die Gegenwart Gottes, eintreten.

Das hebräische Wort für opfern ist «korban», es stammt von der gleichen Wurzel wie das Verb «lehakriv», das «sich nähern, näher in eine Beziehung mit jemandem kommen» bedeutet.

Daß wir das Wort «Opfer» nicht sehr gerne haben, liegt daran, daß unsere Augen das Unsichtbare nicht sehen können. Wenn wir Opfer mit unnützer Entsagung gleichsetzen, mit Frustration, mit allem, was uns an der Entfaltung und damit am Glücklichsein hindert, so deswegen, weil wir nur den sichtbaren Teil sehen. Das Blut widerstrebt uns, genauso wie uns der bloße Gedanke an das Leiden unerträglich ist. Um «von dieser Welt in die andere zu gehen», müssen wir die Notwendigkeit des Opfers anerkennen und verstehen.

Beim Abendgebet um ein Feuer hatte Lanza del Vasto dieses schöne Bild:

«Das Feuer ist Leben und Tod zugleich, eines im anderen:
der äußere Schein, der sich verzehrt,
und die Substanz, die sichtbar wird.
Es ist der Tod der toten Dinge und ihre Rückkehr ins Licht.
Das Feuer ist das Opfer dessen, was brennt,
die Wärme des Lebens und das Leuchten der Augen.»

Wir sehen nur den Tod, aber es ist der Tod des äußeren Scheins, der Tod dessen, was sterben muß, damit das Leben hervorsprudle! Verstehen wir: Jedesmal, wenn wir aus Liebe auf uns selbst, auf unseren Besitz, auf unseren Eigennutz verzichten, ermöglichen wir Gott, sich uns zu schenken. Im Opfer der Messe handelt es sich um einen «wunderbaren Tausch», wir opfern unsere Menschheit, unsere Sorgen, unsere Lasten, unsere Leiden, aber auch unsere Freuden, unsere Talente, unsere Fähigkeiten, unsere Vitalität, und erhalten Anteil an Seiner Gottheit.

Was ist der Ursprung der Opfer? Opfer darzubringen ist keine Erfindung des jüdischen Volkes. In den antiken Tempeln empfand der Mensch die Notwendigkeit, Tieropfer darzubringen, um sich mit der Gottheit zu versöhnen und so ihren Zorn abzuwenden. Man wählte ein stellvertretendes Opfer, damit es die Sünde auf sich nehme, und man tötete es, um die Sünde zu vertreiben.

Die schöpferische Kraft des Judentums führte das jüdische Volk, wo immer es war, dazu, die Gebräuche der anderen Völker der Umgebung, in der es sich befand, anzunehmen, um sie für den Dienst Gottes umzuwandeln. So wurden die Kulthöhen, die zur Verehrung von Gottheiten bestimmt waren, in Kultplätze für den Herrn umgewandelt. Der Herr, der «kein Gefallen an Opfern» (Ps 51,18) hat, sondern der auf das Herz dessen sieht, der sich ihm zuwendet, wollte seinen Kindern dort begegnen, wo sie waren, um sie weiter und höher zu führen, in eine immer wahrere und immer freiere Beziehung. Auch für das Volk Israel ist das Opfer eine Art tätiges Gebet, vergleichbar den Symbolhandlungen der Propheten. Es macht die innere Disposition des Opfernden deutlich. Es hat nichts von einer magischen Handlung an sich, in der die Sünden auf das Opfertier übertragen werden, sondern ist vor allem ein Mittel, um zu Gott zurückzukehren.

Es gibt verschiedene Arten von Opfern: Opfergaben, Brandopfer, Danksagungsopfer, Gemeinschaftsopfer, Sühnopfer.

Da ist zuerst die Opfergabe, wie es das schöne Gebet Davids ausdrückt: «Von dir kommt ja alles; und was wir dir gegeben haben, stammt aus deiner Hand.» (1 Chr 29,14)

Im Opfer ist das ganze Wesen mit einbegriffen. Der Mensch nimmt vom Lebensnotwendigen, sei es ein Tier oder ein Pflanzenopfer, um Gott seine Dankbarkeit und seine liebende Abhängigkeit zu zeigen. Man kann sich Gott nicht mit leeren Händen nähern; Liebe drückt sich notwendigerweise in Gesten und Zeichen aus. Um ausdrücklich zu zeigen, daß sie alles geben möchte, zerstört sie das Opfer, sie verschüttet die Flüssigkeit, schlachtet oder verbrennt die Tiere, wie um das Geschenk unwiderruflich zu machen und es zum Unsichtbaren aufsteigen zu lassen. So wird die Realität und die Vorrangstellung der geistigen Welt bestätigt.

Im Brand- bzw. Ganzopfer, bei dem das Opfertier ganz verzehrt wird, wird alles Gott angeboten als ein Zeichen der Anbetung. Man anerkennt so das unumschränkte Recht des Schöpfers über das Geschöpf.

Das Opfer ist auch ein Mittel der Vereinigung mit Gott. Im Friedensopfer wird das Opfer als Dank für die Wohltaten Gottes dargebracht. Es ist also ein Dankopfer. Ein Teil des Opfers wird für den Herrn verzehrt, der andere von dem, der opfert, darum nennt man es Gemeinschaftsopfer. Es ist auch ein Mittel der Sühne, das die

Beziehung mit Gott, die durch die Sünde zerbrochen war, wieder herstellt, indem Blut — Symbol für das Leben — vergossen wird.

Man findet alle diese Dimensionen in der Messe wieder, die das Gedächtnis des Opfers Christi ist. Die Messe ist ein Opfer. Sie hält Gedächtnis an das Opfer dessen, «der sich für uns hingegeben hat», und setzt die Früchte der Erlösung gegenwärtig für alle, die daran teilnehmen. Durch Christus werden alle von der Befleckung durch die Sünde freigewaschen und in die Gegenwart Gottes eingeführt. Die Messe ist ein Dankopfer (das ist der Sinn des Wortes «Eucharistie»), durch welches wir Gott unsere Dankbarkeit für das Geschenk seines Sohnes, für das Geschenk des Lebens ausdrücken wollen.

Man findet den Aspekt gleicherweise in der Kommunion, wo uns der Leib des Opfers zur Speise gegeben wird: «Wenn ihr das Fleisch des Menschensohnes nicht eßt und sein Blut nicht trinkt, habt ihr das Leben nicht in euch» (Joh 6,53). Hier ist es Gott selbst, der sich zur Speise gibt, um uns das Leben mitzuteilen. Aber es ist ebenfalls ein Ganzopfer, denn das Opfer wird restlos verzehrt wie das Opfer des Elia.

Das Vergießen des Blutes

Warum aber muß das alles im Blutvergießen geschehen? Wenn das Blut aus dem Leib strömt, dann bedeutet das Tod. So ist das Blut Symbol des Lebens, und es gibt kein stärkeres Zeichen, als sein Blut hinzugeben. Bereits im ersten Bund mit Noach verkündete Gott, daß jeder, der Blut vergießt, mit seinem eigenen Blut dafür zahlen muß. Alles Leben gehört Ihm, und es ist verboten zu töten, unschuldiges Blut zu vergießen.

Deshalb geschieht das erste Zeichen des Bundes im Fleisch des Menschen selbst durch die Beschneidung und folglich durch ein Blutvergießen. Das Blut ist Gott vorbehalten. In den Opferriten besprengt der Priester damit den Altar, er läßt es über die Wände herablaufen oder gießt es über die Hörner oder das Fundament des Altares als Zeichen der Reinigung.

Warum reinigt das Blut? Da das Blut Gott gehört, wird es vergossen, um zu zeigen, daß Gott allein von Sünden reinigen kann. Es wird in einem Ritus vergossen, der von Gott verlangt und nicht von Menschen erfunden wurde.

Am Sinai besprengte Mose, um den Bund Gottes mit seinem Volk aufzuzeigen, das Volk mit dem Blut des Opfers, indem er sagte: «Das ist das Blut des Bundes.» Das Blut besiegelt den Vertrag. Es ist das Zeichen eines «Verströmens von Leben», welches Gott über sein Volk ausgießt durch den Bund, den er mit ihm schließt. Dieses vergossene Blut ist das Zeichen des Lebens, das dem Volk angeboten wird.

Im Tempel aus der Vision Ezechiels, der von der Herrlichkeit Gottes durchdrungen wird, erhält der Prophet genaue Anweisungen für die Weihe des Altars und die Reinigung des Heiligtums durch das Versprengen von Blut.

Als Jesus seine Apostel in den Neuen Bund einführen wollte, war es wiederum das Vergießen seines eigenen Blutes, das dafür Zeichen sein sollte. Er sprach also die Worte aus, die den Ritus der Konsekration bilden: «Dann nahm er den Kelch, sprach das Dankgebet und reichte ihn den Jüngern mit den Worten: Trinkt alle daraus; das ist mein Blut, das Blut des Bundes, das für viele vergossen wird zur Vergebung der Sünden.» (Mt 26,27)

Hatte nicht Johannes der Täufer im Blick auf Jesus vorhergesagt: «Seht das Lamm Gottes, das hinwegnimmt die Sünde der Welt!»? Das Lamm Gottes hat die Stelle der Opferlämmer eingenommen. «Ohne Blutvergießen gibt es keine Vergebung der Sünden. Aber das Opfer Christi erfüllt mit einem einzigen Mal vollkommen die unzähligen Opfer des Alten Bundes»[9], und es hebt sie auf. Das Blut, das Jesus am Kreuz vergossen hat, betrifft nicht mehr den Altar, sondern die Sünder, die es gerecht macht, beruhigt, reinigt, heiligt, von ihren Sünden befreit und mit Gott versöhnt. Die Gläubigen trinken vom Kelch des Blutes Christi, das sie ihm ähnlich macht und ihnen das ewige Leben schenkt.

Dieser Unterschied zwischen dem Opfer des zweiten Bundes und denen des ersten wird uns im Hebräerbrief erklärt: «In das erste Zelt

9 Vgl. Joseph Lecuyert «Le Sacrifice de la Nouvelle Alliance», Ed. Xavier Mappus, Lyon, 1962

gehen die Priester das ganze Jahr hinein, um die heiligen Dienste zu verrichten. In das zweite Zelt aber geht nur einmal im Jahr der Hohepriester allein hinein, und zwar mit dem Blut, das er für sich und für die Vergehen des Volkes darbringt. Christus aber ist gekommen als Hoherpriester der künftigen Güter... Er ist ein für allemal in das Heiligtum hineingegangen, nicht mit dem Blut von Böcken und jungen Stieren, sondern mit seinem eigenen Blut, und so hat er eine ewige Erlösung bewirkt. Denn wenn schon das Blut von Böcken und Stieren und die Asche einer Kuh die Unreinen, die damit besprengt werden, so heiligt, daß sie leiblich rein werden, wieviel mehr wird das Blut Christi, der sich selbst kraft ewigen Geistes Gott als makelloses Opfer dargebracht hat, unser Gewissen von toten Werken reinigen, damit wir dem lebendigen Gott dienen.» (Hebr 9,6-7.11-14).

Links neben dem Opferaltar befand sich das «Meer». Das war ein mit Wasser gefülltes Bronzebecken, worin sich die Priester Hände und Füße wuschen, bevor sie ihren Dienst im Tempel begannen, denn nur die Priester konnten in das Heiligtum eintreten, um im Namen des Volkes den Gottesdienst zu feiern. Zuerst erfolgte die Reinigung mit Wasser durch die rituellen Waschungen, dann die Reinigung durch das Blut.

Blut und Wasser strömten aus dem Herzen Jesu, um uns zu reinigen und uns zu ermöglichen, ohne Furcht vor Gott zu erscheinen. Von nun an sind wir ein Volk von Priestern, Propheten und Königen, ein Volk, das Gott um den Preis seines Blutes erworben hat. Von nun an können wir in das Heiligtum hineingehen, in die Gegenwart Gottes treten und dem Blick des Vaters begegnen, wie uns der Hebräerbrief versichert: «Wir haben also die Zuversicht, Brüder, durch das Blut Jesu in das Heiligtum einzutreten. Laßt uns mit aufrichtigem Herzen und in voller Gewißheit des Glaubens hintreten, das Herz durch Besprengung gereinigt vom schlechten Gewissen und den Leib gewaschen mit reinem Wasser.» (Hebr 10,19.22)

Jedesmal, wenn uns unser Gewissen anklagt, können wir Gedächtnis halten an das Blut Jesu, das über uns vergossen wurde, und uns daran erinnern, daß sich der Sohn Gottes zur Vergebung der Sünden in einem totalen und endgültigen Liebesakt geopfert hat.

WIE KÖNNEN WIR OPFERGABE UND OPFER LEBEN?

Wir werden durch die Schwierigkeiten des Lebens regelmäßig mit der Frage des Leids und des rechten Umgangs damit konfrontiert. Wir können versuchen, ihm um jeden Preis zu entkommen und uns im Vergnügen der Welt zu betäuben. Wer dazu aber weder menschliche noch finanzielle Mittel hat, kann es also nur erleiden oder sich darüber empören! Aber es gibt noch einen Weg, den Weg des Opferns.

Das Opfer ist nicht Resignation. Es ist nicht eine Haltung der Passivität, in der man sich fügt, weil man eben nicht anders kann. Das Opfer erfordert unsere Zustimmung, den Gebrauch unserer Freiheit, mit der wir uns entscheiden, unser Vertrauen auf Gott zu setzen und alles von ihm zu erwarten. Indem wir uns freiwillig dazu entscheiden, dieses abzugeben, auf jenes zu verzichten oder eine unentwirrbare Situation loszulassen, bestätigen wir die Vorrangstellung des Geistlichen über das Zeitliche, wir bekunden unsere Überzeugung, daß alles von Ihm, durch Ihn und für Ihn ist, und daß Er alles in Gnade verwandeln, alles durch Seine Gegenwart und Seine Liebe verklären kann.

Wenn wir diesen Glaubensakt setzen, werden wir unmittelbar in Gottes Gegenwart geführt. Wenn es nicht so wäre, wären wir verdächtig. Der Christ ist kein Masochist, der durch das Krankhafte angezogen wird. Er ist ein Lebender! Wenn uns unsere Opfer nicht zur Freude führen, müssen wir uns in Frage stellen. Es gibt wirklich eine ungesunde Haltung dem Opfer gegenüber, die wir brandmarken müssen und die die Haltung des «armen Opfers» ist.

Nein! Das Opfer muß freudig sein, es muß «eucharistisch» sein, das heißt «Danksagung». Es ist Zeichen unseres unbedingten Vertrauens zum Vater, Zeichen unserer Gewißheit seiner Liebe zum Menschen und zu jedem von uns persönlich, Zeichen unseres Glaubens an seine Allmacht, die in unserem Leben wirkt. Wenn er, der Himmel und Erde erschaffen hat, in meinem Leben ohnmächtig ist, dann interessiert mich dieser Gott nicht. Das ist dann nicht der wahre Gott, der

Gott Abrahams, Isaaks und Jakobs, der jeden von uns bei seinem Namen ruft, weil er uns kennt und uns liebt!

Das Opfer ist nur eine Stufe, um uns zur Liebe zu führen. Der Herr bittet uns manchmal um ein Opfer, nicht um uns etwas wegzunehmen, sondern um unser Vertrauen zu prüfen und uns von der Abhängigkeit in die Freiheit zu führen. Er will nicht unbedingt, daß wir auf jemanden oder auf etwas verzichten, sondern daß wir darauf verzichten, ihn bzw. es zu besitzen.

Als Gott von Abraham verlangt: «Nimm deinen Sohn, deinen einzigen, den du liebst, Isaak, geh in das Land Morija, und bring ihn dort auf einem der Berge, den ich dir nenne, als Brandopfer dar.» (Gen 22,2), ist Abraham überzeugt, daß er seinen Sohn töten müsse. Dieser Sohn aber ist «sein einziger», der Sohn der Verheißung. Gott hat ihm zugesagt, daß seine Nachkommenschaft so zahlreich sein werde wie die Sterne am Himmel. Und nun scheint er sich zu widersprechen, da er verlangt, das zu opfern, was er selbst gegeben hat. Aber Abraham diskutiert nicht; er kann nicht verstehen, aber er gehorcht, weil er vertraut. Im furchtbaren Augenblick der Frage des Kindes: «Wo ist das Lamm für das Brandopfer?», antwortet er mit Zuversicht: «Gott wird sich das Opferlamm aussuchen, mein Sohn.» (Gen 22,7-8)

Gott läßt ihn bis zum Ende des Opfers gehen, um ihn zu prüfen und die Tiefe seines Herzens zu erkennen, um zu wissen, wie weit sein Vertrauen gehen würde. Aber im letzten Augenblick hält er den Arm Abrahams zurück: «Streck deine Hand nicht gegen den Knaben aus, und tu ihm nichts zuleide! Denn jetzt weiß ich, daß du Gott fürchtest; du hast mir deinen einzigen Sohn nicht vorenthalten.» (Gen 22,12)

Von nun an weiß Gott, daß er sich völlig auf Abraham verlassen kann, weil dieser sich völlig auf ihn verläßt. Infolgedessen kann er seine Verheißung erfüllen, sie wird sogar noch vermehrt: «Weil du das getan hast und deinen einzigen Sohn mir nicht vorenthalten hast, will ich dir Segen schenken in Fülle und deine Nachkommen zahlreich machen wie die Sterne am Himmel und den Sand am Meeresstrand. Deine Nachkommen sollen das Tor ihrer Feinde einnehmen. Segnen sollen sich mit deinen Nachkommen alle Völker der Erde, weil du auf meine Stimme gehört hast.» (Gen 22,16-18)

Der Herr «erlaubt sich», die zu prüfen, die ihn lieben, weil er ihnen mehr geben möchte. Er möchte ihre beengten Herzen erweitern in die Dimensionen seiner Liebe. Deshalb läßt er zu, daß wir Böses erleiden, weil er weiß, daß es nur ein Durchgang ist und daß am Ende des Tunnels Freude und Leben in Überfülle herrscht.

Manchmal erleben wir Prüfungen, die wirklich ein «Gang durch das Feuer» sind. Wir verlieren dann jede Orientierung, jedes Verständnis dafür, was wir zu leben haben. Es geht nicht mehr nur darum, sein Blut zu vergießen, sondern ganz verzehrt zu werden, den Tod zu durchschreiten. Es gibt keine andere Lösung, als es wie Isaak zu machen, der Vorbild für Jesus ist: «Ohne ein Wort, ohne einen Schrei ließ sich das Lamm binden», um sich dem Vater darbringen zu lassen, getragen vom unbedingten Vertrauen, daß «unser Vater weiß» und daß dieser Tod zur Auferstehung führt.

Bevor wir ins Heiligtum eintreten, das heißt bevor wir vor Gott erscheinen können, haben wir die Notwendigkeit der Reinigung erkannt: die Reinigung durch das Wasser, die Reinigung durch das Blut und die Reinigung durch das Feuer.

Die Reinigung durch das Wasser betrifft alle Anstrengungen, die wir selbst machen können, um uns zu reinigen, jede persönliche Mühe, zu der wir eingeladen werden und die uns niemand abnehmen kann, das Opfer unserer Sinne. Sie verlangt unseren Willen, unsere Entschlossenheit. Sie ist eine freie Wahl.

Die Reinigung durch das Blut geschieht durch das Leid. Wir wählen das Leid nicht. Es wird uns durch die Lebensumstände auferlegt, und doch ist es gut, wenn wir auf die eine oder andere Weise dazu Stellung nehmen. Es ist wie eine Herausforderung, die wir zu bestehen haben. Wir sind nicht frei, unser Kreuz zu wählen, aber wir sind frei, es anzunehmen oder es abzulehnen, zu entscheiden, wie wir es aufnehmen und tragen werden.

Die Reinigung durch das Feuer besteht in Prüfungen, die uns völlig überfordern und uns auszulöschen scheinen und in denen es keine andere Lösung gibt als das Vertrauen und die Hingabe, denn ihre Aufhebung hängt nicht von uns ab, sondern von einem geheimnisvollen Plan Gottes.

Wie gehen wir mit dem Leid um?

Wie sollen wir vor dem Unabwendbaren reagieren? Es gibt mehrere Möglichkeiten: die Revolte, die Flucht in die Betäubung, die Resignation, die dazu führt, daß wir alles, was uns zustößt, passiv erdulden, sowie die Annahme und Aufopferung, die das Eingreifen Gottes und die Verwandlung des Bösen in Gutes ermöglicht.

Die erste Lösung bringt einen «außer sich», sie läßt uns den Leib verlassen. Wenn eine Person «außer sich» ist, kann sie nicht aufnehmen, was im Inneren geschieht, und der Überdruck muß nach außen ausbrechen. Das Wort Revolte kommt vom italienischen «rivoltare», das bedeutet: zurückkehren, zurückweisen, ein «Zurück an den Absender». Im Lateinischen bedeutet revolvere «zurück rollen». Die Revolte «wendet sich gegen», und das ist das genaue Gegenteil von Bekehrung. Bekehrung heißt im Hebräischen «teschuva», das bedeutet «Rückkehr», Rückkehr zu Gott, aber auch zu sich selbst, da Gott tief in unserer Mitte wohnt, und zu den anderen, da wir ihnen nur aus dieser Mitte unseres Wesens heraus begegnen können. Es bedeutet auch «Antwort».

Die zweite Lösung, die darin besteht, vor dem Leid zu fliehen, indem man es leugnet, ist nicht nur Betäubung des Schmerzes, sondern auch eine Beeinträchtigung unserer Empfindungen, unserer Gefühle, unseres Leibes. Sie dämpft unsere Fähigkeit, zu lieben und Liebe zu empfangen, und bringt in uns die Quelle der Freude zum Versiegen.

Die dritte Lösung wirft uns auf uns selbst zurück. Resignation ist keine richtige Annahme. Wir nehmen das Leid schließlich an, weil wir nicht anders können, und anstatt es Gott darzubringen, erdulden wir es. Aber wenn man das Leid «auf sich nimmt», bedrückt und lähmt es. Wir versuchen dann, es aufzulösen, indem wir die Situation analysieren, sie in alle Richtungen drehen und wenden, um sie zu verstehen, zu meistern und uns davon zu befreien. Wir tragen das Leid auf unserem Rücken, auf unseren Schultern, in unseren Nieren, in unserem Magen, in unseren Eingeweiden. Unser ganzer Körper wird mobilisiert im Versuch zu überleben. Alle unsere Energien nehmen an diesem Kampf teil. Wir sind erschöpft, weil wir eine Last tragen, die Gott uns nicht zu tragen befohlen hat. «Mein Joch drückt nicht, und meine Last ist leicht», sagt Jesus. (Mt 11,30)

Wenn uns die Last niederdrückt, dann deswegen, weil wir sie nicht in der richtigen Weise tragen, weil wir uns um Sorgen kümmern, die wir auf den Herrn werfen müßten, und weil wir uns zu viele Sorgen machen. Gott hat uns nicht so viel abverlangt! Aber oft handeln wir, als wären wir die «Retter der Menschheit». Wir bilden uns ein, daß unsere Hetze oder unsere Sorgen die Maschine schneller vorankommen ließe, wie die Fliege auf der Kutsche in der Fabel Fontaines. Wir machen uns unnütze Sorgen.

Das alles möge uns helfen, diese falschen inneren Einstellungen zu erkennen.

Die vierte Lösung der Annahme und Aufopferung macht uns in Gott fest und stellt uns in die rechte Ordnung. Der Leib wird zum Gefäß und zum Ort der Verwandlung. Durch die Annahme des Leids bekunden wir unser Vertrauen in Gott. Wir können dann sagen: «Der Herr ist mein Hirte, nichts wird mir fehlen.» (Ps 23,1)

Wenn Gott das Leid zuläßt, dann deswegen, weil er mich liebt, weil er daraus Gutes entstehen lassen möchte, und ich kann es ohne Furcht annehmen, es wird erträglich. Die Angst vor dem Leiden läßt uns verspannt und steif werden und macht das Leiden unerträglich. Aber sobald wir uns hingeben, entspannen sich Leib und Seele, und wir sind verfügbar, um das zu leben, was uns auferlegt wird, um die Gegenwart und Liebe Gottes inmitten des Schmerzes, inmitten des Geschehens zu empfangen. Und plötzlich ist die Liebe stärker als das Leid, die Liebe saugt das Leid auf.

Wir sind nicht nur eingeladen, anzunehmen, sondern auch aufzuopfern, das heißt alles in die Hände Gottes, in das Herz Gottes zurückzulegen, die Materie unseres Opfers auf den Opferaltar zu heben, damit sie zu Gott aufsteige, unser Leben ganz und gar auf die Patene und in den Kelch zu legen, die der Priester zum Vater emporheben wird, damit das Wunder geschehen kann, dieser wunderbare Tausch. Wie Brot und Wein in der Transsubstantiation zu Leib und Blut Christi, zur Realpräsenz Gottes werden, so kann das Opfer dessen, was unser Leben ausmacht, zur Macht der Liebe und der Verwandlung werden für all unsere Lieben und für die Welt.

Der Teufel versucht uns immer wie Jesus in der Wüste: «Befiehl, daß aus diesen Steinen Brot wird» (Mt 4,3). Aber Gott betreibt keine Magie. Er wählt den Weg durch die Materie, durch das Mysterium der Inkarnation. Er will nicht an unserem Ja, an unserer Zustimmung, an unserem Opfer vorbeigehen. Er hat sich von unserem Opfer abhängig gemacht. Er kann nichts tun, wenn wir nicht die Opfergabe auf den Altar niederlegen. Er berührt die Situation nicht mit dem Zauberstab, sondern wartet auf unser Mitwirken.

Unsere Armut als Opfergabe

Als sich Paulus über den Stachel im Fleisch beklagte, antwortete ihm Gott: «Meine Gnade genügt dir; denn sie erweist ihre Kraft in der Schwachheit» (2 Kor 12,9). Oft sind unsere Reichtümer ein Hindernis, weil wir uns darauf verlassen. Wir setzen unser Vertrauen in unser Wissen, unsere Kompetenzen und unsere Redegewandtheit, wir planen und organisieren, wir nehmen die Dinge in die Hand, und alles ist so gut programmiert, daß wir das Eingreifen des Heiligen Geistes gar nicht mehr erwarten. Wenn es dagegen in uns einen Schwachpunkt gibt, kann uns Gott in dieser Abhängigkeit von ihm bewahren. Wenn uns die menschliche Zuversicht auf Erfolg fehlt, dann halten wir uns lieber zurück, um uns nicht lächerlich zu machen, oder wir warten, bis wir mehr sind, bis wir besser sind…, und in unserem Leben wird nie etwas geschehen.

Das Evangelium erzählt uns von diesem Kind, das nur fünf Brote und zwei Fische hatte, als es hörte, daß die Jünger der Menschenmenge, die den ganzen Tag den Worten Jesu gelauscht hatte, zu essen geben wollten. Fünf Brote und zwei Fische. Lächerlich! Das hätte höchstens für zehn Personen gereicht. Besser nichts sagen und alles für sich behalten. Und Jesus, der Sohn Gottes? Hätte er nicht aus dem Nichts Speise hervorbringen können?

«Befiehl, daß aus diesen Steinen Brot wird!» (Mt 4,3), flüstert von neuem die Stimme des Versuchers. «Gebt ihr ihnen zu essen» (Mt 14,16), antwortet Jesus den Jüngern. Das kann auf zwei Arten ausgelegt werden: «Kümmert ihr euch darum, sie zu speisen» oder auch «Gebt ihr euch zur Speise, bringt aus euch selbst etwas hervor, um sie zu speisen», bietet das an, was ihr habt, und wenn ihr nichts mehr habt, bietet an, was ihr seid. Nur dann kann ich meine Macht entfalten und die Brotvermehrung bewirken, dann kann ich durch euch die Menge speisen.

Die Geste dieses Kindes fordert mich heraus. Gott ist allmächtig und doch braucht er das Opfer meines Lebens, das Opfer meiner Armut, um sich selbst zur Speise geben zu können. Er braucht mein Herz, er braucht meinen Leib, meine Hände, mein Gesicht, meine Augen, mein Lächeln, um das alles zu durchdringen und durch mich alle zu lieben, zu denen er mich sendet.

«Silber und Gold besitze ich nicht. Doch was ich habe, das gebe ich dir: Im Namen Jesu Christi, des Nazoräers, geh umher!» (Apg 3,6), sagte Petrus zu dem Mann, der von Geburt an gelähmt war und täglich am Tor des Tempels saß. Das einzige, was er hatte, war die Gegenwart Gottes in ihm und der Glaube an die Allmacht dieser Gegenwart, die im Namen Jesu enthalten ist.

Wir können uns entscheiden, auf uns selbst zu blicken und uns zu sagen: «Nein, das ist unmöglich! Ich bin nicht stark genug, nicht intelligent genug, nicht genug vorbereitet...» etc. Und wir haben recht, wie Petrus recht gehabt hätte zu denken, daß es für einen Menschen unmöglich ist, über das Wasser zu gehen. Die Naturgesetze selbst hätten ihm nichts anderes gesagt.

Halten wir also unseren Blick auf Gott gerichtet und lassen wir ihn das durchdringen, was wir sind. Solange Petrus den Blick auf Jesus gerichtet hielt, ging er über das Wasser. Sein Vertrauen ermöglichte das Wunder. Aber sobald er den Blick senkte und die Situation auf menschliche Weise betrachtete, ließ er die Entfaltung der Kraft Gottes nicht mehr zu.

Übung:

Nehmen wir uns einige Augenblicke Zeit, um uns ein paar Fragen zu stellen bezüglich der Weise, wie wir das Leid aufnehmen oder ablehnen:

Welche Einstellung habe ich zum Leid?

Was bringt mich in Empörung und läßt mich «außer mich» geraten? Warum?

Was will ich nicht sehen?

Was versuche ich zu vergessen?

Wovor fliehe ich?

Was bedrückt mich?

Was habe ich auf mich genommen?

Welcher Teil meines Körpers reagiert?

Was erschöpft mich?

Worüber mache ich mir Sorgen?

Was kann ich nicht dem Herrn übergeben?

Suchen wir eines der Leiden aus. Sagen wir Dank für alles, was wir dadurch gelernt haben, für den Nutzen, den wir daraus gezogen haben.
Entscheiden wir uns, dieses Leiden bei der Gabenbereitung auf die Patene zu legen, um Gott zu erlauben, es in Gnade zu verwandeln, das Böse in Gutes zu wandeln.

Das Opfer des Leibes

Wir haben den Weg des Glaubens durchschritten, indem wir uns auf den Weg gemacht, alles verlassen sowie unsere Sinne, unser Leben und unsere Leiden aufgeopfert haben. Wir müssen noch einen letzten Schritt in der Nachfolge Jesu tun. Es bleibt uns noch, unseren Leib als Opfer anzubieten, damit Gott selber sich unser bemächtigen und uns in sich verwandeln kann. Der heilige Paulus ermutigt uns dazu: «Angesichts des Erbarmens Gottes ermahne ich euch, meine Brüder, euch selbst als lebendiges und heiliges Opfer darzubringen, das Gott gefällt; das ist für euch der wahre und angemessene Gottesdienst.» (Röm 12,1)

Als sich Jesus für uns auslieferte, lieferte er seinen Leib aus, um uns bis zum Zerrissenwerden, bis zur Durchbohrung zu lieben. Wie im Psalm geschrieben steht: «An Schlacht- und Speiseopfern hast du kein Gefallen, Brand- und Sündopfer forderst du nicht. Doch einen Leib hast du mir geschaffen; darum sage ich: Ja, ich komme, um deinen Willen, Gott, zu tun.» (vgl. Ps 40,7 -9 und Hebr 10,5-7)

Das Lamm, für uns geopfert

Betrachten wir einige Augenblicke das Geheimnis des Lammes Gottes, das seinen Leib den Händen der Peiniger ausliefert. Das Geheimnis, daß Jesus seinen Leib hingibt, ist die Mitte unseres Glaubens — und daran halten wir in der Eucharistie täglich Gedächtnis, diesen Leib Christi empfangen wir als Speise: Leib Christi, für uns hingegeben. (vgl. Lk 22,19)

Die Worte Jesu sind anstößig und zwingen uns, in die Wirklichkeit der Inkarnation einzutreten. Einige Übersetzungen sagen «wer mein Fleisch kaut und mein Blut trinkt...» Betrachten wir also durch die schmerzhaften Geheimnisse, wie Jesus seinen Leib für uns hingegeben hat.

Die Todesangst Jesu

Durch die Todesangst Jesu in Gethsemani wird der Schweiß des Menschen geheiligt. Zu Adam sagte Gott: «Im Schweiße deines Angesichts wirst du dein Brot essen», und Jesus schwitzte Blut, wie um auf radikalste Weise diese Hingabe seines ganzen Wesens — Leib, Seele und Geist — für die Erlösung der Welt auszudrücken. Er nimmt die Folgen des Sündenfalls auf sich und erlöst durch seinen

Blutschweiß die Arbeit des Menschen. Dieser Schweiß drückt die Intensität seines inneren Leidens aus, seines Kampfes mit dem Feind, dem Vater der Lüge, der ihn von der Nutzlosigkeit seines Opfers überzeugen möchte.

Herr Jesus, wir danken dir, daß du uns durch dein Blut erlöst hast. Wir bieten dir all unsere Arbeit an, alle unsere inneren und äußeren Kämpfe, damit du sie an deiner Erlösung teilhaben läßt. Möge keine unserer Anstrengungen vergeblich, keines unserer Leiden nutzlos sein, sondern möge alles deiner Ehre und dem Heil der Seelen dienen.

Die Geißelung

Bei der Geißelung bot Jesus seinen Rücken der Bosheit der Menschen dar und erlitt in seinem Fleisch die Bisse unserer Sünden des Fleisches.

Herr, wir bieten dir alle unsere Leiden an, die in unser Fleisch eingeschrieben sind. Wir bieten dir unseren Rücken dar, auf welchem wir so viele Lasten tragen. Laß uns unsere Kraft nicht überschätzen und uns nicht um Lasten kümmern, die du uns nicht zu tragen bittest, sondern laß uns freudig unseren Anteil der Leiden tragen.

Die Dornenkrönung

Bei der Dornenkrönung bietet Jesus seinen Kopf dar, um für uns die Reinigung unseres Denkens zu erreichen.

Herr, wir bieten dir alles dar, was wir in unserem Leben nicht verstehen, alles, was uns unsinnig und nutzlos scheint und was wir nicht meistern können. Herr, möge unser Kopf deinem Herzen gehorsam sein, damit wir nie vergessen, daß du unser Schöpfer und unser Erlöser bist. Bewahre uns vor Hochmut und Anmaßung. Gib uns Einsicht in die Heilige Schrift, Verständnis des Herzen für deine Geheimnisse. Wie Salomon erbitten wir von dir Weisheit, um alles nicht in menschlicher Weise zu beurteilen, sondern in deinem Licht zu sehen.

Das Tragen des Kreuzes

Beim Tragen des Kreuzes bietet Jesus seine Schultern dar. Er wird niedergedrückt von einer Last, die für seine menschlichen Schultern zu schwer ist, und versteht so in jeder Hinsicht unseren Zustand der Schwäche.

> Herr, wir bieten dir alles dar, was uns stört, was uns vierteilt, was zu schwer für uns ist und uns niederdrückt. Hilf uns, daß wir uns nicht drücken vor dem, was du in unserem Leben zuläßt, daß wir unser Kreuz mit Mut und Vertrauen tragen, weil wir wissen, daß du es mit uns trägst.

Der Tod am Kreuz

Am Kreuz werden Jesu Hände und Füße als Opfergabe dargebracht, unbeweglich und ohnmächtig gemacht, damit drei Tage später die Macht der Auferstehung herausströme.

> Herr, wir bieten dir die Zeiten an, in denen wir eine kreuzigende Unbeweglichkeit leben müssen, in denen wir am Handeln gehindert sind, in denen wir uns über Mißerfolg und Tod klar werden müssen.
> Wir wollen deinen Sieg über das Böse und über den Tod verkünden, unsere Sicherheit, daß du das Böse in Gutes verwandelst durch die Macht deiner Auferstehung.

Das Opfer Mariens

Durch einige Geheimnisse aus dem Leben Mariens können wir Schritt für Schritt dem Opfer ihres Lebens bis zum Ganzopfer folgen und an ihrer Seite bis zur Ganzhingabe unseres Lebens gehen.

Die Verkündigung

Bei der Verkündigung wurde Maria zur neuen Bundeslade, zur neuen Wohnung Gottes, zum neuen Tempel. Sie hat ihren Leib dargeboten. Sie hat im Glauben das Wort Gottes empfangen, als sie sich vom Heiligen Geist überschatten ließ.

Herr, guter Vater, wir weihen dir diese Fähigkeit, das Leben zu empfangen und zu geben, die du in unseren Leib eingeschrieben hast, in unsere männliche oder weibliche Sexualität. Mach uns fruchtbar auf dieser Erde und in Ewigkeit. Und wenn du in einer geheimnisvollen Absicht deines Willens, durch Berufung oder aus Notwendigkeit, nicht zuläßt, daß wir in unserem Fleisch Leben schenken, gewähre uns, vielen Seelen ewiges Leben zu schenken, mach uns fruchtbar für dein Reich.

Der Besuch bei Elisabeth

Beim Besuch bei Elisabeth hat Maria ihre Füße dargeboten, um sich eilig zu ihrer Verwandten Elisabeth zu begeben. «Wie willkommen sind auf den Bergen die Schritte dessen, der eine frohe Botschaft bringt!» (Jes 52,7). Wie schön sind die Schritte Mariens in ihrem leichten Lauf, zur Eile getrieben, um die gute Nachricht des Heils zu bringen. Die Liebe ist es, die sie belebt.

Herr, unser Gott, wir weihen dir unsere Füße, daß sie uns auf dem rechten Weg führen, daß sie uns nicht von den Werken der Barmherzigkeit ablenken, die du für uns bereitet hast. Möge die Kraft des Lebens, die du in unseren Leib gelegt hast, immer im Dienst der Liebe stehen. Lenke unsere Schritte dorthin, wohin wir nicht gehen möchten, wo du uns aber erwartest, um uns zu erfüllen. Laß uns nicht der Trägheit oder dem Rückzug auf uns selbst nachgeben, sondern laß uns zu denen gehen, die deinen Trost und dein Heil brauchen.

Die Geburt Christi

Bei der Geburt Christi hat Maria ihre Arme dargeboten, um Jesus mit ihrer Zärtlichkeit zu umgeben und ihn zu beschützen. Sie hat ihre Brust dargeboten, um ihn zu nähren, und ihr Lächeln, um ihm Liebe mitzuteilen.

Herr, schenke uns eine uneingeschränkte Achtung für den Leib der Frau, der ganz darauf hingeordnet ist, Leben zu schenken. Möge alles in uns auf das Geschenk des Lebens und das Geschenk der Liebe hingeordnet sein. Möge unser Leib ganz und gar diese keusche Zärtlichkeit schenken können, mit der Maria das Jesuskind umgeben hat. Wir bieten dir unsere Hände und unser Lächeln dar, damit du durch uns lieben kannst.

Laß uns in uneigennütziger Weise lieben, damit wir nicht etwas für uns suchen, sondern uns am Glück der anderen freuen. Laß jede Frau sich mit ihrer Weiblichkeit versöhnen, mit ihrer Mütterlichkeit, und ihren Leib als ein wunderbares Geschenk ihres Schöpfers annehmen.

Erneuere den Blick des Mannes auf die Frau. Möge er sie mit Respekt und Dankbarkeit betrachten können und niemals vergessen, daß — damit er das Leben habe — eine Frau das ihre gegeben hat. Laß jeden Mann erkennen, daß er verantwortlich ist für die Mutter und das Kind, die Gott seinem väterlichen Schutz anvertraut hat.

Die Darstellung Jesu im Tempel

Bei der Darstellung Jesu im Tempel sind es die Hände Mariens, die das Kind der Vaterschaft Gottes darboten. Ihre Hände waren erhoben wie die Hände des Priesters, der die Hostie erhebt, wie im Augenblick des letzten Opfers, wo sie von neuem ihr Kind dem Vater darbringen wird. Diese Darbringung im Tempel ist der Anfang davon, und der greise Simeon prophezeit diese zweite Erhebung, die ihr das Herz durchbohren wird.

O Maria, wie schön sind deine Hände,
deine geopferten Hände, deine opfernden Hände,
deine betenden Hände, deine geöffneten Hände,
bereit, alles zu empfangen und alles zu geben,
deinc Hände, die nichts für sich behalten
und die Werkzeug deiner Zärtlichkeit sind,
die Verlängerung deines reinen und liebenden Herzens.
Wir bieten dir unsere Herzen und unsere Hände dar,
damit sie sich keiner Geste der Liebe entziehen.
Sie seien demütige Diener deiner Zärtlichkeit
und der Zärtlichkeit des Vaters.

Die Wiederfindung Jesu im Tempel

Beim Wiederfinden des Kindes Jesus im Tempel wird das Herz Mariens dargeboten. Es wird zum Ort, wo Gott seine Geheimnisse, seine Mysterien in Verwahrung gibt. Maria trägt alle diese Ereignisse in ihrem Herzen, ohne sie zu verstehen, in Vertrauen und in Liebe. Sie versucht nicht, die Widersprüche aufzulösen, sie nimmt sie an im Glauben an den allmächtigen Vater und in der Hoffnung auf die Offenbarung der Geheimnisse des Reiches Gottes. Sie erfährt so eine neue Mutterschaft, ein verborgenes Gebären. Wie sie Jesus in ihrem Schoß getragen hat, so trägt sie die Welt in ihrem Herzen in der Erwartung der Erlösung.

> Gott, unser Vater, wir weihen dir unsere Herzen, damit sie — nach dem Bild des ganz reinen Herzens Mariens — Tabernakel deiner Gegenwart seien. Offenbare uns die Schönheit des Verborgenen und laß uns in der Betrachtung deiner Geheimnisse in deine Geduld eintreten, damit wir nicht versucht sind, die Zeit zu beschleunigen und unsere Probleme mit menschlichen Mitteln zu lösen. Begründe uns im Glauben, in der Hoffnung und im Feuer der Liebe, die allein die Zeit unserer Befreiung beschleunigen können.

Am Fuße des Kreuzes erfüllt sich dieses Herzensopfer Mariens ganz. Die Lanze, die das Herz Jesu physisch durchbohrt hat, hat auch das Herz Mariens durchbohrt und vereinte so die beiden Herzen im selben Liebestod für die Welt.

> O Maria, du hast dich dem Anblick des gemarterten und entstellten Leibes deines Sohnes nicht entzogen. Du hast ihn bis zum Ende des Kreuzweges begleitet, und hörtest nicht auf, zu glauben und die Auferstehung des Fleisches zu erhoffen. Mit dir wollen wir Gott die Leiden derer darbringen, die wir lieben. Mit dir wollen wir den Sieg deines Sohnes verkünden, der den Tod besiegt hat. Mit dir «erwarten wir auch Jesus Christus, den Herrn, als Retter, der unseren armseligen Leib verwandeln wird in die Gestalt seines verherrlichten Leibes, in der Kraft, mit der er sich alles unterwerfen kann.» (Phil 3,20-21)
>
> Wir weihen dir die Zerstörung unseres Leibes, die Krankheit, die Mißbildung und das Altern, das ganze Werk des Todes, der jeden Tag in uns wirkt bis zur Stunde unseres Todes. Wir glauben, daß «wenn auch unser äußerer Mensch aufgerieben wird, der innere Tag für Tag erneuert wird.» (2 Kor 4,16)

Wir glauben an die Auferstehung des Fleisches und das ewige Leben.

Die Aufnahme Mariens in den Himmel

Wie der Prophet Elia auf einem feurigen Wagen zum Himmel emporgehoben wurde, so wurde Maria bei der Aufnahme in den Himmel lebendig in das Herz der Dreifaltigkeit hineingezogen. Ihr Leib, der ganz, ohne jeden Vorbehalt, Gott geweiht war, konnte die Verwesung nicht erfahren und wurde verherrlicht.

Was uns betrifft, so wissen wir, daß wir durch den Tod gehen werden, wie der heilige Paulus sagt: «Wir wissen: Wenn unser irdisches Zelt abgebrochen wird, dann haben wir eine Wohnung von Gott, ein nicht von Menschenhand errichtetes ewiges Haus im Himmel» (2 Kor 5,1). Mit ihm wollen wir uns im voraus freuen über die Verwandlung unserer sterblichen Leiber und bekräftigen:

«So ist es auch mit der Auferstehung der Toten. Was gesät wird, ist verweslich, was auferweckt wird, unverweslich. Was gesät wird ist armselig, was auferweckt wird, herrlich. Was gesät wird, ist schwach, was auferweckt wird, ist stark. Gesät wird ein irdischer Leib, auferweckt ein überirdischer Leib. Wie wir nach dem Bild des Irdischen gestaltet wurden, so werden wir auch nach dem Bild des Himmlischen gestaltet werden.» (1 Kor 15,42-44.49)

IM HEILIGTUM

In die Gegenwart Gottes treten

Nach den ersten Reinigungen, die die Ankunft des lebendigen Gottes in uns vorbereitet haben, können wir in den Tempel eintreten, in dieses Heiligtum, wo Gott wohnt. Nun erfahren wir diese zweifache Bewegung: in die Gegenwart Gottes zu treten und sie in uns aufzunehmen. Wenn wir in Ihm bleiben, bleibt er in uns, wie der heilige Johannes sagt: «Gott ist die Liebe, und wer in der Liebe bleibt, bleibt in Gott, und Gott bleibt in ihm.» (1 Joh 4,16)

Es bedeutet tägliche Arbeit, in Seiner Gegenwart zu bleiben. Denn wir sind ständig durch das Äußere versucht, durch Oberflächlichkeit und Leichtfertigkeit, und müssen uns ohne Unterlaß bemühen, in das Innere zurückzukehren, an diesen Ort, wo Gott wohnt und wo er uns erwartet.

Manchmal wird diese Erfahrung als eine Gnade geschenkt, die uns ergreift und uns verstehen läßt, was Gott uns geben möchte. So hat es Luiggi erlebt, als er in eine Kapelle eintrat, um dort an der Messe teilzunehmen. Seit elf Jahren hatte er seinen Fuß in keine Kirche mehr gesetzt. Er war eher von den Vergnügungen der Welt angezogen, und doch fühlte er mit etwa zwanzig Jahren, als er das Glück erfuhr, von einem Mädchen geliebt zu werden, den Wunsch, in die Messe zu gehen:

> «Es war ein Wunsch, den ich nicht erklären kann, aber er war da und bedrängte mich. Ich entschied mich also, an einem Sonntag mit meiner Mutter hinzugehen. Ich hatte alles vergessen, was die Messe und das Gebet betrifft, aber sobald ich die Kirche betrat, verstand ich, daß ich eingeladen war, daß ich zu einer Begegnung mit jemandem ging. Ich wußte noch nicht, wer das war, aber allein schon, daß ich an diesem Ort war, versetzte mich in einen Zustand des Hörens auf etwas oder jemanden, der sich bald offenbaren

würde. Ich war dort, in der Kirche, ich hatte ein Rendezvous und ich wollte diese Gelegenheit nicht verpassen.

Ich setzte mich mit meiner Mutter in eine Bank hinten in der Kirche. Die Messe begann. Die Worte des Priesters waren Nahrung für mich. In seinen Worten, in seinen Gesten, in seinen Gebeten, in seinem Schweigen suchte ich das Angesicht dessen, der mich eingeladen hatte. Am Ende der Predigt schloß ich die Augen und entdeckte in mir das Schweigen — das Schweigen Gottes, der in mir sprach. Ich war von da an weit von den äußeren Dingen entfernt, und dieses Antlitz wurde klarer und klarer und sehr, sehr still. Nichts anderes als diese Gegenwart, die in mir blieb, die ich noch nicht entziffern konnte, aber die in mir lebendig war. Mein Herz bereitete sich vor, den zu sehen, den ich suchte. Der Priester hob die geweihte Hostie, und ich fiel auf die Knie. Ich sah sie an, und ich verstand, daß ER es war; meine Augen waren geschlossen, meine Hände gefaltet und mein Herz geöffnet. Es gab nichts mehr außer Ihm und mir in dieser Stille. Seine Gegenwart überflutete mich, ich war erfüllt von Ihm, und das genügte mir.

Meine Mutter begann sich zu beunruhigen, als sie mich so ins Gebet vertieft sah. Sie begann, mich mit dem Ellbogen zu stoßen, und fragte: "Was hast du?" Ich antwortete ganz einfach: "Ich bete." Ich war dem begegnet, den ich suchte, ich hatte ihn gefunden. Ich war in der Kirche und zugleich in meinem Herzen. Ich war im Tempel des Leibes Christi, der die Kirche ist, und im Tempel meines Leibes, ich begegnete meinem Geliebten in meinem Herzen. Nichts mehr wird ihn mir nehmen können. Er hat mich gerufen, Priester für sein Reich zu werden.»

Das ist ganz die Spiritualität der heiligen Elisabeth von der Dreifaltigkeit: in Gott zu wohnen und für ihn eine Wohnung zu sein. Sie schrieb:

«Die Dreifaltigkeit ist unsere Wohnung, unser Zuhause, das Vaterhaus, das wir niemals verlassen brauchen. Der Meister sagte einmal: "Der Sklave bleibt nicht für immer im Haus, aber der Sohn bleibt immer dort."»

Und ihrer Mutter riet sie:

«Denk daran, daß deine Seele der "Tempel Gottes" ist… In jedem Augenblick, Tag und Nacht, wohnen die drei göttlichen Personen in dir. Du besitzt nicht die heilige Menschheit, wie wenn du kommunizierst, sondern die Gottheit. Dieses Wesen, das die Seligen im Himmel anbeten, ist in deiner Seele. Wenn man das weiß, ist es eine anbetungswürdige Vertrautheit: wir sind nie mehr allein! Denke daran, daß du mit Ihm bist, und behandle ihn als einen Freund. Es ist so einfach: man braucht keine schönen Gedanken, sondern man schüttet sein Herz aus.»

Jesus selbst hat uns verheißen: «Wenn jemand mich liebt, wird er an meinem Wort festhalten; mein Vater wird ihn lieben, und wir werden zu ihm kommen und bei ihm wohnen.» (Joh 14,23)

Wer liebt, hat keinen anderen Wunsch, als in der Gegenwart des Geliebten zu bleiben, und nicht nur in seiner Gegenwart, sondern in ihm selbst: ich in dir und du in mir. Jede Minderung dieser Fülle wird schmerzhaft empfunden.

Das ist das Gebet Jesu zum Vater, die Gnade, die er für uns erbeten hat: «Alle sollen eins sein: Wie du, Vater, in mir bist und ich in dir, sollen auch sie in uns sein… Und ich habe ihnen die Herrlichkeit gegeben, die du mir gegeben hast; denn sie sollen eins sein, wie wir eins sind, ich in ihnen und du in mir.» (Joh 17, 21-23)

Das Heiligtum betreten, heißt, das gelobte Land zu betreten, aber das bedeutet nicht, daß die Kämpfe beendet sind. Das gelobte Land ist nicht endgültig erworben, der Feind bleibt an den Grenzen und lauert auf die geringste Schwäche, um von neuem einzudringen und die Bewohner zu vertreiben. Der Aufenthalt im Land ist nur in ständiger Wachsamkeit möglich. Man kann weder einschlafen noch sich gehen lassen, ohne von neuem eine Invasion zu riskieren. «Seid nüchtern und wachsam! Euer Widersacher, der Teufel, geht wie ein brüllender Löwe umher und sucht, wen er verschlingen kann. Leistet ihm Widerstand in der Kraft des Glaubens!» (1 Petr 5,8f)

Das geistliche Leben ist ein unaufhörlicher Kampf, für den wir die Waffen ergreifen und wachsam bleiben müssen. Der Leib ist der Ort des Kampfes und der Begegnung, nach dem Vorbild Jakobs, der die ganze Nacht einen Kampf mit dem Engel kämpfte, zu dem er sagte: «Ich lasse dich nicht los, wenn du mich nicht segnest.» (Gen 32, 27)

Solange wir leben, indem wir uns auf unsere Überlegungen, auf unseren Kopf berufen, beten wir nicht, wir denken. An Gott denken ist eine gute Sache, aber es ist noch nicht Gebet, noch nicht Begegnung. Gott hält sich in der innersten Kammer auf und erwartet uns dort zu einer Begegnung «von Herz zu Herz». Treten wir in uns selbst ein und steigen wir hinab, um uns mit ihm zu vereinen.

Übung:

Bevor wir in unseren Seminaren zu tanzen beginnen, müssen wir zuerst in unseren Leib eintreten, sonst gehorcht der Leib nicht, er ist unfähig, zu folgen und in die Bewegung einzutreten. Wiederholt kam es vor, daß ich gleich begann, einen Tanz zu lehren, ohne mir Zeit zu nehmen, um "in den Tempel eintreten" zu lassen. Innerhalb kürzester Zeit war ich jedesmal gezwungen, alles anzuhalten: Es war unmöglich, eine Einheit zu erreichen, jeder bewegte sich irgendwie, und es ging drunter und drüber. Angesichts der Schwierigkeit und der Konfrontation mit den Grenzen seines Körpers treten alle Unsicherheiten zu Tage, und man wird immer ungeschickter. Deshalb schlagen wir vor, das Bild des Tempels auf folgende Weise zu betrachten:

Wir sind der Tempel, der Ort, den Gott zu seiner Wohnung erwählt hat. Wir sind eingeladen, den Tempel zu betreten, einzutreten in die Stille seiner Gegenwart. Wir schließen die Augen, um ins Innere einzutreten.

Wir werden uns unserer Atmung bewußt; und allein dadurch, daß wir bewußt darauf achten, wird der Atem in uns freier. Wir atmen ruhig und tief. Es ist der Lebensatem, den Gott in die Nase Adams geblasen hat, dieser Atem, den wir bei der Geburt empfangen und der in uns bleibt bis zu unserem letzten Atemzug. Unser Leib ist durchdrungen vom Rhythmus unserer Atmung. Wir konzentrieren uns auf diesen Rhythmus.

Oft gleichen wir, wenn wir die Augen schließen, den Frauen der Mittelmeerländer, die während des Tages allein zu Hause bleiben. Wenn man in der Sommerhitze durch diese Städte geht, scheint es, daß es dort keine lebende Seele gibt; und doch sind sie da, hinter jedem Fenster, und durch die Fensterläden entgeht ihnen nichts, was geschieht. Wenn wir die Augen schließen, sind wir oft, während wir hinter den Lidern bleiben, noch ganz gespannt auf das, was draußen geschieht.

Wir können uns nach innen kehren und doch auf der Ebene des Kopfes bleiben. Wir meinen, daß wir verinnerlicht sind, während wir ganz einfach in uns zurückgezogen sind. Wir sagen nichts, aber wir denken deswegen noch nicht weniger. Das ist Abwesenheit von Lärm, aber noch nicht das Schweigen. Es genügt nicht, die Augen zu schließen, man muß hinabsteigen. Man muß vom Kopf ins Herz hinuntersteigen.

Wir legen also unsere Hand auf das Herz und hören auf den Rhythmus unseres Herzschlages. Gott hat mein Herz erwählt, um dort zu wohnen, um die Wärme seiner Gegenwart kundzutun, um mir seine Liebe zuzusagen, um sie mich spüren zu lassen. Hier, in meinem Herzen, "im Verborgenen" erwartet mich der Vater, hier sieht er mich, hier kennt er mich.

In meinem Herzen schlägt das Herz Jesu im selben Rhythmus wie meines. Mit meinem Herzen kann ich beten, kann ich ganz zärtlich seinen Namen aussprechen: Jesus… Jesus… Jesus… Und plötzlich entdecke ich, wie ich Worte der Liebe ausspreche: meine Liebe… Geliebter meiner Seele… mein König… mein Herr… mein Alles…

Wenn ich diese Gegenwart in mir begreife, erfasse ich zugleich, daß wir in die Tiefe des Schweigens eingetreten sind und unsere Herzen in Einheit schlagen. Wenn ich die Gegenwart und die Liebe Gottes entdecke, werde ich mir zugleich meiner Brüder und Schwestern bewußt. Ich sehe sie an und nehme teil an dieser Gegenwart, die in ihnen ist und die sie schön macht, die sie sie selbst werden läßt, einzigartig.

Manchmal ist es leichter, gemeinsam in die Tiefe des Schweigens hinabzusteigen. Im Augenblick, wo wir versucht sind, wieder hinaufzusteigen, werden wir von neuem in die Tiefe gezogen. Es ist oft viel schwerer, wenn wir uns allein vor dem Allerheiligsten oder in unserer Gebetsecke befinden. Wir schließen die Augen, und sofort überfallen uns tausend Gedanken, tausend Sorgen. Es scheint einen Schleier zu geben, der uns daran hindert, in die Gegenwart einzutreten. Wir haben den Eindruck, unsere Zeit zu verlieren, und sind versucht, auf einen anderen, günstigeren Tag zu warten.

Vielleicht müssen wir dann ganz einfach die Haltung ändern. Die Haltung des Körpers zieht eine Bewegung der Seele nach sich, und gewisse Haltungen begünstigen das "Gebet des heiligen Petrus"[1] *, während andere*

---

1 Vgl. die Apostel, die im Ölgarten einschliefen, während Jesus von ihnen verlangt hatte zu wachen.

uns wach halten. Sicher gibt es Zeiten der Prüfung und der Trockenheit, in denen Gott sich verbirgt, aber weit öfter sind wir Opfer unserer Lässigkeit und Nachlässigkeit.

Nach dieser kleinen Übung ist unser ganzes Wesen beruhigt, verinnerlicht, und der Leib kann in den Tanz eintreten. Die Einheit jedes einzelnen erzeugt die Einheit der Gemeinschaft, und man ist erstaunt über das, was geschenkt wird. Man ist im Frieden, man ist in der Freude. Es ist die entgegengesetzte Haltung zu der, in die uns die Welt zieht: in ein Ausgehen aus uns selbst, um dem Leiden zu entkommen und im Äußerlichen die Entfaltung zu suchen. Aus Angst vor dem, was in uns zum Vorschein kommen könnte, und aus Angst, die Verantwortung nicht tragen zu können, betäuben wir uns lieber in leichten Vergnügungen.

In Ihm bleiben

Ein ganz einfaches Mittel, um in die Gegenwart Gottes zurückzukehren, ist, sich die Gegenwart zu vergegenwärtigen, zu lernen, im Augenblick zu leben. Beten heißt, in der Gegenwart Gottes, die uns jeden Augenblick geschenkt wird, gegenwärtig zu sein, alle unsere Kräfte, die ständig zerstreut sind, zu sammeln, um sie auf IHN zu richten.

Wenn in der «Arche»[10] die Uhr schlug, blieb jeder stehen, wo er war, und unterbrach die Arbeit, um «Erinnerung zu halten», das heißt um sich an die Gegenwart Gottes zu erinnern, um gegenwärtig zu sein in der Gegenwart, gegenwärtig in der Gegenwart Gottes. Einige Augenblicke lang blieben wir unbeweglich, im Schweigen. Wir stiegen in unser Herz hinab und verkosteten den Frieden. Das Schweigen wurde dichter, je mehr die Sekunden verstrichen, und während wir in unser Inneres zurückkehrten, um auf das Schweigen zu hören, wurden wir paradoxerweise plötzlich empfänglicher für die Welt, die uns umgab, für die tausend Geräusche der Natur: den Gesang der Vögel,

10 Eine Gemeinschaft, die von Lanza del Vasto, einem Schüler Gandhis, gegründet wurde.

das Knacken der Zweige, die Geräusche in der Ferne. Alles gewann an Intensität. Aufrecht, in der Vertikale, unbeweglich, fühlten wir das Streicheln des Windes auf unseren Gesichtern, die sanfte Wärme eines Sonnenstrahls oder die beißende Kälte, je nach Jahreszeit, den Geruch der Erde oder des Lebens, je nachdem, wo wir uns gerade befanden, wenn die Uhr schlug. Alle unsere Sinne wurden gewissermaßen geweckt, und wir nahmen Dinge wahr, deren wir uns wenige Augenblicke vorher überhaupt nicht bewußt gewesen waren. Die Uhr schlug ein zweites Mal, und wir nahmen unsere Tätigkeit wieder auf, verinnerlichter, mit dem Wunsch, in dieser Gegenwart zu bleiben, die wir in uns verspürt hatten und die wir auch in den anderen wahrnahmen durch die Blicke, die tiefer geworden waren. An gewissen Tagen schien es so einfach, im Schweigen zu bleiben, aber manchmal war es ein wahrer Kampf gegen die Zerstreuungen, die ohne Unterlaß aus uns selbst kamen und uns unfähig machten, für andere aufmerksam zu sein, unempfindlich für die Welt, die uns umgab. Ich liebte diese Übung sehr. Sie half mir, meine Gedanken zu ordnen, die in alle Richtungen davonliefen, um das Vergangene wieder aufleben zu lassen oder in die Zukunft vorzugreifen. Ich plante immer im voraus, oh, nur einige Wochen oder einige Tage oder einige Stunden, aber ich schaffte es nicht, einfach im gegenwärtigen Augenblick anwesend zu sein. Das ist eine große Schwierigkeit für das Gebet. Wenn wir beten möchten, drängeln sich Vergangenheit und Zukunft an der Türe und hindern uns, in Seiner Gegenwart gegenwärtig zu sein.

Gott gibt sich in der Gegenwart

Ins Heiligtum eintreten, so haben wir gesagt, heißt in die Gegenwart Gottes einzutreten. Indem wir die Vergangenheit und alles, was uns mit ihr verbindet, hinter uns lassen, ohne uns um das zu sorgen, was kommen wird, können wir in Sicherheit in Seiner Gegenwart bleiben. Noch einmal: Es sind unsere Ängste, die das Hindernis für dieses Eintauchen in Gott bilden.

Die Vergangenheit gehört uns nicht mehr, die Zukunft ist noch unbekannt. Die Gegenwart allein ist unser Reichtum, der einzige Ort, an dem wir unsere Freiheit ausüben können. Selbst wenn wir «Gedächtnis halten», geschieht es, um ein Ereignis aus der Vergangenheit gegenwärtig zu setzen und so unser ganzes Wesen darauf einlassen zu können. Der einzige Begegnungspunkt unserer Seele mit Gott liegt im gegenwärtigen Augenblick. Er ist die einzige Realität, auf die wir Zugriff haben. Er ist die Pforte, die uns für die Ewigkeit öffnet.

«Ich will, was ich tue» und «ich will, was ist», sind die beiden Schlüssel, um in Fülle zu leben, was uns im gegenwärtigen Augenblick zu leben aufgegeben ist, und um darin die Fülle der Freude zu finden. Wir sind tatsächlich unablässig versucht, gegen die Realität zu kämpfen und das abzulehnen, was wir sind, was die anderen sind, was uns das Leben durch die täglichen Ereignisse auferlegt. Dieser Widerstand gegen «das, was ist», verschlingt einen großen Teil unserer Kräfte und stiehlt uns die Freude. Anstatt unser Leben zu erträumen und die idealen Bedingungen zu erwarten, um endlich nach unseren Wünschen leben zu können, müssen wir das Leben annehmen, wie es sich uns anbietet. So bewahren wir unsere Kräfte, um es verändern zu können. Ein schönes Gebet faßt das gut zusammen:

«Herr, gib mir den Mut, Dinge zu ändern, die ich ändern kann,
die Gelassenheit, Dinge hinzunehmen, die ich nicht ändern kann,
und die Weisheit, das eine vom anderen zu unterscheiden.»

Die Angst vor dem nächsten Tag

Gott schenkt immer die Gnade für den gegenwärtigen Augenblick. Jesus selbst sagt uns immer wieder, daß wir uns nicht beunruhigen sollen: «Sorgt euch nicht um morgen, denn der morgige Tag wird für sich selbst sorgen. Jeder Tag hat genug eigene Plage.» (Mt 6,34)

Diese Haltung ist nicht natürlich. Was für uns natürlich ist, ist die Unruhe. Sie läßt uns ständig in die Vergangenheit zurückkehren, um unsere Handlungen noch einmal durchzugehen, oder in die Zukunft vorgreifen, die uns durch unsere Vorstellungskraft verzerrt dargestellt wird. Wir sind unruhig, weil wir das Vertrauen verloren haben, daß «unser himmlischer Vater weiß»; wir sind nicht mehr bereit, das zu empfangen, was er uns schenken möchte, weil wir etwas anderes erträumen.

Darum hört Gott nicht auf, uns in seinem Wort zuzusagen: «Fürchte dich nicht!», «Hab keine Angst!», damit wir uns diesem gegenwärtigen Augenblick hingeben können, in dem er sich uns in seiner Fülle mitteilt. Wir haben Angst, in seine Gegenwart einzutauchen, und wir klammern uns an unsere Gedanken, an unsere Bilder, an unsere Vorstellungen.

In der Wüste wollte Gott sein Volk zur Hingabe erziehen. Obgleich er es in eine schwierige Situation gebracht hatte, sorgte er jeden Tag für die Nahrung. «Ich will euch Brot vom Himmel regnen lassen» (Ex 16,4). Jeden Morgen war die Wüste bedeckt mit «Manna». Jeder erhielt das, was er für den Tag brauchte. Diejenigen, die Vorräte sammeln wollten aus Furcht, daß Gott am nächsten Tag nicht mehr sorgen würde, sahen ihren Teil wurmig und stinkend werden.

Das Manna wurde nur für den jeweiligen Tag gegeben. Ebenso wird uns die Gnade jeden Augenblick geschenkt. Wenn man sich vorstellt, was kommen wird, so kann man das offensichtlich nicht annehmen. Man muß wieder zu Gott zurückkehren, der sich hinter dem äußeren Schein verbirgt, indem man den gegenwärtigen Augenblick so annimmt, wie er sich darbietet. Hinter dieser Welt, die vergeht, gibt es die kommende Welt und die ewige Gegenwart Gottes.

So ist es möglich, alle Dinge anzunehmen im Wissen, daß sie vergänglich sind, daß alles vergeht und nur Gott bleibt. Er schenkt sich jeden Augenblick, und seine Gegenwart gibt uns die Kraft, sogar das Unerträgliche zu ertragen, von seiner Fülle auch unter den furchtbarsten Umständen zu leben.

Der gegenwärtige Augenblick und das Leiden

Diese Gnade wird im Martyrium geschenkt. Mich persönlich beschäftigt dieser Gedanke an die Märtyrer seit langem, wegen meiner eigenen Schwäche. Jedes Mal, wenn ich an die Verleugnung des Petrus dachte, hatte ich den Eindruck, daß ich nicht mutiger gewesen wäre als er und daß ich wirklich fähig sei, Christus zu verleugnen angesichts des Spotts der «klugen Leute».

Eines Tages, als ich das einer meiner Schwestern mitteilte, sagte sie mir: «Man muß in der Liebe wachsen, damit die Liebe stärker ist als die Angst.» Das hat mich beruhigt, denn ich verstand, daß das nichts mit meiner Kraft oder meiner Schwäche zu tun hatte, sondern daß mir die Gegenwart der Liebe die Kraft und die Gnade schenken würde, durch das Feuer zu gehen, wenn dies von mir verlangt würde. Im gegenwärtigen Augenblick zu leben, weit davon entfernt, uns einzuengen und zu beschränken, befreit uns von der Zeit und unseren menschlichen Grenzen, um uns in die Unendlichkeit der Liebe Gottes eintreten zu lassen.

Bruder Lorenz von der Auferstehung, der jahrelang Koch seines Klosters war, ist bekannt dafür, die Höhepunkte der mystischen Vereinigung inmitten seiner Kochtöpfe erfahren zu haben. Er faßt das Geheimnis seiner Heiligkeit ganz einfach zusammen:

> «Die heiligste und für alle Menschen, die geistig leben wollen, notwendigste Übung ist die Gegenwart Gottes, das heißt: Man muß Gefallen daran finden und sich daran gewöhnen, in der Gesellschaft Gottes zu leben, indem man mit ihm demütig spricht, sich zu jeder Zeit mit ihm liebevoll unterhält, in jedem Augenblick, ohne Regel, ohne Maß, besonders in den Zeiten der Versuchung, des Kummers, der Trockenheit, der Lustlosigkeit, ja sogar in der Zeit der Untreue und der Sünde... Wenn wir wissen, daß wir alles vor dem Angesicht Gottes tun und daß er sich im innersten Grund unserer Seele befindet, warum wollen wir dann nicht wenigstens von Zeit zu Zeit unsere äußere Beschäftigung und selbst unsere mündlichen Gebete unterbrechen, um ihn innerlich anzubeten, ihn zu loben, ihn um etwas zu bitten, ihm unser Herz anzubieten und ihm Dankbarkeit zu erweisen?»

Nach der Auferstehung sagte Jesus zu seinen Jüngern: «Ich bin bei euch alle Tage bis zum Ende der Welt» (Mt 28,20). Deshalb ist es unsere Pflicht, uns in diese Gegenwart zu stellen.

Die kleine heilige Theresia lebte einen leuchtenden Aufstieg zur Heiligkeit, weil sie den Wert jedes Augenblicks, jeder Geste, die mit Liebe vollbracht wird, verstanden hatte:

«Mein Leben dauert nur einen Augenblick, eine flüchtige Stunde.
Mein Leben ist nur ein Tag, der mir entkommt und entflieht.
Du weißt es, mein Gott, um dich auf Erden zu lieben,
habe ich nur den heutigen Tag.»
(Therese von Lisieux, Gedichte)

In die Ruhe Gottes eintreten

«Also ist dem Volk Gottes eine Sabbatruhe vorbehalten. Denn wer in das Land seiner Ruhe gekommen ist, der ruht auch selbst von seinen Werken aus, wie Gott von den seinigen. Bemühen wir uns also, in jenes Land der Ruhe zu kommen.» (Hebr 4,9-11)

Der Höhepunkt der Schöpfung ist der Sabbat, das heißt das Eintreten in die Ruhe. Eine der Wurzeln des Wortes Sabbat bedeutet «sich niedersetzen», sich mit Gott niedersetzen, um seine Gegenwart zu genießen, um sich mit ihm zu freuen über die Wunder der Schöpfung[11] , um diese Ergänzung der Seele zu empfangen, die es ermöglicht, die Realität der kommenden Welt besser wahrzunehmen und die Geheimnisse Gottes besser zu ergründen. Wir feiern den Sabbat am siebten Tag, aber jeden Augenblick werden wir eingeladen, in seine Ruhe einzutreten: heute... hier... jetzt...

Die Ruhe, die für uns vorbehalten ist, ist hier und jetzt. Wenn man keine Zeit hat, sich auszuruhen, muß man sich im Augenblick ausruhen! Allein schon die Tatsache, im gegenwärtigen Augenblick zu leben, entspannt und regeneriert uns, weil sie alles beseitigt, was uns bedrückt und belastet, das Gewicht der Vergangenheit sowie die Furcht vor dem nächsten Tag; und wir werden empfänglich und verfügbar für das, was uns im Augenblick gegeben ist. Wir müssen jeden Augenblick diese Ruhe suchen und in sie eintreten. Anstatt uns von einer Aktivität in die andere zu stürzen, nehmen wir uns Zeit, einige Sekunden innezuhalten, tief zu atmen und in den Ort des Herzens hinabzusteigen.

Je mehr wir unter Druck stehen, desto mehr müssen wir unseren Rhythmus verlangsamen, um so jede Sache bedächtig zu vollbringen und sie nicht mehrmals in Angriff nehmen zu müssen. Es ist bekannt:

---

11 «Die Schöpfung ist nicht nur ein Gebiet zum Erforschen und Benutzen, sie ist auch eine Offenbarung Gottes, wo alles nicht nur ein Widerschein Gottes ist, sondern auch ein Sakrament seiner Gegenwart.» Die Realität hat ihre symbolische Dimension verloren, die Wirklichkeit ist kein Geheimnis mehr, sie ist reduziert auf die Dimension des Problems und wird zur Quelle der Verzweiflung oder der Langeweile, anstatt ein unerschöpfliches Reservoir von Hoffnung und Freude zu sein. Der moderne Mensch kann sich nicht mehr Zeit nehmen, um ein Kunstwerk zu betrachten, gute Musik zu hören, die Freude einer wirklichen Begegnung zu genießen. Er ist blind und taub geworden für die transzendentale Dimension der Dinge und der Lebewesen. Für ihn ist das Universum entweiht, und er hält das für einen großer Fortschritt.

Je hektischer wir sind, desto mehr Pannen häufen wir an und desto mehr verlieren wir Zeit und auch unseren Frieden. Aber Gott ist immer da und er lädt uns ein, inmitten unserer Aktivitäten in seine Ruhe einzutreten. Selbst inmitten der härtesten Prüfungen schickt Gott immer einen Engel, um uns zu trösten, er sorgt sich um unsere Ruhe.

Übung:

Der Leib hilft uns durch die Sinne, in der Gegenwart gegenwärtig zu sein.

Wollen Sie einen Augenblick innehalten? Legen Sie Ihr Buch weg und schließen Sie die Augen. Achten Sie auf Ihre Atmung. Allein schon dieses Innehalten läßt Sie tiefer atmen.

Werden Sie sich Ihres Leibes bewußt. Fühlen Sie, wie Ihr Rücken die Sessellehne berührt, Ihre Oberschenkel die Sitzfläche, die Füße den Boden. Halten Sie Ihren Kopf aufrecht und gerade.

Hören Sie auf Ihren Herzschlag und danken Sie Gott, weil Sie leben.

Öffnen Sie die Augen, nehmen Sie auf, was Sie umgibt. Lassen Sie sich davon durchdringen. Sie fühlen eine wohltuende Gegenwart in Ihrem Herzen und versuchen, in dieser Gegenwart zu bleiben.

Es genügt sehr wenig, um dieses Bewußtsein zu verlieren. Aber jedes Mal, wenn Sie daran denken, wiederholen Sie diese kleine Übung, bis sie zu einer Gewohnheit wird.

Man kann sie endlos abwandeln, sie abkürzen oder verlängern, sie in ein Spiel verwandeln, aber immer mit dem Ziel, das Geschenk des Lebens ganz zu verkosten. Finden Sie Gefallen daran, einen Ihrer Sinne zu wählen und Wahrnehmungsübungen zu machen. Hören, betrachten, berühren, kosten, fühlen…! Nehmen Sie Hitze, Kälte, Sonne, Wind oder Regen auf Ihrem Gesicht wahr. Gehen wir aus von dem, was wir heute sind, von dort, wo wir heute sind.

Entschlüsse:

— Heute beginnen, nicht bis morgen warten. Das Wenige tun, das ich jetzt tun kann. Heute bin ich unfähig, große Dinge zu tun.

— Was sind die ganz kleinen Dinge, die ich tun kann?

** jemandem zulächeln*

** Gott und denen, die mich umgeben, Dank sagen*

** mich entscheiden, Freude zu bereiten*

** jemandem etwas Gutes sagen*

** die Wohltaten Gottes zählen*

** Erinnerung halten an eine Erhörung, eine Gnade, eine gute Tat, eine Begegnung mit dem Herrn*

— Ich bin vielleicht unfähig dazu, nicht ungeduldig zu werden, gewissen Versuchungen zu widerstehen, eine Wache an meinen Mund zu stellen, und all das schwächt mich und läßt mich in Mutlosigkeit fallen. Aber ich kann einen positiven Akt setzen, der mich stärkt:

** einen Akt des Glaubens: z.B. «Herr, ich glaube, daß du mich liebst... ich glaube, daß du Gutes aus dieser Situation entstehen läßt... ich glaube, daß du meine Gebete erhörst.»*

** einen Akt der Hoffnung: «Herr, auch wenn ich die Erfüllung meiner Gebete nicht sehe, weiß ich, daß du sie gehört hast... ich weiß, daß ich eines Tages den Sinn all dessen verstehen werde, was ich erlebe...»*

** einen Akt der Liebe: sich entscheiden, im Verborgenen einen Akt der Liebe zu setzen, in völlig absichtsloser Weise, einen Akt, den Gott allein sieht.*

Die Feier im Heiligtum

In der göttlichen Pädagogik ist das Heiligtum der Ort des Schweigens, der Ort, an dem sich DAS WORT offenbaren wird. Das Heiligtum wird somit zum Ort der Feier dieses fleischgewordenen Wortes, also der Eucharistie.

In seinem Sohn hat uns Gott seinen Namen und sein Gesicht offenbart. Durch ihn, so haben wir gesehen, haben wir Zugang zum Heiligtum, der den Priestern vorbehalten war. Wir können von nun an dort den Kult feiern und am Gedächtnis des Opfers Christi teilnehmen.

Also ist das Heiligtum zum Ort geworden, wo der lebendige Gott gefeiert wird, wo der aufrechte Mensch wieder der Sänger der Schöpfung wird. Die Liturgie läßt ihn teilnehmen am Werk Gottes. Der Katechismus der katholischen Kirche sagt uns: «Die Liturgie ist Beteiligung am Gebet, das Christus im Heiligen Geist an den Vater richtet... Durch die Liturgie wird der innere Mensch in der "großen Liebe", mit der der Vater uns in seinem geliebten Sohne "geliebt hat" (Eph 2,4), verwurzelt und auf sie gegründet.» (1073)

Wenn wir der Tempel sind, dann wird unser ganzes Leben zu einer Liturgie, zu einer Feier Gottes, und alle unsere Handlungen tragen dazu bei, Gott Ehre, Lob und Ruhm darzubringen. Diese Danksagung stellt uns ohne Unterlaß in Seine Gegenwart, denn «der Herr wohnt im Lobpreis seines Volkes», wie es im Psalm heißt.

Der Lobpreis

Der Lobpreis entreißt uns einer zu menschlichen Sichtweise der Dinge, um uns in die Betrachtung der Schönheit und Güte Gottes zu stellen, der sich hinter den äußeren Erscheinungsformen verbirgt. «Also laßt uns Gott allezeit das Opfer des Lobes darbringen, nämlich die Frucht der Lippen, die seinen Namen preisen.» (Hebr 13,15)

Wir wenden den Blick von uns selbst ab und auf Ihn hin, und plötzlich ist alles in Sein Licht getaucht. Wir schauen mit dem Blick Gottes. Wir glauben an Seine Liebe. Der Lobpreis und die Danksagung öffnen unsere Augen für das, was wir vom Handeln Gottes in unserem Leben nicht spontan sehen, wir, die wir uns so leicht tun, alles zu sehen, was nicht gut geht. Der Lobpreis bewahrt uns in der Dankbarkeit gegen Gott. «Zähle die Wohltaten Gottes, stelle sie dir alle vor Augen, du wirst anbetend sehen, daß ihre Zahl unermeßlich ist.»

Das Gebot der Freude

Die ganze Bibel hallt wider von der Einladung zur Freude:

«Kommt, laßt uns jubeln vor dem Herrn
und zujauchzen dem Fels unseres Heiles!

Laßt uns mit Lob seinem Angesicht nahen,
vor ihm jauchzen mit Liedern!» (Ps 95,1-2)

«Dient dem Herrn mit Freude!
Kommt vor sein Antlitz mit Jubel!» (Ps 100,2)

Die Freude ist das Zeichen der Anwesenheit des Reiches Gottes, der Gegenwart des Königs in uns, wie der Prophet Jesaja sagt: «Jauchzt und jubelt, ihr Bewohner von Zion; denn groß ist in eurer Mitte der Heilige Israels» (Jes 12,6), und der Engel Gabriel ist sein Echo: «Freue dich, Maria, voll der Gnade, der Herr ist mit dir.» (Lk 1,28)

Die Freude ist gebunden an das Kommen des Bräutigams. Wenn ER da ist, freuen sich unsere Herzen, unser Leib kommt zur Ruhe, seine Gegenwart der Liebe erfüllt uns mit Glück.

Die Freude ist ein Geschenk, aber sie ist wie die Liebe auch ein Gebot, um uns glücklich zu machen. Sie bewahrt uns in der Gegenwart Gottes. Der heilige Paulus sagt es unermüdlich allen Kirchen: «Freut euch zu jeder Zeit! Betet ohne Unterlaß! Dankt für alles; denn das will Gott von euch, die ihr Christus Jesus gehört.» (1 Thess 5,16-18) und weiter: «Freut euch im Herrn zu jeder Zeit! Noch einmal sage ich: Freut euch!» (Phil 4,4). Wir können im Glauben die Gegenwart Gottes ergreifen und uns freuen, weil er uns liebt!

Das war die geniale Intuition des Baal Shem Tov, des Gründers des Chassidimus, einer Erneuerungsbewegung in der jüdischen Religion im 18. Jahrhundert. Die strenge Beobachtung des Gesetzes und der vielen Anordnungen, die dazu bestimmt waren, die Identität des jüdischen Volkes inmitten der Völker zu bewahren, machten ihm das Leben schwer und widerwärtig. Er unterwies seine Schüler in einer Erneuerung des glühenden Eifers und der Andacht, durch die Übung der Freude, durch Gesang und Tanz, die das ganze Sein in ein intensives Gebet hineinzogen. Der starre und unerbittliche Kult verwandelte sich in ein neues Ritual, wodurch das Leben der Gemeinschaft völlig erneuert wurde. Die Freude wurde zum Zeichen der Echtheit der Gottesbeziehung.

Im Gefolge des heiligen Paulus sagte Rabbi Nachman, Enkel von Baal Shem Tov, zu seinen Schülern: «Es ist ein großes Gebot, immer in der Freude zu sein.» Das mag uns widersprüchlich erscheinen, denn in unserer Vorstellung kann die Freude nicht an irgendwelche Verpflichtungen gebunden sein. Wir freuen uns eben oder wir freuen uns nicht. Das scheint nicht von uns abzuhängen. Wenn die Freude aber ein Gebot ist, heißt das, das sie nicht von selbst kommt, denn der Mensch ist leicht traurig und er muß sich anstrengen, um wieder in die Freude einzutreten.

Vielleicht müssen wir unsere Vorstellung über das, was ein Gebot ist, revidieren? Als Gott seinem Volk sein Gesetz gab, gab er ihm die Zehn Gebote. Wir haben gesehen, daß er die Welt durch das «Zehnwort» geschaffen hat. Am Sinai gibt er seinem Volk durch das Geschenk der Tora eine neue Möglichkeit, in die Fülle des Erbes einzutreten, das er seinen Kindern bereitet hat. Die Gebote sind also der Weg zum Glück. Auch wenn sie uns zu stören scheinen, haben sie kein anderes Ziel als unsere Befreiung, als das Wohlergehen von Leib und Seele.

Das Gebot der Freude ist wie das Gebot der Liebe dazu bestimmt, uns in eine Fülle eintreten zu lassen: «Wenn du beten willst, beginne zu beten, wenn du in der Freude sein willst, übe dich in der Freude, wenn du lieben willst, entscheide dich zu lieben.»

Es gibt zwei Arten der Freude, eine natürliche Freude, die aus der Lebenskraft kommt, die in uns ist, und eine übernatürliche Freude, die von oben kommt. Die vitale Kraft, die uns belebt, kann uns im Stich lassen aufgrund von Lebenssorgen, Krankheiten oder Prüfungen, und dennoch bleibt das Gebot: «Freut euch!» Ist die Freude also etwas anderes als ein Zustand der Seele, für den wir genausowenig verantwortlich sind wie für die Traurigkeit?

Hier schaltet sich unser Wille ein. Wir haben die Möglichkeit, uns für die Freude zu entscheiden, die Freude zu wählen, nicht aus unserer Seelenverfassung heraus, sondern in der Hoffnung auf das Reich Gottes. Rabbi Nachman, der sich sehr wohl der Schwierigkeit bewußt war, sagte, daß die Last des Leidens manchmal so groß sei, daß «es unmöglich scheint, zur Freude zu gelangen, ohne einen Narren zu spielen. Man muß zu allen möglichen Einfällen Zuflucht nehmen, wenn sie das einzige Mittel sind, um zur Freude zu gelangen.»

Auch der Humor ist eine ausgezeichnete Waffe gegen die Traurigkeit, um sich durch die Lasten der Wirklichkeit nicht überwältigen zu lassen. Er hilft, Abstand zu gewinnen, das zu entdramatisieren, was unüberwindlich scheint, den Blick zu ändern. Es ist gut, über sich selbst lachen zu lernen.

«Überlaß dich nicht der Sorge, schade dir nicht selbst durch dein Grübeln! Herzensfreude ist Leben für den Menschen, Frohsinn verlängert ihm die Tage. Überrede dich selbst und beschwichtige dein Herz, halte Verdruß von dir fern! Denn viele tötet die Sorge, und Verdruß hat keinen Wert.» (Sir 30,21-23)

Nicht immer ist es möglich, sich über die gegenwärtige Welt zu freuen, aber man kann sich über die kommende Welt freuen, weil sie schon gegenwärtig ist! Die ganze Erwartung des jüdischen Volkes ist auf das Kommen des Messias gerichtet. «Ich glaube mit meinem ganzen Glauben, daß der Messias kommen wird; und selbst wenn er sich verspätet, glaube ich, daß er kommen wird.» Die Kirche lebt in derselben Erwartung mit dem Unterschied, daß sie alles erfüllt weiß und das Angesicht des Messias kennt. Diese Glaubensgewißheit nährt die Freude, und zugleich beschleunigt die Freude, die Zeichen dieser Erwartung ist, das Kommen des Messias. Wenn ein einziger Jude die Freude bewahrt, so sagt die chassidische Tradition, dann kann der Messias kommen.

Die Freude des Himmelreiches

«Ich verspreche Ihnen nicht das Glück dieser Welt, sondern das der anderen Welt», sagte die Jungfrau Maria zur kleinen Bernadette in der Grotte von Massabielle in Lourdes, und alle Welt legt das so aus: «Ich verspreche Ihnen nicht das Glück in dieser Welt, sondern in der anderen», was den Sinn beträchtlich verändert. Muß man auf das Jenseits warten, um endlich glücklich sein zu können? So denkt die Mehrheit der Gläubigen. Diese Welt ist ein «Tal der Tränen», aber im Himmel werden wir unsere Belohnung erhalten.

Es ist wahr, das Glück der kommenden Welt ist unvergleichlich. Der heilige Paulus sagt es so schön: «Ich bin überzeugt, daß die Leiden der gegenwärtigen Zeit nichts bedeuten im Vergleich zu der Herrlichkeit, die an uns offenbar werden soll» (Röm 8,18). Was ist diese kommende Welt? Das Reich Gottes! Und Jesus ist gekommen, um zu verkünden, daß «das Reich Gottes mitten unter uns» ist. Aber «das Reich Gottes kommt nicht so, daß man es an äußeren Zeichen erkennen könnte» (Lk 17,20). Darum ist es notwendig, zu lernen, es wahrzunehmen, zu leben, «als sähen wir das Unsichtbare».

Es ist schwierig, in der Ordnung dieser Welt dauerhaft glücklich zu sein, denn sie ist unter der Herrschaft dessen, den man den «Fürsten dieser Welt» nennt. Wir können eine Zeitlang glücklich sein und uns in Frieden an den «Gütern dieser Welt» erfreuen, aber wir wissen alle, daß das Glück vergänglich ist und daß wir alles verlieren können, worauf wir unser Vertrauen gesetzt haben: unseren Beruf, unser Geld, unsere Gesundheit, unsere Jugendlichkeit, unsere Kraft, unsere Schönheit, unsere Intelligenz, unser Gedächtnis, unseren guten Ruf, unsere Lieben. Wir können verraten, verlassen und gedemütigt werden. Mit einem Wort, wir können alles verlieren! Und alle Versicherungen, die wir abschließen, können uns das Glück nicht garantieren.

Aber die Freude, die uns Jesus verheißt, ist von einer anderen Ordnung. Diese Freude kann uns niemand nehmen. Sie gehört zu unserem Erbe. Sie wird uns selbst inmitten der schrecklichsten Leiden geschenkt, sobald wir uns dem Herrn zuwenden. «Dies habe ich euch gesagt, damit meine Freude in euch ist und damit eure Freude vollkommen wird» (Joh 15,11). «Niemand nimmt euch eure Freude.» (Joh 16,22)

Die Freude in der Armut

Das Bild, mit welchem man gewöhnlich einen glücklichen Menschen darstellt, ist das eines Menschen, dem nichts fehlt. Es scheint, daß man, um glücklich zu sein, versuchen muß, möglichst viele Güter zu erlangen. Jesus verunsichert uns, wenn er bekräftigt: «Selig, die arm sind vor Gott, denn ihnen gehört das Himmelreich» (Mt 5,3). Man kann auch übersetzen: «die das Herz eines Armen haben» oder «die vom Geist arm Gemachten». Ist es möglich, Mangel zu erleiden und zugleich glücklich zu sein?

Als Kind hatte ich ein Buch, das ich sehr gern hatte. Es hieß: «Arm, aber glücklich» und erzählte die Geschichte eines Mannes, der nicht anders konnte, als zu geben, wenn er jemanden in Not sah. Er verlor schließlich alles wegen der List und der Bosheit der Menschen, die seine Güte ausnützten. Aber je mehr er gab, umso freier fühlte er sich.

Er verspürte die Trunkenheit dessen, der nichts zu verteidigen hat und für den alles zum Geschenk wird. Je mehr er materiell verarmte, desto mehr wuchs die Freude in ihm und desto mehr staunte er über alles. Seine Augen und sein Herz öffneten sich für die Wirklichkeit und die Schönheit der unsichtbaren Welt. Er erfaßte jeden Tag mehr, daß uns alles von Gott zukommt, und sein Herz floß über vor Dankbarkeit und Liebe zu Gott und zu den Geschöpfen. Diese Geschichte sprach mich sehr an, weil ich genau diese Freude ersehnte.

Zu oft ist das Gefühl der Unsicherheit zu stark, als daß wir uns arm machen ließen. Wir klammern uns verzweifelt an das Wenige, das wir haben, als wenn es ein Teil von uns selbst wäre, der uns entrissen werden sollte, und verstehen nicht, welches Spiel Gott mit uns spielen möchte. Die kleine heilige Theresia hatte die Erleuchtung, mit Jesus «Wer verliert, gewinnt» zu spielen.

Sobald wir geben, gibt uns Gott, sobald wir uns geben, gibt Gott sich. Es ist immer das Gesetz des Austausches. Die Welt läßt uns teuer zahlen für das, was sie uns gibt, und nimmt uns schließlich alles, ohne uns etwas dafür zu lassen. Aber Gott gibt uns hundertfach, was wir ihm gegeben haben, und er gibt sich selbst. «Jeder, der um meines Namens willen Häuser oder Brüder, Schwestern, Vater, Mutter, Kinder oder Äcker verlassen hat, wird dafür das Hundertfache erhalten und das ewige Leben gewinnen.» (Mt 19,29)

Wenn wir gerufen werden, etwas zu verlassen, ist es besser, nicht zurückzuschauen, um nicht wie die Frau Lots in eine Salzsäule verwandelt zu werden, wie uns im Buch Genesis berichtet wird. Schauen wir nicht auf das, was wir verlassen, was wir verlieren, was wir geben. Schauen wir auf den, der uns ruft, auf den wir zugehen und für den wir den Verlust akzeptieren, weil wir wissen, daß er selbst unser Erbe ist, daß er sich um uns sorgen wird und daß er uns nie Mangel leiden lassen wird gemäß seiner Verheißung: «Ich selbst bin dein Besitz und dein Erbteil» (Num 18,20). Das ist die Verheißung, auf die wir uns berufen können.

Wir werden reich sein an allem, was wir gegeben haben. Die Askese, die Entsagung, das Fasten, die Entbehrungen, die Opfer und das Almosen haben keinen Wert in sich selbst außerhalb dieses Liebesaustausches. Das Zeichen ihrer Echtheit ist die Freude. Sie ist das

Zeichen der Gegenwart des Heiligen Geistes in uns. Jede Askese, die nicht zur Freude führt, ist verdächtig. Sie kann eine Wahl des Todes verdecken, einen Wunsch der Selbstzerstörung, der das Aussehen einer Scheinheiligkeit annimmt und als Frucht Bitterkeit, Verhärtung, Gereiztheit, Kritik oder moralisierendes Richten hervorbringt.

Rabbi Nachman hilft uns bei der Unterscheidung. Eines Tages fragten ihn seine Jünger nach dem Unterschied zwischen einem «zerbrochenen und zerschlagenen Herzen» (Ps 51,19) und der Depression. Er antwortete:

> «Ein zerschlagenes Herz hat nichts mit Traurigkeit und Depression zu tun. Ein zerschlagenes Herz betrifft das Herz, während die Depression die Eingeweide betrifft. Die Depression kommt von "der anderen Seite" (dem Bösen) und ist Gott verhaßt. Das zerschlagene Herz hingegen ist ihm lieb und teuer. Den ganzen Tag ein zerschlagenes Herz zu haben, wäre eine gute Sache, aber die Mehrheit der Leute erträgt es nicht und fällt in Depression... Die Depression ist wie der Zorn und die Wut. Sie ist eine Art unaufhörliche Klage gegen Gott, weil er unsere Wünsche nicht erhört. Wer hingegen ein zerschlagenes Herz hat, ist wie ein kleines Kind, das schreit und weint, weil sein Vater weit weg ist. Sei immer fröhlich, wer du auch bist. Selbst wenn du dich fern von Gott fühlst, sei fröhlich und lobe ihn. Ein zerschlagenes Herz führt zur Freude. Das wahre Zeichen eines zerschlagenen Herzens ist, daß daraus die Freude kommt.»

«Die Freude am Herrn ist meine Stärke»

Möge die Freude unser Bollwerk sein, unser Schild in Zeiten der Prüfung, möge sie uns Kraft geben, uns von Schwerfälligkeit und Mutlosigkeit loszureißen und uns entschlossen der kommenden Welt zuzuwenden.

Das hebräische Wort SIMCHA (Freude) ist ein Anagramm des Wortes MASHIAH (Messias). «Der Messias ist in mir, wenn ich Träger der Freude bin.»

Das Lächeln

Sind wir erst einmal ins Heiligtum eingetreten, entspannt sich unser ganzes Wesen und kann sich endlich der Gegenwart Gottes erfreuen. Wenn wir gespannt sind, setzen wir die Muskeln in Bewegung, während beim Lächeln der Leib entspannt ist und die Muskeln leicht arbeiten.

Das Lächeln ist das Licht des Gesichtes, es ist die Zärtlichkeit Gottes, die durch das Geschenk unseres Leben durchscheint. Ich mag diese Überlegung von Jade im Buch von François Garagnon[12] sehr gern: «Es ist schwierig zu lächeln, wenn man traurig ist, aber es ist noch schwieriger, traurig zu sein, wenn man lächelt.»

Die kleine heilige Theresia hat daraus eine erlesene Waffe gemacht: «Meine Freude ist es zu lächeln, während mein Herz in der Verbannung ist.» Man muß sagen, daß sie darin geübt war. Anderswo gesteht sie, daß sie, wenn sie diese Gewohnheit des Lächelns nicht in allen Umständen geübt hätte, niemals dazu gekommen wäre, als sie in die Prüfung getaucht wurde.

Es gibt keine schönere Revanche am «Feind», als zu lächeln, was auch immer uns zustößt. Wenn wir eigensinnig schmollen, paktieren wir mit dem Dämon. Wir betrachten nicht länger das schönste der Menschenkinder, sondern uns selbst. Die Betrachtung unseres Elends versenkt uns in Mutlosigkeit und Depression.

Die Macht eines einfachen Lächelns ist unerhört. Selbst wenn wir nichts mehr haben, haben wir noch die Möglichkeit zu lächeln und Gutes zu tun, ein wenig Freude, ein wenig Trost zu schenken. Es ist selten, daß wir nicht ein Lächeln zurückerhalten und selbst getröstet werden. Dann erhalten wir die Gnade, in der Liebe weiterzuschreiten. Warten wir nicht darauf, große Dinge zu tun. Beginnen wir zu lächeln, und die Zärtlichkeit Gottes wird sich um uns ausbreiten.

Ich selbst konnte die Wohltat eines Lächelns erfahren, als ich zum ersten Mal die Schwestern von Mutter Teresa in Bangui in Zentralafrika besuchte. Ich kann nicht mehr sagen, worüber wir gesprochen haben, aber was für immer in mein Gedächtnis eingeprägt bleibt, ist das Lächeln dieser vier Schwestern. Ich war mit einem Bruder unserer

12 «Les Mystères de la vie de Jade»

Gemeinschaft dort, und als wir wieder gingen, hatten wir den Eindruck, in ein Bad von Licht, Zärtlichkeit und Reinheit getaucht worden zu sein. Daraufhin verstand ich, daß eines der Kriterien, an denen die Berufung zu den Missionarinnen der Nächstenliebe erkannt wird, das Lächeln ist. Sagte doch Mutter Teresa: «Die Heiligkeit besteht darin, den Willen Gottes mit einem breiten Lächeln zu erfüllen.»

Rabbi Nachman besteht sehr darauf: «Unermeßlich ist der Verdienst derer, die andere trösten. Die Welt wird von Sorge und Angst niedergedrückt, ein Lächeln und ein gutes Wort sind Lichtstrahlen, sind Heilmittel.» «Wenn du unruhig oder unglücklich bist, kannst du wenigstens glücklich scheinen. Du kannst zutiefst niedergedrückt sein, aber wenn du dich fröhlich zeigst, wirst du schließlich die echte Freude kennenlernen.» «Wenn du nicht selbst glücklich sein kannst, versuche, jemand anderen glücklich zu machen. Durch die Freude kannst du das Leben zurückgeben.»

Luzia erzählt, wie sie durch ein Lächeln aus der Verzweiflung gerettet und dazu geführt wurde, sich zur Freude zu verpflichten:

> «Ich möchte euch gerne von einigen Wundern erzählen, die Gott in meinem Leben durch das Gelübde der Freude vollbracht hat, das ich abgelegt habe. Ich bin eine junge Frau von 24 Jahren, die gerne lebte, aber nach einer sehr schwierigen Prüfung habe ich zugelassen, daß sich der Wunsch nach Leben in einen Wunsch nach dem Tod verwandelte. Ich konnte keine 30 Minuten verbringen, ohne an Selbstmord zu denken. Ich dachte, wenn ich mich selbst umbringe, dann würde ich endlich Frieden haben. Welche Illusion! Aber in all diesen Gedanken hatte ich nicht den Mut, Medikamente zu nehmen oder sonst etwas Schnelles…
>
> Ich habe also entschieden, mich sterben zu lassen. Nach und nach aß ich nicht mehr, ich wusch mich nicht mehr, ich war ungepflegt, ich sprach nicht mehr mit anderen… Ich war am Ende meiner Kräfte, als ich eine Frau traf, der ich mein Leiden mitteilen konnte, meinen Schrei der Verzweiflung. Da hat sie mir das Geheimnis der Freude verraten, die Freude zu lächeln, wenn man leidet. Anfangs wollte ich nicht, sosehr fühlte ich mich arm und schwach, unfähig zu lächeln. Dann nahm ich allen Mut zusammen und machte dieses Gelübde mit ihr.

Das erste Ja, das ich sagte, zog alles andere nach sich: Die Angst, die Traurigkeit, die Verzweiflung... alles stürzte ein. Und das erste Lächeln, das ich zustandebrachte nach drei oder vier Monaten, in denen ich nicht mehr lächelte, war ein großer Trost. Wenn ich jetzt einmal keine Lust habe zu lächeln, dann genügt es, mich an dieses Lächeln zu erinnern, und ich lächle wieder. Von diesem Augenblick an begann ich wieder zu leben. Dieses Gelübde der Freude ließ mich meine erste Schönheit wiederfinden, die die Schönheit des Reiches Gottes, der Gegenwart Gottes ist. Ich weiß jetzt, daß die Wirkung eines Lächelns für eine Person, die in Verzweiflung versunken ist, heilsam sein kann. Durch das Lächeln dieser Schwester konnte mich der Herr retten.»

Der Gesang

«Laßt in eurer Mitte Psalmen, Hymnen und Lieder erklingen, wie der Geist sie eingibt. Singt und jubelt aus vollem Herzen zum Lob des Herrn!» (Eph 5,19)

Der Tempel ist der Ort des unablässigen Lobpreises des Volkes für seinen Gott. Daher machen wir im Gesang die Erfahrung, vom Atem des Geistes durchdrungen zu werden, der über unsere Lippen kommt, um sich im Lobpreis zu Gott zu erheben. Musik und Gesang lassen die Saiten der Seele erklingen. Wenn man sagt «Wer singt, betet doppelt», bedeutet das, daß man durch den Gesang in einer ganzheitlicheren Weise einbezogen wird und daß die Musik in uns sehr tiefe Bereiche des Seins berührt; sie läßt uns in das Innere eintreten und öffnet in uns die Wege zu Gott. Sie ermöglicht uns, das Unaussprechliche auszusprechen.

Jede liturgische Ausdrucksform, die im alten Israel bekannt war, kam an den Tempel in Jerusalem. Sein großer Initiator, König David, hängte seine Harfe in ein Fenster, damit der Mitternachtswind ihre Saiten zum Klingen bringe. So ist auch unsere Seele wie eine Harfe in der Hand des Heiligen Geistes. Der christliche Gesang ist inspiriert. Das schönste Beispiel dafür ist der Gregorianische Choral. Dieser Choral ist nicht veraltet. Er ist wirklich das Zeugnis für den Gesang der Seele sowie für die ewige Jugend des Heiligen Geistes. Die jüngeren liturgischen Ausdruckformen wie der byzantinisch-russische

Gesang haben an derselben Salbung teil. Und wenn wir «in Sprachen singen» — wissen wir, ob wir nicht «Gregorianischen Choral» singen?

Wie die Engel, die uns das Sanktus (Jesaja) und das Gloria (Weihnachtsevangelium) gelehrt haben, sagen der Geist und die Kirche: «Komm!» So vereint der Gesang der Seele den Himmel und die Erde im gemeinsamen Lobpreis.

Die Entdeckung der Nigunim, Melodien mitteleuropäischer Juden, war eine große Gnade für unsere Gemeinschaft. Sie formten unseren Lobpreis, der charakterisiert ist durch die Intensität der Andacht, der Inbrunst und der Sehnsucht nach Gott. Der tiefe Sinn des Nigun im Chassidismus ist, die Freude zu pflegen, um die Traurigkeit zu bekämpfen. «Wonne und Freude stellen sich ein, Kummer und Seufzen entfliehen.» (Jes 35,10)

Der Nigun läßt uns von der Traurigkeit und Schwermut dieser Welt zur Freude der kommenden Welt gelangen. Er läßt uns in die Gegenwart Gottes eintreten. Er ist ein Gesang der Seele, ein Gesang, der aus den Tiefen unseres Seins kommt, um das Herz Gottes selbst zu berühren. Er kann mit oder ohne Worte gesungen werden, meistens auf den Silben «dai dai dai» oder «lai lai lai», die eine große Freiheit erlauben. Er verbindet uns unmittelbar mit der Quelle, die das Herz ist, und ermöglicht uns, alle Nuancen unseres Seelenzustandes in einer sehr großen Freiheit auszudrücken. Er stimmt mit dem Sprachengesang überein, dieser vom Heiligen Geist eingegebenen Melodie, von der der heilige Paulus im Korintherbrief spricht.

Der Nigun verbindet den Rhythmus mit der Melodie. Hier liegt ein Schlüssel zur Dichte der Andacht. Solange der Nigun nicht ganz seinen Platz eingenommen hat, bleiben die Musikinstrumente diskret, sie unterstützen die Stimme, die zum Instrument der Seele wird und ihren Adel enthüllt. Der Gesang steigt hinab und schwingt in den Tiefen, wie um Gott in die intimsten Bereiche unseres Seins einzulassen. Er wird stärker, er wird meditativ und geht fast ins Schweigen über, um dann neu hervorzubrechen und sich in die Höhe zu schwingen und alles Leid zu Gott zu erheben. Und plötzlich bricht, von unserer Schwere befreit, unsere Freude über seine Gegenwart und seine Liebe hervor.

Wir können die Freude weder vortäuschen noch künstlich aufdrängen, aber wir können von der Wirklichkeit, in der wir leben, ausgehen, um sie von Gott heimsuchen zu lassen. Der Nigun erlaubt uns, den ganzen Reichtum unserer Gefühle und Empfindungen auszudrücken: die Sehnsucht, die Klage, den Schrei des Leidens, die Tränen. Wir können unsere Sehnsucht nach Gott hinausrufen, in uns diesen Wunsch wieder wecken und uns an der Liebe entflammen. Hier allerdings müssen wir aufrichtig sein, wir müssen auf unser eigenes Herz hören mit allem, was sich darin befindet, auf die anderen hören, auf das Herz Gottes hören. Dann wird der Gesang Gemeinschaft, die Herzen vereinen sich im gleichen Streben, entzünden sich am gleichen Feuer, und Gott schenkt sich, manchmal mit großer Kraft. Wir werden von seiner Macht ergriffen, oder auch von Sanftheit und Zärtlichkeit. Das Zeichen der Echtheit besteht in der Tatsache, daß man fähig ist, vom stärksten Jubel in die tiefste Stille überzugehen. Die künstliche Freude führt zur Erregung und läßt uns in Unruhe zurück, manchmal mit einem noch bittereren Nachgeschmack, einem Rückfall in die Niedergeschlagenheit. Die Freude Gottes aber saugt die Traurigkeit auf.

Der Nigun entsteht aus der Besorgnis, auf das Sch'ma Israel, auf das Gebot der Liebe «Du sollst den Herrn, deinen Gott, lieben aus ganzem Herzen, aus ganzer Seele und mit all deiner Kraft» zu antworten. Er zeigt die Bestimmung jedes Wesens, Gott zu lieben, und belebt diese Sehnsucht in uns neu. Indem er uns in das Herz eintreten läßt, bringt er uns in Kontakt mit allen Fähigkeiten der Seele und ermöglicht ihre Entfaltung.

Das Streben nach Freude ist deshalb so wichtig, weil die Heilung von der Krankheit davon abhängt. Die Traurigkeit ist ja nicht nur etwas, was bekämpft werden soll, sondern sie ist die Quelle der Krankheit. Die Krankheit des Leibes ist zuerst eine Krankheit der Seele, und die Freude ist eine Art Therapie, die Heilung bringt. Die meisten Krankheiten kommen vom Verfall der Freude, vom Verfall des inneren Gesangs. Rabbi Jakob Josse von Lublin sagt: «Die wahre Versuchung ist nicht die Sünde, sondern die Traurigkeit, denn aus der Traurigkeit fällt man in die Sünde.»

Der Nigun baut sich auf als Suche nach Freude inmitten der Traurigkeit. Er bewirkt den Wiederaufbau der Seele derer, die singen, und derer, die zuhören. Er beginnt sehnsuchtsvoll, mit Stöhnen, Klagen, Liebeswehmut und Hilferufen, damit danach die Freude beginnt, hervorbricht und die ganze Versammlung ergreift. Wer in Sprachen singt, macht dieselbe Erfahrung, ergriffen zu werden vom Geist Gottes, der «für uns eintritt mit Seufzen, das wir nicht in Worte fassen können» (Röm 8,26).

Der Tanz

«Die Gerechten freuen sich und jubeln vor Gott; sie jauchzen in heller Freude. Singt für Gott, spielt seinem Namen; jubelt ihm zu, ihm, der auf den Wolken einherfährt! Preist seinen Namen! Freut euch vor seinem Angesicht!» (Ps 68,4-5)

Wie uns der Gesang in die Innerlichkeit führt, so erfordert der Tanz für Gott, daß man sich ganz in dieses Gebet des Leibes einbringt, das ein Überfließen des Herzens ist und uns in die Gegenwart Gottes stellt. Rabbi Nachman erklärt uns, wie der Leib durch den Tanz in den Lobpreis eintreten kann:

> «Das Herz hat großes Verlangen, sich zu Gott zu erheben und sich zu freuen, aber das Gewicht unseres physischen Leibes hat die Tendenz, uns zur Erde zurückzuholen. Anstatt den Leib schwerfällig werden zu lassen, erlaubt man im Tanz seinem Herzen, sich ganz zu erheben. Während des heiligen Tanzes ist der ganze Leib als Diener der Seele in einem Lobpreis Gottes.»

Der Rhythmus ist wesentlich im Leben. Er ist Zeichen des Lebens, wie der Rhythmus des Herzschlages. Der Mensch existiert nur, weil er einen Rhythmus des Herzens und des Geistes hat, und die Tatsache des Tanzes ist wie eine Bejahung der Lebensregung. Das Leben ist Bewegung, es ist Rhythmus. Darum sagt Rabbi Joseph von Lublin, daß die Depression bedeutet, nicht mehr im Rhythmus mit der Zeit zu sein. Wer Rhythmus sagt, sagt Tanz. Die Freude breitet sich im ganzen Leib aus, und man beginnt zu tanzen. Tanzen heißt, sich ganz und gar Gott auszuliefern, es heißt, ihm unsere Glieder in Danksagung anzubieten. Während des heiligen Tanzes erhebt sich der Leib und stellt sich in den Dienst der Herrlichkeit Gottes.

Wer singt, betet doppelt; was muß man dann vom Tanzen sagen? In dieser frommen jüdischen Erneuerungsbewegung stellt der Tanz eine so wichtige Form in der neuen Liturgie dar, daß er unverzichtbar wird für jede Versammlung, ob sie religiös oder weltlich ist.

> «Wenn der Chassid zu tanzen beginnt, erhebt er sich in schnellen und heftigen Sprüngen und Hüpfern, die Arme, von den Fingern bis zur Schulter, beginnen sich in sehr ausdrucksvollen Bewegungen zu beleben. Seine Ellbogen, die im täglichen Leben eng am furchtsamen Körper anliegen, sind plötzlich befreit, und seine Arme spannen sich zum Himmel aus in bezeichnenden und dramatischen Bewegungen, während der Kopf, der gewöhnlich gebeugt ist, sich erhebt und zurückgeworfen wird.»

Die Sprache des Tanzes ist älter als die menschliche Sprache, da die Bewegung des Leibes noch vor dem Wort Mitteilungen ermöglicht hat. Wenn man das Leben primitiver Völker studiert, sieht man, daß der Tanz ihre erste Ausdrucksform war und alle Ereignisse des täglichen Lebens begleitete.

Wenn der Tanz nicht auf Gott ausgerichtet ist, kann es geschehen, daß er zu einem bevorzugten Werkzeug des Teufels wird. Darum war er in der Kirche suspekt. Man erinnere sich an den heiligen Pfarrer von Ars, der seine Pfarrangehörigen auf die Gefahren des Tanzens aufmerksam gemacht hat. Tatsächlich drücken wir durch den Tanz das aus, was im Inneren ist. Wenn es die Sehnsucht nach Gott ist, dann wird sie uns erheben, aber wenn wir von unseren Instinkten beherrscht sind, kann uns der Tanz weit mit sich fortreißen und nur mehr Ausdruck dieser Leidenschaften sein, denen er die Möglichkeit gibt, sich zu verkörpern. Man sieht das in der Episode vom Goldenen Kalb in der Wüste. Der götzendienerische Tanz endete immer in Ausschweifung und Orgien.

Heute haben die Rhythmen gewisser moderner Musikrichtungen fatale Auswirkungen auf die Zuhörer, sie wecken Regungen der Gewalt, des Todes und alles möglichen Negativen. Im Neuen Testament gibt es das Beispiel des Tanzes von Salome, eines erotischen Tanzes, eines Tanzes der Verführung, der alle Blicke auf sich selbst lenken möchte, um herrschen zu können und die anderen in Knechtschaft zu bringen. Dieser Tanz brachte Johannes dem Täufer den Tod.

Aber es gibt auch den Tanz Mariens. Selbst wenn das Wort Tanz nicht ausdrücklich verwendet wird, sind alle Gesten Mariens wie ein Tanz. Sofort nach der Verkündigung eilt sie, um ihrer Verwandten Elisabeth zu Hilfe zu kommen, und ihr Lauf ist leicht und anmutig. «Horch! Mein Geliebter! Sieh da, er kommt. Er springt über die Berge, hüpft über die Hügel», sagt das Hohelied (Hld 2,8)! Es ist dieser Geliebte, der im Schoß Mariens ist und der Johannes den Täufer im Schoß seiner Mutter tanzen läßt: «In dem Augenblick, als ich deinen Gruß hörte, hüpfte das Kind vor Freude in meinem Leib» (Lk 1,44).

Das Wort «hüpfen», das hier verwendet wird, ist das gleiche Wort, das gebraucht wird, um vom Tanz Davids vor der Bundeslade zu sprechen, «wie König David vor dem Herrn hüpfte und tanzte» (2 Sam 6,16). Und auch Maria tanzte; man kann sich Maria nicht unbeweglich vorstellen, während sich ihr ganzes Wesen in Danksagung befindet: «Meine Seele preist die Größe des Herrn, und mein Geist jubelt über Gott, meinen Retter.» (Lk 1,46f)

Wie wunderbar hat es eine unserer Schwestern anläßlich ihrer Begegnung mit der Barmherzigkeit Jesu ausgedrückt: «Alle Fasern meines Wesens begannen zu tanzen.» So kann man sich das Magnifikat vorstellen.

Der mystische Tanz

Der religiöse Tanz ist Ausdruck der geistlichen Freude. Er ist ein Gebet, das nicht nur in Worten oder in einer Melodie, sondern auch in den Gesten des ganzen Wesens ausgedrückt wird; Leib und Seele entfalten sich frei. Er kann ein Gebet der Anbetung sein und zu einer ekstatischen Betrachtung inmitten der Bewegung werden, wenn der Gläubige, mitgerissen von der Glut seiner Liebe und seiner Freude, wie David vor der Bundeslade tanzt.

Guillaume de Saint-Thierry sagte von David: «Er gefiel Gott im Tanzen, nicht aufgrund seines Tanzes, sondern aufgrund seiner Liebe.» Der Tanz wird bei den Mystikern auch zum Ausdruck ihrer Trunkenheit der Liebe. Diese fühlbare Trunkenheit der Liebe zwingt dazu, sozusagen wider Willen «aufzuspringen» und auf diese Weise den inneren Jubel auszudrücken.

Man findet im Leben der Heiligen Beispiele dafür, wie der Tanz durch Liebeserfahrungen ausgelöst wurde. Pascal Baylon tanzte vor einer Statue der Jungfrau Maria, Gérard Magella tanzte manchmal während seiner Ekstasen. Wenn Philipp Neri die Messe feierte, wurde er von heftiger Bewegung ergriffen, die selbst den Altar verrückte. Von einer unwiderstehlichen Bewegung erschüttert, konnte er nicht anders als tanzen.

Von Theresia von Avila heißt es:

> «Manchmal waren ihre Liebesanmutungen so stark, daß sie sie nicht unterdrücken konnte. Dann nahm sie ihr Tamburin, verließ ihre Zelle und, von wachsender Inbrunst hingerissen, begann sie zu tanzen. Ihre Töchter begleiteten den Rhythmus ihres Tanzes mit Kastagnetten oder Händeklatschen, dann begann die Mutter plötzlich zu improvisieren.»

Anna von Jesus, Lieblingstochter von Theresia von Avila, sagte:

> «Eines Tages, während des Gesangs, als sie das göttliche Feuer, das sie ergriff, nicht mehr verbergen konnte, führte sie alle ihre Töchter (des Karmels) vor das Allerheiligste, wo man die ehrwürdige Mutter, begeistert wie David vor der Bundeslade, einige Runden im Chor drehen sah, während sie sang und nach spanischer Sitte in die Hände klatschte, aber mit soviel Würde, Sanftheit und Ernst, daß man beim Zusehen von heiligem Respekt ergriffen wurde und sich innerlich berührt und zu Gott erhoben fühlte.»

Wie könnte man auch Franz von Assisi unerwähnt lassen, der vor dem Papst, dem Stellvertreter Christi, zu tanzen begann im Anklang an David, der vor der Bundeslade tanzte!

Bei den Heiligen offenbart der Tanz seine wahre Natur und erreicht seinen Höhepunkt. Er kann Empfindungen der Anbetung oder der demütigen Bitte ausdrücken und zum Gebet werden. Der mystische Tanz ist ein Hervorbrechen des Jubels der Seele, er drückt körperlich den Zustand der geistigen Trunkenheit aus und beruhigt diesen unmerklich.

Die Erfahrungen des Tanzes in der Gemeinschaft

Von Beginn des gemeinschaftlichen Lebens an haben wir den Sinn für das Leben in allen seinen Dimensionen wiedergefunden: den Sinn der Arbeit und des Sabbats, den Sinn der Askese und des Festes, den Sinn der Armut und der Schönheit. Das Leben ist schön, wenn es einen Sinn hat. Wenn man sein Leben Gott gibt, erhält alles einen Sinn. Die kleinste Geste, das kleinste Wort gewinnt plötzlich eine Dimension der Ewigkeit. Alles ist auf den Dienst Gottes hingeordnet, alles ist auf Gott ausgerichtet, alles verbindet uns mit ihm. «Tut alles zur Verherrlichung Gottes!» (1 Kor 10,31). Das Leben wird zu einer Liturgie, in der alles die Ehre Gottes feiert. Die Schönheit der Orte, die Art, in welcher wir unsere Häuser zum Empfang bereiten, die Schönheit der Gesänge, das Strahlen der Gesichter, alles soll Zeichen der Gegenwart Gottes sein. Er läßt uns den Sinn für die Schönheit unseres Lebens wiederfinden in unserer Art zu sein.

Im Judentum fragt man dich nicht, woran du glaubst, welche Meinung du von Gott hast, sondern was deine Lebensweise beeinflußt. Wie verändert die Tatsache, daß du an Gott glaubst, deine Art zu denken, zu essen, deine Kinder zu erziehen, dich zu entspannen, zu lieben?

Für uns war der Tanz immer die Fortsetzung unserer Feiern. Am Anfang tanzten wir an den Sabbatabenden. Nach den Gesängen kam der Tanz und der Freudenausbruch. Später wollten wir dem Sabbat einen intimeren und mehr familiären Charakter vorbehalten, und wir behielten uns die Tänze für die Feier der Auferstehungsfreude vor. Betend zu tanzen, unter dem Blick des Vaters und in brüderlicher Gemeinschaft, ist für viele eine sehr starke Erfahrung, ein Weg der inneren Heilung, der Annahme seiner selbst, seines Leibes, seiner Identität als Mann oder als Frau. Um diese Zeit besser im Gebet verbringen zu können, veranstalteten wir Tanz- und Gebetsseminare, um zu dieser Erfahrung zu gelangen, in den Blick des Vaters einzutreten und uns mit uns selbst zu versöhnen.

David, 18 Jahre, schrieb mir neulich:

> «Nach mehrjähriger Praxis im Tanzen machte ich eine erstaunliche Erfahrung, als ich versuchte, die israelischen Tänze unter dem Blick Gottes zu tanzen. Diese Geste blockierte mich, jene Bewegung

schien nicht echt zu sein… Ich war wirklich überrascht und wußte nicht, was los war. Dann verstand ich plötzlich, daß mir mein Leib über mich erzählte und daß er mir viel über mein Herz und meine Seele zu sagen hatte. Er enthüllte mir Verwundungen, er belog mich nicht, er paktierte nicht. Er war mein Gedächtnis, und zuerst erschrak ich darüber sehr.

Trotzdem tanzte ich weiterhin für Gott, und nach und nach, ganz sachte, nahm der Herr meine Hand, und ich begann langsam meinen Leib zu fühlen, zu fühlen, daß mein Herz mit meinen Händen aufstieg, wenn ich sie erhob, daß meine Seele mit meinen Füßen bebte, wenn ich auf die Erde stampfte. Endlich bewohnte ich meinen Leib. Der Herr konnte meine Hände, mein ganzes Wesen durchdringen.

Das erste, was er heilte, waren meine Augen. Mit einem Schlag und zum ersten Mal wurde mir bewußt, was ich sah. Ich fühlte mich angesehen, betrachtet, bewundert mit meinen Augen aus Fleisch. Zum ersten Mal verstand ich mit meinem Kopf, mit meinem Herzen, mit meinem ganzen Sein, daß mein Leib dem Lob Gottes dienen konnte, daß durch ihn mein Leben zum Lobpreis werden konnte, daß ich mit dem Leib Geschöpf der Liebe, ein Sohn der Liebe bin und daß Gott mein Schöpfer, mein Papa ist.»

Es ist immer erschütternd zu sehen, wie ein junger Bursch zu einem Mann wird, seine Männlichkeit ohne Angst bejaht und unter dem Blick Gottes seine Integrität findet. Das gleiche gilt für junge Mädchen oder Frauen, die plötzlich das Glück entdecken, Frau zu sein, schön unter dem Blick des Vaters, und die sich mit ihrem Leib versöhnen.

Valerie machte diese Erfahrung bei einem Tanz, der die freudenreichen Geheimnisse Mariens zur Sprache bringt. Er heißt «Tefilati», was im Hebräischen «mein Gebet» bedeutet.

«Bei einem Tanzwochenende letztes Jahr tanzte uns eine Schwester der Gemeinschaft allein den "Tefilati" vor. Sie erklärte uns, was ihr dieser Tanz bedeutete, seit sie die fünf freudenreichen Geheimnisse des Rosenkranzes tanzend in ihr Herz aufgenommen hatte. Als ich ihr zusah, war ich plötzlich begeistert. Ich muß ihn lernen! Dann begann sie uns die Schritte zu erklären, daraufhin tanzten wir mit ihr. Als sie gegangen war, blieben drei von uns zurück, um den Tanz zu probieren und sich an die Schritte zu erinnern. Wir hielten durch, und nach einer Stunde war es uns endlich gelungen.

Welche Freude, welches Glück wir in diesem Augenblick fühlten, kann ich unmöglich in Worte fassen! Wir tanzten ihn einmal, zweimal, dreimal... bis zum frühen Morgen. Ich fühlte mich glücklich, frei, befreit. Ich tanzte für Gott. Während des ganzen Tanzes fühlte ich, wie sich mein Leib entspannte, ich hatte den Eindruck, ich selbst zu werden und endlich in meinem Leib zu Hause zu sein, ihn zu bewohnen und ihn anzunehmen, wie er ist. Mein Leib und meine Seele waren endlich eins, sie waren ein einziger Lobpreis Gottes.

Wodurch wurde diese Befreiung, diese Veränderung bewirkt? Ich tanzte für Gott und unter seinem Blick. In diesem Augenblick war er nicht mehr ein ferner Gott, sondern er war mein Vater, mein Papa, und ich war sein geliebtes Kind, glücklich und stolz, mich vor meinem Vater zu entfalten. Glücklich und stolz, in diesem Blick, der mich umfing, Zärtlichkeit, Stolz und Liebe zu lesen, die mich erhoben und wachsen ließen. In diesem Augenblick verstand und genoß ich wirklich, was ein Vater ist und welches Glück, welche Freude es ist, zu wachsen und beständig unter einem solchen Blick der Liebe zu leben.

In den Augen meines himmlischen Vaters fand ich mich in diesem Augenblick schön und liebenswert. Ich begann, mich in meinem Leib wohlzufühlen, weil ich mich in den Augen meines Vaters schön fand. Ich fühlte mich leicht, ich selbst, glücklich... In dieser Nacht erhielt ich von meinem lieben Vater ein wunderbares Geschenk: er gab mir meine Identität als Frau, er gab meinem ganzen Wesen die Einheit wieder und vor allem erwies er mir (und er tut es immer noch) seine Zärtlichkeit auf tausend und eine Weise, mit Sanftheit und Zartheit, im Gebet, vor allem während der Eucharistie, aber auch durch meine Familie, meine Freunde, meine Brüder und Schwestern in der Gemeinschaft.

Er setzt sein Werk fort, indem er mich jeden Tag einfacher werden läßt, und oft, wenn ich den "Tefilati" tanze, erfahre ich von neuem dieses ungeheure Glück, unter dem Blick des Vaters zu leben, der uns mit einer verrückten Liebe liebt. Mein Leib, mein Geist, mein Herz, mein ganzes wiedervereintes Wesen ist in Danksagung und hört nicht auf, diesen Gott der Liebe zu loben und ihm zu danken, der uns so nahe gekommen ist, der so zärtlich und gegenwärtig ist.»

Sophies Erfahrung war schmerzlicher, denn durch den Tanz in ihrem Leib zu leben, ließ die Erinnerung an traumatische Erlebnisse bei ihrer Geburt und in ihrer Kindheit wieder hochkommen. Aber dadurch konnte sie einen Weg der tiefen Heilung beschreiten, wie sie in einem Brief erzählt, den sie mir zu veröffentlichen gestattete:

> «Das Wort, das der Herr im Buch des Propheten Ezechiel an Jerusalem richtet, faßt am besten zusammen, was ich erlebt habe: "Da kam ich an dir vorüber und sah dich in deinem Blut zappeln; und ich sagte zu dir, als du blutverschmiert dalagst: Bleib am Leben! Wie eine Blume auf der Wiese ließ ich dich wachsen." (Ez 16,6f)
>
> Ich kämpfte bereits seit einigen Wochen und hatte wieder Lust zu sterben. Ich war sehr mutlos. Samstag abend begann ich, ein bißchen mit Gewalt, aber ohne Freude, den "Tefilati" zu tanzen. Ich fühlte mich von meinem eigenen Rückzug auf mich gefangen, von der Verschlossenheit meines Herzens gegenüber der Liebe Gottes. Aber da schenkte mir Maria etwas, was ich seit langem von ihr erbeten hatte: den "Tefilati" mit ihr tanzen zu können.
>
> Das ist für mich etwas, was nicht leicht ist. Das erste Mal, als wir diesen Tanz lernten, konnte ich ihn nicht tanzen. Es war zu schmerzhaft für mich, weil du erklärtest, wie wir bei den ersten Schritten Maria bei der Verkündigung sehen können: die Aufnahmebereitschaft und Offenheit der Frau für Gott, für das Leben, für die Fruchtbarkeit. Du sprachst auch von der Reinheit und sagtest, daß dieser Tanz eine Gnade der Reinheit beinhalte.
>
> Wie ich dir gesagt hatte, hat mich mein Stiefvater mißbraucht, als ich dreizehn Jahre alt war. Meine erste Erfahrung mit dem Mann war also so traumatisierend, daß es mir unmöglich schien, mich der Liebe des Herrn zu öffnen und etwas zu tanzen, was eine Gnade der Reinheit und der Weiblichkeit beinhaltet.
>
> Aber durch Maria schenkte mir der Herr, endlich den "Tefilati" tanzen zu können und dadurch Gott mein Herz zu öffnen und seine Liebe und seinen Willen für mich anzunehmen. Nach und nach heilte er in der Tiefe diese Angst und diese Furcht, mit Leib und Seele geliebt zu werden. Ich glaube, daß ich auch durch Maria mich ganz lieben lassen kann und daß sie durch die Reinheit ihres Herzens meinen Leib reinigen kann, mich unter ihren Mantel der Reinheit nimmt und mir ermöglicht, mich vom Herrn selbst mit der

Schönheit bekleiden zu lassen, wie der Prophet Jesaja sagt: "Dein Gott wird dein strahlender Glanz sein." (Jes 60,19)
Länger als ein Jahr konnte ich im gemeinschaftlichen Leben nicht tanzen, ausgenommen die wenigen Male, wo es sich nicht vermeiden ließ. Die Wiederholungen der Tänze waren für mich immer ein furchtbarer Augenblick. Es war eine Qual, ich hatte jedesmal Lust zu sterben. Meine geistliche Begleiterin sagte mir, daß der Tanz das Leben sei und daß ich, weil man nicht wollte, daß ich lebe, als Reaktion darauf selbst entschieden hätte, nicht zu leben (nicht zu tanzen, nicht zu essen...). Sie zeigte mir, wie sehr der Herr gewollt hatte, daß ich lebe, daß er mir das Leben geschenkt hatte, aber vor allem, daß er mir heute vorschlug, das Leben zu wählen. Ich befand mich nicht mehr in der Situation des hilflosen Opfers, sondern in der Situation der Wahl, der Freiheit, und ich hatte diese Freiheit, selbst das Leben zu wählen: "Ich lege vor dich das Leben und das Glück, den Tod und das Unglück, wähle also das Leben, damit du lebst." Der Herr sagte mir: "Ja, das ist wirklich passiert, aber ich schlage dir vor, das Leben zu wählen, dich für das Leben zu entscheiden und allen Todesentscheidungen zu widersagen, die du selbst getroffen hast."
Ich bekam auch den Text der Tochter des Jairus: "Weint nicht, das Mädchen ist nicht gestorben, es schläft nur." Da wurde mir schließlich bewußt, daß man wirklich versucht hatte, mich zu töten, aber daß ich nicht gestorben war!!! Daß ich nur ein schlafendes Kind war, das aufstehen und sich für das Leben entscheiden konnte. Von diesem Augenblick an konnte ich zum ersten Mal zu tanzen beginnen, und es war ein unermeßliches Glück, mich lebend, lebendig zu fühlen, in mir das Leben zu fühlen.»

Wenn auch die israelischen Tänze ein Einüben verlangen, eine Beherrschung des Leibes, um gemeinsam in die gleiche Bewegung einzutreten, so erfordert der Tanz für Gott überhaupt keine Übung, er ist ganz frei. Es ist ein großes Glück, mit unserem ganzen Sein frei unsere Liebe zum Herrn ausdrücken zu können.

Übung:

Warum sollte man nicht von Zeit zu Zeit eine CD oder eine Kassette einlegen und in seinem Zimmer für die Liebe Gottes tanzen, um ihm so seine Dankbarkeit für das Geschenk des Lebens, für seinen Leib, seine Gesundheit und alles, worüber wir uns auf der Welt freuen, auszudrücken? Mach die Bewegungen, die dir ganz von selbst kommen, und lerne die Sprache deines Leibes zu entdecken.

Die Geste

«Da der Mensch ein zugleich leibliches und geistiges Wesen ist, äußert und gewahrt er die geistigen Wirklichkeiten durch materielle Zeichen und Symbole.»[13] Also ist jede Geste bedeutsam und drückt die Bewegung der Seele zu Gott aus, die Offenheit, die Reue, die innere Sammlung, das Hören, das Aufnehmen, die Anbetung oder die Danksagung. Wenn wir die Geste bewohnen und sie nicht mehr mechanisch machen, vereinigen sich Leib und Seele in einem intensiven Gebet, das uns in Gott gründet. Es ist wie ein innerer Tanz. Die Bewegung verinnerlicht sich und der Leib gehorcht den Anregungen der Seele, um dem Geliebten seine Sehnsucht auszudrücken und ihn mit dem ganzen Sein aufzunehmen.

Ich hatte wiederholt die Ehre, in ein kontemplatives Kloster eingeladen zu werden, um die Schwestern im Tanz zu unterweisen. Es war eine sehr berührende Erfahrung. Ich muß gestehen, daß ich das erste Mal, als ich mich diesen Schwestern gegenübersah, von denen die meisten schon lange im «dritten Lebensabschnitt» waren, etwas verunsichert war, weil ich nicht wußte, was ich machen sollte. Zudem hatte ich meine Musikkassetten vergessen und stand mit leeren Händen da. Über kleine, ganz einfache Refrains aus dem Wort Gottes beteten wir dann mit unseren Händen, mit unseren Armen, mit unseren Füßen, mit unserem Leib. Nicht eine einzige Schwester drückte sich. Es war so schön zu sehen, wie sie mit großer Einfachheit dieses Gebärdengebet vollzogen.

13 Katechismus der Katholischen Kirche, 1146

Als ich einige Wochen später wieder kam, flüsterte mir eine von ihnen ins Ohr, indem sie mir ihr Knie zeigte: «Wissen Sie, ich wurde operiert, ich kann nicht tanzen, aber seit Sie hier waren, wiederhole ich jeden Morgen die Gesten, die Sie uns gezeigt haben, gleich nach dem Aufstehen, bevor ich in die Kapelle gehe, und mein Gebet hat sich völlig gewandelt.» Ich habe sie seither mehrere Male wiedergesehen; sie blieb beharrlich in dieser Gnade.

Die Geste gibt unserer inneren Wirklichkeit Fleisch und Leben. Sie läßt uns tiefer in das Gebet eintreten, aber sie läßt uns auch ausdrücken, was in uns ist, läßt uns unserer tiefen Identität bewußt werden. Es kann hier eine Umerziehung der Geste geben, die zur Befreiung der Weiblichkeit oder der Männlichkeit verhilft.

Virginia machte nach einem Tanzseminar folgende Feststellung:

> *«Von den ersten Übungen der Schritte an wurde mir klar, wie schmerzhaft gewisse Gesten für mich waren, weil sie an eine Verletzung der Identität rührten. Ich sah, welche Schwierigkeiten ich hatte, weiblich in meinen Gesten zu sein, besonders aufgrund des Blickes, den ich auf mich richtete und der jeden weiblichen und mütterlichen Ausdruck verurteilte... Während dieses Kurses lernte ich, Mut zu dieser Weiblichkeit zu haben und sie nach all diesen Jahren der Gefangenschaft befreien zu lassen! Mir wurde bewußt, daß man dieselbe Geste auf männliche oder weibliche Weise machen kann.»* Das wurde für sie der Beginn einer tiefen Umerziehung, die sich auf alle ihre Haltungen ausdehnte: sich zu bewegen, sich zu benehmen, zu essen, zu gehen; alles änderte sich.

Sehr oft verleitet das Tragen von Hosen die jungen Mädchen zu gewissen Haltungen. Julia bezeugte während eines Kurses, wie ihr das Tanzen in einem Kleid dazu verholfen hat, sich ihres Leibes als Frau bewußt zu werden:

> «Vorher trug ich nie Kleider. Ich war immer in Hosen. Mein Verhalten war hart und aggressiv. Ich akzeptierte meine Identität als Frau nicht. Das Tanzen "unter dem Blick des Vaters" ließ mich meines Leibes als Frau bewußt werden, ihn annehmen und ihn lieben.»

Die Innerlichkeit der Geste

* Seinen Gesten Sinn geben

Es kommt oft vor, daß manche eine große Geschicklichkeit im Tanz haben, aber sie sind in ihm ebenso wenig zu Hause wie in ihrem Leib. Mit seinem Leib handeln zu können, bedeutet nicht automatisch, ihn zu bewohnen. Man kann zu seinem eigenen Vergnügen tanzen, um zu «glänzen», indem man einzig mit sich selbst beschäftigt ist, und man kann tanzen, weil man von Gott bewohnt ist und weil diese Gegenwart uns vor Freude jubeln läßt.

Vor einigen Jahren haben wir ein Theaterstück über den Sonnengesang des heiligen Franziskus aufgeführt. Wir sind keine Fachleute, und die Brüder, die bereit waren, beim Theater mitzumachen, waren nicht besonders für den Tanz begabt. Manche waren sogar fast behindert. Und dennoch war der Theaterabend berührend. Sie hatten aus ganzem Herzen gearbeitet, aber sie behielten ihre Ungeschicklichkeit, und genau das war so berührend: Ihre Ungeschicklichkeit wurde dargeboten, und sie war schön. Ihre Gesten waren nicht perfekt, ihre Bewegungen nicht immer ästhetisch, aber sie beteten ihre Gesten, und das machte sie wahr. Ihre dargebotene Armut war herrlich, und Gott wirkte mit großer Kraft durch sie.

* Die Schönheit und die Richtigkeit

Ein weiteres Ereignis war wie eine Erleuchtung für mich. Es war während eines Tanzseminars. Nach der ganzen inneren Arbeit waren wir am letzten Tag einladen, in kleinen Gruppen frei zu einer Musik zu tanzen. Jede Gruppe sollte vor den anderen tanzen, und das verlangte von jedem, sich in die Gegenwart Gottes zu stellen, um nicht durch den Blick der anderen gelähmt zu werden bei dieser Übung, die eine Auslieferung erforderte. Es gab sehr schöne Darbietungen. Manche wirbelten in ästhetischen Drehungen, andere waren schüchterner und erfanden nichts. Was mich aber an diesem Tag erschütterte, war die Geste einer Frau von etwa fünfzig Jahren, die in ihrem Eheleben und in ihrem Leib viel gelitten hatte, da ihr die Gebärmutter entfernt werden mußte. Als eine schöne Frau mußte sie zusehen, wie sich ihr Körper entstellte, und sie haßte sich. Dieser Kurs nun bewegte viel in ihr. Der Tanz begann mit einer Niederwerfung, von der aus sich jeder erhob und improvisierte, was in seinem Herzen war. Meine Augen wurden von dieser Frau angezogen. Sie erhob sich sehr langsam, blieb auf ihren Fersen sitzen, und das einzige, was sie machen konnte, war, ihre Hände in einer flehenden Geste zum Himmel zu erheben. Ihr ganzes Wesen war gespannt in dem Ausdruck dessen, was in ihr war. Es war ergreifend schön, weil es echt war. Ihre Geste war richtig. Man fühlte die ganze Tiefe ihres Leidens und ihres Flehens zu Gott.

Das lehrte mich viel über den Tanz, über die Schönheit. Ich verstand, daß Schönheit nichts mit Ästhetizismus zu tun hat. Schön ist, was wahr ist, und wahr ist, was in der Gegenwart Gottes gelebt wird. Wir sind schön, wenn wir wir selbst sind, wenn wir nicht versuchen, jemand anderer zu sein, sondern wenn wir keine Angst mehr haben, zu sein, was wir sind, weil Gott da ist. Die Schönheit der Geste liegt in ihrer Richtigkeit, wenn das Innere mit dem Äußeren übereinstimmt. Jedes Mal, wenn wir den Dingen und Gesten Sinn geben, können sie einen tiefen Einfluß auf uns haben. Wenn man die Richtigkeit der Gesten verliert, verliert man das physische, aber auch das geistige und seelische Gleichgewicht.

Eine Geste, die automatisch und unüberlegt gemacht wird, kann keine Wirkung auf uns oder andere haben. Dieselbe Geste, bewußt gesetzt, öffnet uns eine ganze Welt. Alles gewinnt Farbe und Schönheit. Es ist eine Lebenskunst. Die Art, wie wir leben, wie wir unsere Gesten ausführen, kann uns in Gott eintreten lassen oder überhaupt nichts bewirken.

> Virginia, die an einem Seminar teilgenommen hatte, sagte mir: «Zwischen den beiden Seminaren lernte ich, mir die Zähne zu putzen. Sie weckten in uns den Wunsch, alles in der Tiefe zu leben. Es gibt nichts Banales. Man hat keine Lust, den Schatz der Gegenwart Gottes zu verlieren, der sich durch jede Geste mitteilt. Was mich betrifft, so habe ich verstanden, daß das das immerwährende Gebet ist: in der Gegenwart Gottes gegenwärtig zu sein.»

* Der Leib, Tempel der Schönheit

In den Tempel eintreten bedeutet, sich in die Gegenwart Gottes zu stellen. Gott ist Liebe, Gott ist Licht, Gott ist Güte, Gott ist Schönheit. Unter seinem Blick leben heißt, sich von seiner Liebe, seinem Licht, seiner Güte, seiner Schönheit bekleiden zu lassen.

Die Schönheit ist zurückzuführen auf die Einwohnung Gottes in uns, die verklärt, was durch die Erbsünde entstellt wurde. Sie kommt nicht aus der Übereinstimmung mit den Gesetzen der Mode, sondern aus der Gegenwart der Herrlichkeit Gottes in jedem Menschen. Sie ist also nicht einer Elite «der von der Natur Begünstigten» vorbehalten oder denen, die die finanziellen Mittel besitzen, um ihr Aussehen aufzumöbeln. Sie ist allen zugänglich, sie wird denen geschenkt, die sich hingeben und die nicht mehr auf sich selber blicken, sondern sich unter den Blick Gottes stellen, der ihnen die Würde von Königskindern verleiht.

* Das Gesicht und der Blick

Das Gesicht ist der Ausdruck des Herzens, der Spiegel der Seele. «Es gibt nichts Schöneres auf der Welt als das Gesicht eines glücklichen Menschen.» (Malkovski). Es gibt nichts Schöneres als das Gesicht eines Menschen, der liebt und geliebt wird, der betet und ganz ruhig und mit Gott vereint ist.

Wir drücken unsere Empfindungen durch das Gesicht, durch den Blick aus. Im Tanz sieht man vor allem am Gesicht, was es uns sagen will, und der ganze Körper ist die Verlängerung dessen, was das Gesicht ausdrückt. Durch den Blick wird man die Freude, die Begeisterung, die Innerlichkeit, das Geschenk seiner selbst oder die Hingabe ausdrücken. Er wird immer ausgerichtet, ausdrucksvoll und dicht sein.

* Die Hände

Die Hände sind mit dem Gesicht der geistigste Teil des Menschen. Uns ist nicht bewußt, was man mit seinen Händen alles machen kann, was man damit alles ausdrücken kann. Unsere Hände sind im Dienst unseres ganzen Leibes, im Dienst der Sünde sowie im Dienst der Liebe. Im Tanz drücken sie alle Nuancen unseres inneren Zustands aus: geöffnete Hände, dargebotene Hände, Hände um zu empfangen und zu geben, ausgestreckte Hände, betende Hände, flehende Hände, anbetende Hände. Oft wissen wir nicht, was wir mit unseren Händen machen sollen. Sie hängen bewegungslos und ausdruckslos an unserem Körper, man überkreuzt sie, indem man sie an die Brust drückt, oder man steckt sie in die Taschen, um sich Haltung zu geben. Wir müssen das Leben bis in unsere Hände, bis in unsere Fingerspitzen fühlen. Unsere Hände sollen leben, unsere Hände sollen tanzen.

Wenn wir die Gesten Marias, die Gesten Josefs betrachten, werden wir zur Integrität umerzogen. Wir müssen den Sinn der Worte sowie den Sinn der Gesten wiederfinden, die Weise, wie unser ganzes Sein zu einem Gottesdienst wird, zu einer Feier der Herrlichkeit Gottes.

Die Heiligung des Raumes

Im Tanz für Gott wird der Raum heilig, das heißt ein ausgesonderter Ort, den er erwählt hat, um sich kundzutun. Wie es das Gebet von Lanza del Vasto ausdrückt:

«Schließen wir den Kreis und bauen wir einen Tempel im Wind.
Machen wir aus diesem x-beliebigen Ort einen Tempel,
denn die Zeit ist gekommen,
im Geist und in der Wahrheit anzubeten.»

Lernen wir, uns im Raum einzuordnen, lernen wir, uns im Verhältnis zu Gott und im Verhältnis zu den anderen einzuordnen!

Das Zentrum des Kreises symbolisiert Gott in unserer Mitte, den Immanuel, den Gott mit uns. Aber Gott ist auch in unserer eigenen Mitte, in der «innersten Mitte», von der Theresia von Avila spricht. Durch unseren Leib werden wir uns dieser Mitte bewußt, die in uns ist, Gott in uns, Gott im Innersten unseres Wesens, der immanente Gott.

Aber Gott ist auch außerhalb von uns. Er ist «im Himmel», er thront «in den Höhen». Die Bewegung zur Höhe und in die Mitte drückt unsere Sehnsucht nach ihm aus. Er ist mitten unter uns, und wenn wir in die Mitte gehen, nähern wir uns Ihm.

Der Gang im Kreis symbolisiert unser Leben, unsere Beziehungen zu den anderen, unsere Arbeit.

Die Vertikale und die Horizontale drücken unser geistliches Leben aus: die Liebe zu Gott, das Streben nach «höheren» Wirklichkeiten, und die Liebe zum Nächsten, der Wunsch, gemeinsam zu handeln.

Das Kreuz ist die Versöhnung dieser beiden Dimensionen, der Hingabe unseres Lebens für Gott und für die Menschen. Der heilige Johannes sagt uns: «Wenn jemand sagt: Ich liebe Gott!, aber seinen Bruder haßt, ist er ein Lügner.» (1 Joh 4,20)

Übungen:

Hier ohne Anspruch auf Vollständigkeit einige andere kleine Mittel, um in die Praxis umzusetzen, was gesagt wurde:
Wähle frei aus dem Folgenden, was du sofort in die Tat umsetzen kannst. Das wird eine Weise sein, die Geste mit dem Wort zu verbinden.[1] Denn jedesmal, wenn wir die Geste mit dem Wort verbinden, prägt sich das tief in uns ein.

Stellen wir uns aufrecht hin, in der Haltung der Verfügbarkeit für Gott:

«An Brand- und Speiseopfern hast du kein Gefallen, aber du hast mir einen Leib bereitet. Siehe ich komme; deinen Willen zu tun, macht mir Freude.» (vgl. Ps 40,7-9 und Hebr 10,5-7)

Machen wir wie der kleine Samuel, der sich bei seinen Namen gerufen hörte, einen Schritt vorwärts und bieten wir unsere Hände dar, fühlen wir, wie sie lebendig sind, und sagen wir: «Hier bin ich!»

Legen wir unser ganzes Sein in unsere Hände und erheben wir sie in einer Geste des Opfers zum Vater: «Vater, hier bin ich, deinen Willen zu tun.»

Strecken wir unsere Hände zum Vater empor, damit er die Sehnsucht unseres ganzen Wesens sieht, und nehmen wir sie langsam wieder herunter, um zu empfangen, was er uns schenken will. Kreuzen wir unsere Hände und legen wir sie auf unser Herz in der Haltung Mariens. Fühlen wir, daß Gott in uns ist, daß er lebt, daß wir Tabernakel des lebendigen Gottes sind. Wir sind wie Maria bei der Verkündigung, die das Wort Gottes, den göttlichen Samen in ihrem Schoß empfängt. Und Maria kann nicht anders, als zu ihrer Verwandten Elisabeth zu eilen, um ihr die Gegenwart Gottes zu überbringen.

1 Marcel Jousse erstellte eine ganze Studie, ausgehend von den Traditionen des biblischen Volkes, die er «Die Anthropologie der Geste» nannte. Er zeigt darin, wie der Leib Erinnerung ist und wie die Annahme des Wortes in der Geste hilft, uns daran zu erinnern.

Achten wir bewußt auf den Rhythmus des Herzens. Hören wir es in unserer Brust schlagen. Bei jedem Schlag können wir sagen: Jesus! Oder auch: Liebe. Lassen wir diesen Schlag unser ganzes Sein durchdringen, in einer Schwingung der Liebe.

Achten wir bewußt auf den Rhythmus des Atems. Der Atem ist das Leben, er ist der Beginn von allem. Es ist dieser göttliche Atem, der in der Genesis über den Wassern schwebte. Es ist dieser Atem, den Gott in die Nase Adams blies, nachdem Himmel und Erde gebildet waren, der Atem des Lebens. Es ist der Atem, den wir bei der Geburt empfangen, wenn wir den Mutterschoß verlassen, der erste Atemzug, der erste Schrei, und es ist der Atem, der in uns bleibt bis zum letzten Atemzug, bis wir zum letzten Mal ausatmen.

Der Rhythmus

Achten wir bewußt auf unsere Atmung, lauschen wir auf den Rhythmus unseres Herzschlages. Entspannen wir uns tief, lassen wir unsere Atmung sich vertiefen, lassen wir den Atem unseren ganzen Leib erfüllen und uns weit machen.

Am Anfang wird es in einer ausgestreckten Haltung leichter sein, auf unseren Atem zu hören.

Betrachten wir in der Vorstellung einen Säugling, der schläft, den Rhythmus seines Atems, den ganzen kleinen Leib, der sich hebt und wieder senkt in tiefem Wohlbefinden. Treten wir in dieses Zur-Ruhe-Kommen des Wesens ein durch die Befreiung und Beherrschung des Atems.

Wir können den Atem freisetzen, indem wir eine tiefe und natürliche Atmung wiederfinden, um dann zu lernen, sie zu beherrschen. Die meiste Zeit vergessen wir zu atmen. Es genügt, daran zu denken, und wir beginnen unmittelbar tief zu atmen.

Der Seufzer erleichtert uns, wie sein Name andeutet. Man sagt: «einen Seufzer der Erleichterung ausstoßen». In Augenblicken der Spannung zu seufzen, hilft Druck abzulassen. Es ist das Gleiche mit dem Gähnen. Es zeigt eine tiefe Entspannung an. Oft sind wir bei der Durchführung einer Arbeit angespannt, ohne es selbst zu bemerken. Sobald wir sie beendet haben, beginnen wir zu gähnen. Die kontrollierte Atmung hingegen reaktiviert unsere Energien, indem sie den Streß ausschaltet und uns neue Kraft gibt.

Durch den Atem können wir uns auch der Einwohnung des Heiligen Geistes in uns bewußt werden. Unser Leib ist der Ort, wo der Geist Gottes sich unserem Geist mitteilt.

Auf unseren inneren Rhythmus zu hören, hilft uns, in das Innere einzutreten, alle unsere Kräfte zu sammeln, die in alle vier Himmelsrichtungen zerstreut sind, uns selbst zu sammeln.

Das Wiegen

In das Wiegen einzutreten heißt sowohl, in den inneren Rhythmus einzutreten, als auch, ihn in Einklang zu bringen. Das seitliche Wiegen läßt den ganzen Körper arbeiten und bringt ihn wieder ins Gleichgewicht. In den psychiatrischen Kliniken wird es als Technik verwendet, um die Kranken zu beruhigen. Sie finden es übrigens von selbst: Bei gestörten Kindern wird manchmal dieses rhythmische Wiegen beobachtet; es kann Stunden andauern.

Das Wiegen von links nach rechts ist das mütterliche Wiegen, das uns an die Arme unserer Mutter erinnert und das wir brauchen, um gefühlsmäßig auftanken zu können. Es ist das Wiegen, in dem wir uns hingeben, in dem wir uns tragen lassen.

Das Wiegen von hinten nach vorne ist das väterliche Wiegen, es zeigt unsere Entscheidung, vorwärts zu gehen, zu Gott zu gehen. Es ist freiwilliger, energischer. Es bestärkt uns in unserer Entschlossenheit. Es ist das Wiegen des Bibelstudiums, des jüdischen Betens, das die Sehnsucht ausdrückt, Gott aus ganzem Herzen, aus ganzer Seele und mit all seinen Kräften zu lieben. Es ist rhythmischer und stärkt uns, während das seitliche Wiegen sanfter ist und uns beruhigt.

Im Gebet findet man beides. Beten heißt, mit dem lebendigen Gott in Beziehung treten, und das Leben ist Bewegung und Rhythmus.

Das Wiegen begünstigt die Entspannung des Leibes und hebt die inneren Widerstände auf. Es hilft der Seele, sich hinzugeben, sich auf Gott auszurichten. Und manchmal, wenn die Intensität der Bewegung stärker wird, verinnerlicht sich die Geste, die Bewegung kommt zum Stillstand wie in einer Ekstase, und der Tanz wird Erschütterung, inneres Erschauern, als ob alle Zellen unseres Wesens anfingen zu tanzen und die Ehre Gottes zu besingen.

Ob wir allein, in der Familie oder unter Freunden sind, wir können mit sanften Rhythmen zu singen beginnen und den Leib in den Rhythmus eintreten lassen durch das Wiegen von links nach rechts und von vorne nach hinten. Das ermöglicht, sanft in das Innere einzutreten, uns der Einwohnung Gottes in uns bewußt zu werden. Man kann den Rhythmus dann bis zur ausgelassenen Freude verstärken.

Seine Identität finden

Wiedergeboren unter dem Blick des Vaters

«Ich will aufbrechen und zu meinem Vater gehen» (Lk 15,18). Das Heiligtum ist der Ort der Begegnung mit dem Vater, der Ort, wo wir in seiner Gegenwart und unter seinem Blick alle anderen Blicke vergessen, die auf uns lasten und die uns gefangen halten. Alles Künstliche und Erkünstelte hat hier keinen Platz mehr. Wir können endlich ganz einfach sein, ungeschminkt, ohne Schutzmaske, weil uns dieser zärtliche und liebende Blick erlaubt zu sein, was wir sind, ohne eine Rolle spielen zu müssen, um akzeptiert zu werden. Wenn wir wirklich die Erfahrung machen, in das Heiligtum einzutreten, verflüchtigen sich in Seiner Gegenwart die Bilder, die wir uns vom Vater gemacht, und die Reden, die wir vorbereitet haben, und machen Platz für ein Staunen darüber, uns so sehr geliebt zu wissen.

Es war notwendig, daß wir den Mut hatten, uns von dem entblößen zu lassen, was nicht unser wahres Ich war, von allem, was uns von außen auferlegt worden war und was wie ein anderes Ich geworden war, in welchem wir uns nicht wirklich zuhause fühlten und welches wir nicht lieben konnten. Es war notwendig, unsere falschen Identitäten zu verlassen, das heißt die nötigen Trennungen durchzuführen. Das ist der Weg, den wir gegangen sind, indem wir den Vorhof hinter uns gelassen haben, um in den Tempel einzutreten, indem wir die Blicke der anderen hinter uns lassen, um in den Blick des Vaters zu treten.

Jedoch genügt die Bewußtwerdung nicht, wenn nicht die Begegnung mit einem anderen Blick stattfindet, wenn nicht ein anderes Wort aufgenommen wird, ein anderer Atem, der uns Sein und Leben mitteilen kann. Wenn wir ins Heiligtum eintreten, treten wir in den Blick Gottes, um von ihm unsere wahre Identität zu empfangen, damit sein liebender Blick uns von allen Liebesmängeln heile, uns von allen anderen Blicken befreie, uns bis in unsere Dunkelheiten heimsuche und alles verkläre. So fühlen wir uns geliebt und können uns mit uns selbst und mit den anderen versöhnen. Nur ER, der uns geschaffen hat, kann für uns bürgen und uns enthüllen, wer wir sind.

Da wir ein Volk von Priestern geworden sind — von unseren Befleckungen reingewaschen durch Wasser und Blut, die aus dem Herzen Jesu strömten, dem Lamm Gottes, das hinwegnimmt die Sünde der Welt —, haben wir nun Zutritt zum Heiligtum, um Gottesdienst zu feiern, um in seine Gegenwart zu treten und uns in ihm zu freuen.

In seiner Gegenwart, unter seinem Blick, von Ihm empfangen wir unsere wahre Identität, unseren neuen Namen. Wir können endlich sein, wer wir sind, wir fühlen uns gekannt und geliebt und treten in den Jubel des Freigelassenen ein, der von nun an aufrecht vor Gott und vor den Menschen stehen kann.

Im Heiligtum befinden wir uns unter dem Blick dessen, dem wir Rechenschaft über unsere Taten ablegen müssen. Wer sich vom Blick der anderen befreit, ohne in den Blick Gottes zu treten, ist in Gefahr, sich und die anderen zugrunde zu richten. Da er vor Gott weder Achtung noch Furcht hat, achtet er auch den Menschen nicht mehr. Er wird manipulieren, beherrschen, diktieren. Er nützt die Schwächen der anderen aus, um seine Ziele zu erreichen und seinen Instinkten von Macht und Genuß zu frönen. Freiheit, die nicht zur Liebe, zu einer größeren Selbsthingabe führt, ist furchtbar gefährlich für sich selbst und für die anderen. Sie kann zur Selbstzerstörung führen.

Wiederauferbaut durch das Wort, durch das Wort des Sohnes

Im Heiligtum verstummen alle Reden der menschlichen Weisheit, um der Verkündigung des Wortes Gottes Platz zu machen. Es ist der Ort des unaufhörlichen Lobpreises, der sich zu Gott erhebt im Opfer des Wohlgeruchs. Es ist der Ort des Kultes, in dem das Wort geheiligt wird. Nachdem wir von jedem unnützen Wort gereinigt sind und alle negativen Worte, die uns in Finsternis und Tod gefangen hielten, zurückgewiesen haben, können wir beim Eintritt in das Heiligtum endlich das Wort des Lebens hören und es in die Tat umsetzen.

Es ist das schöpferische Wort, das uns neu schafft, das uns wiederauferbaut, das uns nach seinem Bild und Gleichnis formt. Das Wort Gottes ist wie ein Schwert, wie uns der heilige Paulus sagt:

«Lebendig ist das Wort Gottes, kraftvoll und schärfer als jedes zweischneidige Schwert; es dringt durch bis zur Scheidung von Seele und Geist, von Gelenk und Mark; es richtet über die Regungen und Gedanken des Herzens; vor ihm bleibt kein Geschöpf verborgen, sondern alles liegt nackt und bloß vor den Augen dessen, dem wir Rechenschaft schulden.» (Hebr 4,12-13)

Wir haben gesehen, wie die negativen Worte dazu beitragen, uns zu zerstören. Hier, im Heiligtum, haben sie kein Bürgerrecht mehr. Es ist die Wohnung des Wortes, das die Macht hat, uns zu reinigen und uns das Leben zurückzugeben. Es vollbringt in uns das, wozu wir selbst unfähig sind. Es bringt uns in Einklang mit dem Willen Gottes und macht ihn aufmerksam auf das, worum wir ihn bitten. Jesus hat doch gesagt: «Wenn ihr in mir bleibt und wenn meine Worte in euch bleiben, dann bittet um alles, was ihr wollt: Ihr werdet es erhalten.» (Joh 15,7)

Erfüllt durch die Einwohnung des Heiligen Geistes

Das Heiligtum ist auch die Wohnung des Heiligen Geistes. Hier können wir alle seine Gaben empfangen und seine Früchte genießen, getröstet durch die Wärme und Sanftheit seiner Gegenwart. Er gibt uns die Sicherheit, daß wir Kinder Gottes sind, wie Paulus den Römern schreibt:

«Denn alle, die sich vom Geist Gottes leiten lassen, sind Söhne Gottes. Denn ihr habt nicht einen Geist empfangen, der euch zu Sklaven macht, so daß ihr euch immer noch fürchten müßtet, sondern ihr habt den Geist emfangen, der euch zu Söhnen macht, den Geist, in dem wir rufen: Abba, Vater! So bezeugt der Geist selber unserem Geist, daß wir Kinder Gottes sind.» (Röm 8,14-16)

Von allen Unreinheiten gereinigt und von neuem dem Dienst Gottes geweiht, können unser Leib und unsere Seele endlich Tempel des Heiligen Geistes werden. Indem wir in seiner Gegenwart bleiben, kann seine Allmacht in uns unendlich mehr tun, als wir uns vorstellen oder ausdenken können.

Seinen Namen heiligen

Das Heiligtum ist also der Ort, wo wir in den Blick des Vaters eingehüllt, durch das Wort des Sohnes wieder aufgebaut und durch die Einwohnung des Heiligen Geistes erfüllt werden. Es ist auch der Ort, an dem der Name Gottes geheiligt wird. Die Hebräer nannten den Tempel «Beth ha Shem», das «Haus des Namens», weil der Name das Wesen des Seins selbst beinhaltet. Er bedeutet zugleich die Identität und die Gegenwart der Person selbst. Im Ersten Bund betraten nur die Priester das Heiligtum, um dort im Namen des Volkes den Gottesdienst zu feiern. Das Volk besaß einen solchen Sinn für die Größe und Heiligkeit Gottes, aber auch für seine eigene Unwürdigkeit, daß es sich nicht nähern konnte. Es brauchte die Inkarnation, es war nötig, daß das Wort Fleisch wurde, daß Gott ein kleines Kind wurde und sich unseren Händen auslieferte, damit wir uns ohne Furcht dem Heiligtum nähern können.

Begreifen wir, wie sehr das Evangelium eine «gute Nachricht» ist? Welche Revolution das in der Mentalität des jüdischen Volkes sein könnte, das so durchdrungen ist von der Größe Gottes? Verstehen wir den Skandal, der durch die Behauptungen Jesu hervorgerufen wurde? «Wir haben ein Gesetz und nach diesem Gesetz muß er sterben, weil er sich als Sohn Gottes ausgegeben hat», antworteten die Juden dem Pilatus (Joh 19,7). Das einzige Verbrechen Jesu war, daß er gesagt hatte, er sei der Sohn Gottes, «wahrer Gott vom wahren Gott», und darum Sohn, «eines Wesens mit dem Vater»[14]. Das stürzte alle Vorstellungen, die sie von Gott hatten, völlig um. War es möglich, eine solche Vertrautheit mit ihm einzugehen, «daß er uns sein Gesicht sehen, seine Stimme hören läßt» (vgl. Hld 2,14)? War es möglich, ihn bei seinem Namen zu rufen, diesem Namen, den nur der Hohepriester

14 Vgl. Großes Glaubensbekenntnis

kannte und aussprechen durfte, wenn er am Großen Versöhnungstag in das Allerheiligste ging? In Jesus hat Gott die Macht seines Namens offenbart.

«Alles, um was ihr in meinem Namen bittet, werde ich tun, damit der Vater im Sohn verherrlicht wird. Wenn ihr mich um etwas in meinem Namen bittet, werde ich es tun» (Joh 14,13-14). Die das hörten, wußten, daß — wenn der Hohepriester in das Allerheiligste eintrat, um dort den Namen des dreimal Heiligen auszusprechen — dieser Name die Macht hatte, Sünden zu vergeben.

Unsere wahre Identität empfangen

Je mehr wir Gott kennenlernen, desto besser verstehen wir, was es bedeutet, daß der Mensch «nach Seinem Bild und Gleichnis geschaffen» wurde, desto besser begreifen wir, wer wir sind. ER gibt uns unsere Identität:

«Liebe Brüder, jetzt sind wir Kinder Gottes. Aber was wir sein werden, ist noch nicht offenbar geworden. Wir wissen, daß wir ihm ähnlich sein werden, wenn er offenbar wird; denn wir werden ihn sehen, wie er ist.» (1 Joh 3,2)

Wir haben das fundamentale Bedürfnis, «erkannt», «anerkannt» zu sein, im biblischen Sinn des Ausdrucks erkennen, der für die eheliche Vereinigung gebraucht wird: «Adam erkannte Eva und sie gebar einen Sohn.» Ebenso bedeutet das französische «connaitre» «geboren werden mit». Wir können uns nicht mit einer oberflächlichen, einer ungefähren Kenntnis zufriedengeben, wir dürsten nach einem Erkennen, das eine wahre Vereinigung, eine Kommunion ist. Sich erkennen heißt, gemeinsam geboren werden, gemeinsam das Geschenk des Lebens empfangen. Wenn Gott uns erkennt, vereinigt er sich mit uns und teilt uns mit, was er ist, er gibt uns das Leben und das Sein. Die Tatsache, daß wir uns geliebt fühlen, beruhigt uns und wendet uns von uns selbst ab, damit wir uns den anderen zuwenden und sie unsererseits mit einem Blick der Güte, mit dem Blick Jesu anschauen können: «In Ihm erkennen wir, wie wir erkannt worden sind.»

Bei seinem Namen gerufen

Die Kenntnis des anderen wird uns durch seinen Namen vermittelt. Wir sagen von jemandem, daß wir ihn kennen, wenn wir ihn mit seinem Namen rufen können, und ebenso wissen wir, daß wir erkannt sind, wenn wir unseren Namen hören. Der Name bedeutet die Identität. Der Eigenname eines Geschöpfs drückt sein Wesen aus. Die Propheten verwenden oft symbolische Namen, die einer Person oder einer Stadt ihre Berufung anweisen. Ebenso erhält jemand, der sein Leben völlig verändert, wie z.B. in der Ordensprofeß, einen neuen Namen, der Anerkennung der Veränderung und eine neue Sendung ist. Benennen heißt Identität verleihen. Deshalb schließt uns jedes Wort, das uns auf einen einzigen Aspekt unseres Seins fixiert, in einem falschen Selbstbild, einer falschen Identität ein.

«Wer siegt, dem werde ich von dem verborgenen Manna geben. Ich werde ihm einen weißen Stein geben, und auf dem Stein steht ein neuer Name, den nur der kennt, der ihn empfängt» (Offb 2,17). *Wir empfangen unseren Namen, das heißt unsere Identität von Gott selbst.*

Die Rolle der Eltern
Verletzungen hinsichtlich der Vaterschaft und der Mutterschaft

Ob wir nun Mann oder Frau sind, wir tragen in uns zwei wesentliche Verletzungen: Die Verletzung im Verhältnis zur Mutter und die im Verhältnis zum Vater. Wir müssen uns dessen bewußt werden, um davon geheilt zu werden, freie Wesen zu werden, die nicht mehr durch die Umstände ihres Lebens festgelegt sind.

In der Familie sind die Rollen von Vater und Mutter voneinander verschieden und tragen jede auf ihre Weise zur Ausbildung der Persönlichkeit des Kindes bei.

In der Ordnung der Natur ist es der Vater, der hilft zu wachsen. Dafür empfängt er von Gott eine Autorität, die ihn befähigt, seine Vaterschaft auszuüben. Aber Kohelet sagt: «Über einer Autorität steht eine höhere Autorität» (Koh 5,7). Und es heißt auch: «Denn es gibt keine Autorität, die nicht von Gott stammt; jede ist von Gott eingesetzt» (Röm 13,1). Durch die Beziehung, die wir zu unserem Vater und zu all denen hatten, die für uns die Autorität repräsentierten, machten wir uns ein Bild des himmlischen Vaters.

Die Mutter ist diejenige, die uns zum Vater führt. Wir sind von der Frau geboren. Sie hat uns von ihrem Fleisch und Blut gegeben, sie hat ihr Leben gegeben, um uns das Leben zu schenken, sie hat uns in ihrem Schoß getragen, mit ihrer Milch genährt, auf ihren Knien geschaukelt und mit Zärtlichkeit umgeben. Sie hat weder Zeit noch Mühe gescheut, damit wir die Besten würden, damit wir glücklich seien, wenn auch vielleicht ihre Auffassung von Glück für uns nicht ganz angebracht war.

Aber die Liebe der Mutter, und wäre sie noch so schön und selbstlos, genügt nicht, um uns die Sicherheit zu vermitteln, daß wir liebenswert sind. Wir wissen genau, daß Mütter nicht objektiv sind, daß wir ein bißchen die Verlängerung ihres eigenen Fleisches sind, und so brauchen wir eine andere Anerkennung, die von außen kommt und die bestätigt, daß das, was unsere Mutter sagt, auch wahr ist. Das ist die Rolle des Vaters!

Sicher wird die Begegnung mit dem Vater, auch wenn das Baby ganz zu Beginn seines Lebens keinen Unterschied zwischen ihm und seiner Mutter macht, nach und nach zur Begegnung mit «dem anderen» und durch ihn mit «dem ganz Anderen». Der Vater ist der, der die Rolle des Trennens übernimmt, der aus der Verschmelzung mit der Mutter herausführt. Heute sind die Väter ganz stolz darauf (wenn sie nicht zu beeindruckt sind), die Nabelschnur durchzuschneiden, die das Kind mit der Mutter verbindet. Das ist die objektive Verkörperung der trennenden Rolle des Vaters. Auf allen Wachstumsstufen des Kindes muß er von neuem die Nabelschnur durchtrennen, die Abhängigkeiten von der Mutter und von dem, was die Mutter repräsentiert, durchschneiden, damit das Kind immer selbständiger wird, bis es einen Reifungsstand erreicht hat, der genügt, damit es sein eigenes Leben leben und seinerseits Vater oder Mutter werden kann.

Dieser wesentliche Unterschied zwischen Vater und Mutter ist durch Gesten des einen wie des anderen festgesetzt: Die Mutter ist diejenige, die beschützt, die «ausbrütet». Ihre Versuchung wird sein, Angst um ihre Kinder zu haben. Sie schafft ein warmes Milieu von Zärtlichkeit und Frieden. Der Vater hingegen ist der, der ins Leben stößt. Er beschützt, aber nicht in der gleichen Weise. Er vermittelt durch seine Gegenwart Sicherheit, aber er nimmt keine Hindernisse weg, weil er weiter sieht. Er weiß, daß das Kind durch die Konfrontation mit Schwierigkeiten innerlich stärker wird und sich so eines Tages selbst zu helfen wissen wird, daß es in sich die Kraft zum Kämpfen finden wird.

Darum wissen wir, daß «unser Vater weiß», daß wir uns in Sicherheit befinden und daß wir sicher sind, daß er unsere Schwäche bedekken wird, wenn wir versagen. Mit unserer Mutter fühlen wir uns sicher, weil sie uns von der Gefahr fernhält, aber die Sicherheit, die uns der Vater vermittelt, erlaubt uns, der Welt die Stirn zu bieten, und heilt uns von der Angst.

Die Mutter gibt uns das Leben, das ist «Gott in uns», aber der Vater stößt uns ins Leben, das ist «Gott jenseits von uns», außerhalb von uns. Gott ist in uns, aber er ist auch außerhalb von uns. Die Mutter ruft für uns die Immanenz Gottes hervor, Gott, der in uns gegenwärtig ist, der Vater zeigt die Transzendenz Gottes, der der ganz Andere ist.

Tatsächlich verdeckt eine Verletzung in Bezug auf die Mutter sehr oft eine tiefere in Bezug auf den Vater. Wenn die Mutter zu viel Platz eingenommen hat oder wenn sie aus Angst das Kind vor der Ungeschicklichkeit oder der Schwäche des Vaters (wenn es keine Fehler sind) beschützen wollte, wenn sie den Zugang zum Vater nicht gefördert hat, manchmal sogar mit ausgezeichneten Begründungen, dann wird es das Kind sehr schwer haben, seine Identität als Mann oder Frau zu finden. Die Beziehung zum Vater ist unerläßlich für den Aufbau der Persönlichkeit. Es ist sehr wichtig, unseren Kindern ein positives Bild von der Vaterschaft und der Mutterschaft zu vermitteln, was auch immer die Anfälligkeiten des einen oder anderen sein mögen. Es ist der Blick der Mutter auf den Vater, und — im Fall der Abwesenheit oder sehr schwerer Schwäche des Vaters — der positive Blick, den sie auf den Mann und auf das Bild der Vaterschaft wirft, der dem Kind eine gesunde Beziehung zur göttlichen Vaterschaft vermittelt und der verhindert, daß es sich von dem abschneidet, was unerläßlich für sein menschliches und geistliches Wachstum ist.

Leanne Payne bringt in ihrem Buch[15] ein Zeugnis, das mich sehr erschüttert und in dem bestärkt hat, was ich ahnte.

> «Ich habe eine Freundin, deren Geschichte die wohltuenden psychologischen Auswirkungen zeigt, die das sichere Vertrauen einer Person in die Liebe und Güte Gottes hervorbringt. Ihr Hintergrund gehört zu denen, die gewöhnlich die Ursache geistiger oder emotioneller Labilität sind. Und doch ist und war sie immer eine stabile und ausgeglichene Persönlichkeit, eine, die ihr Leben unter den besten Bedingungen begonnen zu haben scheint.
>
> Wie wir wissen, ist es wichtig, einen Vater zu haben, der wie ein guter und liebender Vater handelt, nicht nur weil er es ist, der uns in unserer persönlichen Identität bestätigt, sondern auch weil er es ist, der Gott Vater für uns symbolisiert.
>
> Enid hätte kaum einen Vater haben können, der "weniger" war, weniger darauf bedacht, seine Tochter in ihrer Identität zu begründen. Dieser Mann war entweder sehr krank oder sehr schlecht, vielleicht beides. Er hatte sehr früh seine Frau und seine Kinder verlassen, er ließ sie völlig mittellos zurück. Aber er fuhr fort, sie zu belästigen. Einmal hatte er sogar versucht, ihren kleinen Bauernhof anzuzünden. Die Mutter Enids, eine Einwanderin aus ärmlichsten Verhältnissen, die kaum die Sprache ihres neuen Heimatlandes beherrschte, kämpfte, um ihre Kinder mit dem wenigen an Nahrung aufzuziehen, das sie auf einem steinigen und vom Wind ausgetrockneten Stückchen Land erntete.
>
> Wir wissen um die psychologischen Verheerungen, die Menschen erleiden können, die unter solchen Situationen mit ihrem Vater gelebt haben. Aber Enid wuchs heran, festgegründet in ihrer persönlichen Identität.
>
> Verwundert durch diese Tatsache, fragte ich sie, wie das geschehen konnte. Sie war sich nicht ganz sicher, aber im Lauf des Gespräches wurde für mich die Antwort offensichtlich.
>
> Ihre Mutter, eine kleine Deutsche, eifrig im Gebet, versammelte jeden Tag ihre Kinder um sich; kniend erhob sie ihre Stimme in einem kraftvollen Gebet zu Gott. In einem schlechten und eigentümlich gutturalen Englisch stieg eine Anrufung aus den Tiefen ihres Seins empor, ein Gebet, das — jeder wußte es ohne den Schatten

15 Leanne Payne, «Vivre la présence de Dieu», Editions Raphael

eines Zweifels — an die Ohren des himmlischen Vaters drang. "Himm-li-ischerr Vat-terr, Vat-terr voll Lie-iebe", betete sie, und die Gegenwart Gottes schien dieses ganz bescheidene Gebet zu erfüllen. Das Ergebnis war, daß Gott Vater im Leben Enids so wirklich war, daß sie nicht nur in ihrer Identität als Frau und als Person festgründet war, sondern auch ihre Gedanken und ihr Herz intuitiv begreifen konnten, was wahre Vaterschaft und wahre Männlichkeit ist. Sie hatte eine gesunde und ausgeglichene Ansicht über die Männer, weil sie sich den himmlischen Vater auf gute Art und Weise vorstellte. Ihr symbolisches Bild von ihm war richtig. Es handelt sich hier um ein erstaunlich glückliches Endergebnis von tragischen Umständen, die sie mit ihrem irdischen Vater erlebt hatte, ein ausgesprochen seltenes Ergebnis, wie alle Psychologen und erfahrene Berater bestätigen.

Die Enids in unserer Welt, auch die tiefgläubigen, gehen normalerweise durch Jahre seelischen Leidens, bevor sie ein ausgeglichenes Bild des Mannes und eine richtige Vorstellung von Gott haben. Die Mutter Enids, für die die Situation kaum schwieriger hätte sein können, hatte trotzdem die Zuversicht, daß Gott Vater gut und liebend ist; sie wußte, daß seine Güte sich über sie ergoß, jedesmal wenn sie ihr Gesicht erhob, um sie zu empfangen. Diese Einstellung war die Quelle des Heils für sie selbst sowie für die ganze Familie. Der Bruder Enids wurde Diener Gottes und sie selbst ist seit 50 Jahren in einem sehr lebendigen christlichen Dienst tätig.»

Es ist sicher, daß in der gegenwärtigen Krise der Ehe die ersten Opfer die Kinder sind, die in den Grundlagen ihrer Persönlichkeit erschüttert werden. Es braucht viel Gebet, Liebe und Taktgefühl, um in ihnen ein positives Bild ihres Vaters und ihrer Mutter zu bewahren. Einige Paare sind trotz ihrer Trennung und der Unmöglichkeit, miteinander zu leben, einsichtig genug, ihre Beziehungsprobleme nicht auf die Kinder zurückfallen zu lassen und ihnen nicht ihre eigenen Gefühle zu übertragen. Es gelingt ihnen trotz des unvermeidbaren Leids ein positives Bild des einen wie des anderen zu bewahren.

Bis zum Tod brauchen wir diese beiden Beziehungen zum Vater und zur Mutter. Die Mutter ist diejenige, die uns nährt, uns tröstet, uns mit ihrer Zärtlichkeit umgibt, in deren Armen wir unsere Kräfte auftanken. Es ist lebensnotwendig für uns, uns in dem einen oder anderen Moment tragen zu lassen, in die Ruhe einzutreten, um dort «unsere Seelen aufzutanken». Wir brauchen die Zärtlichkeit Mariens für unser geistliches Wachstum. Wir brauchen unsere Mutter, aber wir können nicht am Vater vorbeigehen, wenn wir wachsen und vom Stand des Kindes in den Stand des Erwachsenen übergehen wollen. Aus der Kraft des Vaters schöpfen wir den Mut weiterzugehen, die Tatkraft des Lebens. Der Vater beruhigt uns, nicht um uns in seinem Schoß zu bewahren, sondern um uns wie Pfeile auszusenden. Und sein Blick begleitet uns, so weit wir gehen.

Ich veranschauliche diese beiden wesentlichen Haltungen gerne mit dem, was ich das mütterliche bzw. das väterliche Wiegen nenne. Im mütterlichen Wiegen, von rechts nach links, lassen wir uns schaukeln. «Ihre Kinder wird man auf den Armen tragen, auf den Knien schaukeln. Wie eine Mutter ihren Sohn tröstet, so tröste ich euch» (Jes 66,12-13). Wir lassen uns tragen. Es ist eine passive Haltung, in der man empfängt. Das väterliche Wiegen hingegen, vor und zurück, ist energischer, freiwilliger. Es ist das Wiegen des jüdischen Volkes, wenn es betet oder das Wort Gottes studiert, ein Wiegen, das den Wunsch und die Entscheidung unseres ganzen Wesens ausdrückt, Gott anzuhängen. Der Vater ist der, der uns stößt, wie der Adler seine Jungen aus dem Nest stößt, damit sie fliegen lernen. Er stößt sie, zugleich begleitet er sie, bereit, im Notfall hinabzustürzen, um sie zu retten.

Manchmal wurzeln die Identitätsprobleme in einem Mangel an väterlicher Anwesenheit, den man zu kompensieren sucht. Das war der Fall bei Sabrina. Eines Tages kam sie zu mir, um mir die Frage zu stellen: «Was kann man machen, wenn Gott sich getäuscht hat und man ein Mann in einem weiblichen Körper ist?»

> «Als ich dein Buch "Die priesterliche Frau" noch einmal las, verstand ich gewisse Dinge oder wenigstens zeigte mir der Herr, was mich daran hinderte, Frau zu sein. Vor allem denke ich, daß ich — da mein Vater fortgegangen ist, als ich zehn oder elf Jahre alt war — die Sicherheit eines Mannes brauche, die mir ein Vater hätte geben können. Ich brauche auch jemanden, auf den ich mich berufen kann, jemand, der für mich eine Autorität ist.

Meine Mutter konnte nicht alle diese Mängel auffüllen. Sie hatte selber Schwierigkeiten, mit dieser Situation fertigzuwerden. Ich denke, von diesem Augenblick habe ich begonnen, mich zu verändern. Was mir mein Vater nicht geben konnte, das suchte ich in mir selbst. Ich mußte in mir finden, was mir fehlte. Von diesem Augenblick an begann ich, mich wie ein Junge zu kleiden.

Nach und nach gefiel ich mir in dieser Haltung und in diesem Bild, das ich von mir zeigte. Ich ging immer mehr darin auf, bis ich nicht mehr unterscheiden konnte, was ich wirklich war und was das Bild war, das ich mir von mir gemacht hatte. Nach einigen Jahren gab es das nicht mehr, was "Frau" in mir war, bzw. es wurde zu einer Behinderung, die ich zuerst einmal verstecken mußte, um sie schließlich zu zerstören. Ich glaubte, daß ich ein Mann im Leib einer Frau geworden sei.

Dann wurde mir nach kurzer Zeit klar, daß das Bild, das ich von der Frau hatte, so beschmutzt war, daß ich ihm niemals hätte entsprechen können. Es war nicht nur entstellt, sondern auch beschmutzt durch alles, was ich an Reinheit oder vielmehr an Unreinheit hatte sehen können.

Ich hatte den Eindruck, daß die Jungfrau Maria gekommen war, um dieses Bild zu waschen und zu reinigen. Es war genau so: Ich hatte den Eindruck, daß die Jungfrau Maria gekommen war, um zu waschen, was beschmutzt war. Du siehst, jetzt rede ich von der Vergangenheit! Ich glaube, daß die heilige Maria schon gekommen ist, um in mir in dieser Hinsicht große Dinge zu vollbringen, und daß es noch nicht beendet ist.

Ich weiß nicht, ob ich Frau geworden bin, aber eines bin ich mir sicher: die Frau zu lieben für das, was sie ist, für das, was auf ihr ruht. Welche Entdeckung! Niemals kann ein Mann die Gnade erhalten, Frau zu sein!

Pater Vandeur hat gesagt: "Die Heiligkeit Gottes des Vaters ist, Vater zu sein, die Heiligkeit Gottes des Sohnes ist, Sohn zu sein. Die Heiligkeit des Heiligen Geistes ist, Heiliger Geist zu sein." Was mich betrifft, so glaube ich, daß die Heiligkeit der Frau ist, Frau zu sein.»

Die Identität drückt sich in der Sexualität aus. Der sexuelle Unterschied

Unsere geschlechtlichen Leiber drücken in ihrem Fleisch einen grundlegenden Unterschied der Identität aus. Wir sind einerseits von gleichem Fleisch, aber zugleich ganz anders, und gemeinsam sind wir das Abbild Gottes. Der Midrasch drückt das durch ein sehr schönes Bild aus, indem er Mann und Frau mit zwei Seiten des Tempels vergleicht. Ihre Einheit vergegenwärtigt Gott. Tempel zu werden bedeutet für uns, daß wir ganz in unsere Identität als Mann oder als Frau eintreten, dazu berufen, der Ort einer einzigartigen Gegenwart Gottes zu sein…

Der sexuelle Unterschied bedeutet, daß Mann und Frau auf völlig verschiedene Weisen fühlen, Dinge erleben, denken, überlegen, Situationen lösen, aber auch lieben, mit Gott in Beziehung sein werden. In der Leugnung dieses Unterschieds liegen viele Mißverständnisse in der Beziehung heutiger Paare. Wir erwarten vom anderen, daß er sei wie wir, und sind völlig ratlos, wenn er nicht die gleichen Reaktionen, die gleichen Erwartungen zeigt.

Wirksamkeit und Fruchtbarkeit

Mann und Frau sind berufen, über die Schöpfung zu herrschen, aber jeder auf eigene Weise, die seinem/ihrem Charisma entspricht.

Das Charisma des Mannes ist die Wirksamkeit in ihrem edlen Sinn, das der Frau die Fruchtbarkeit. Der Leib des Mannes ist ganz kraftvoll aufgebaut. Er ist wirksam, seine Tätigkeit ist unmittelbar, sichtbar. Ebenso ist sein Denken derart strukturiert, daß er eine Gesamtschau der Dinge und Situationen hat, während die Frau das Detail sieht mit der Gefahr, sich darin zu verlieren.

Die Frau ist fruchtbar. Das Ergebnis ihrer Anstrengungen zeigt sich nicht unmittelbar. Wie sie das Kind neun Monate lang in ihrem Schoß trägt, so trägt sie viele Dinge in ihrem Herzen, bevor sie ihre Erfüllung sieht. Ihre Tätigkeit ist verborgener, in der Ordnung des Unsichtbaren, und daher weniger ehrenvoll und anerkannt.[16]

16 Vgl. Jo Croissant, «Die priesterliche Frau», Parvis-Verlag, 1993

Sich dem Leib des anderen nähern

Aufgrund des wunderbaren Geheimnisses der Mutterschaft, das in ihr lebt, ist die Frau empfindlicher, nicht minderwertig, sondern zerbrechlicher, wie eine Kristallvase zerbrechlicher ist als ein Zinnkrug. Man muß sie achtsam behandeln, weil sie kostbar ist. Man hat den Leib der Frau so sehr verspottet, indem man ihn nackt zur Schau gestellt hat, um die niedrigsten Instinkte zu erregen, daß der Mann die Frau nicht mehr anzusprechen weiß. Bei einer kleinen Umfrage unter Mädchen, bei der ich fragte, was sie vom Mann erwarteten, antwortete mir die Mehrheit: Respekt! Man fühlte, daß sie es satt hatten, auf die Ebene eines Objektes abgeschoben zu werden, um die Begierde des Mannes zu befriedigen.

Übrigens vertrauen sich mir oft Männer an, die sich angegriffen fühlen durch die provozierende Haltung vieler Frauen, die sich in ihrer Weise zu sein, zu sprechen, sich zu kleiden... ausdrückt. Bei manchen ist diese Haltung überlegt, bei anderen unbewußt. Ich denke an viele junge Mädchen, denen überhaupt nicht bewußt ist, was ihre Haltung bei Männern auslösen kann. Der Respekt muß gegenseitig sein: Die Männer müssen den Leib der Frau ehren, da ja jeder Mann von einer Frau geboren, neun Monate lang in ihrem Schoß getragen wurde.

Heute mehr als je ist es Zeit, daß der Mann begreift, daß er der Wächter des Tempels ist, dieses Tabernakels, der sich im Leib der Frau befindet, daß er dieses Geheimnis schützen und in der Gesellschaft alles aufbieten muß, um der Frau zu ermöglichen, ihre Anmut zu entfalten, um dem Kind seinen Platz zu geben.

Man kann sich dem Leib der Frau nicht nähern ohne dieses Staunen über die Weisheit Gottes. Seine Schönheit ist gemacht, um uns zur Betrachtung der göttlichen Geheimnisse zu erheben, die außergewöhnlich sind. Man kann sich dem Leib der Frau nicht nähern, ohne sich einem Geheimnis zu nähern, dem Geheimnis des Lebens, das an Gott selbst gebunden ist. Darum berührt uns alles, was die Sexualität betrifft, in unseren Tiefen. Man kann nicht alles Beliebige mit seinem Leib machen, weil man da an ein Geheimnis rührt. Wenn man den Leib berührt, berührt man die Seele, man berührt das Geheimnis des Wesens.

Wie viele unschuldige Kinder werden in ihrem Leib verhöhnt aufgrund des Egoismus und der Perversion von Männern, die kein anderes Verlangen kennen, als ein Bedürfnis nach vergänglichem Genuß zu befriedigen?

Es gibt zwei Arten, sich dem Leib des anderen zu nähern: entweder um zu geben oder um zu nehmen. Wenn man sich dem andern nähert mit dem Verlangen, ihn zu besitzen, löscht man das Licht, das in ihm ist, und verletzt ihn tief. So viele Frauen fühlen sich im ehelichen Verkehr nicht geliebt und haben oft den Eindruck, wie ein Objekt gebraucht zu werden. Die Keuschheit in der Ehe besteht nicht in der Abwesenheit von sexuellen Beziehungen, sie liegt in der Weise, wie man sich dem Leib des anderen nähert mit großem Respekt, in unermeßlicher Zärtlichkeit. Die Vereinigung der Körper wird dann die Einheit der Herzen besiegeln in einer Liebesekstase, die keinen bitteren Nachgeschmack zurückläßt, sondern uns erfüllt.

Aber das darf uns das Leiden vieler Männer nicht vergessen lassen, die den Eindruck haben, daß die Frau den ehelichen Verkehr nur erduldet und sich nicht wirklich mit ihrem ganzen Sein hingibt.

Das Erlernen der Liebe, die Beherrschung der sexuellen Regungen, muß sehr früh geschehen. Unglücklicherweise werden unsere Kinder sehr früh in das Funktionieren des «sexuellen Apparates» eingeführt, aber die Kunst des Liebens kennen sie überhaupt nicht. Sie stürzen sich sehr früh in Liebesabenteuer und verpfänden ihren Leib, ohne zu bedenken, daß sie auch ihr Herz verpfänden, und daß diese Experimente — weit davon entfernt, sie vorzubereiten — sie in ihrer Liebesfähigkeit verletzen und sie manchmal unfähig machen, eine Familie zu gründen.

Die Frau trägt die Kosten der sexuellen Befreiung, denn da man sich von jedem Gesetz befreien möchte, respektiert man auch nicht mehr die Gesetze der Natur, den Zyklus der Frau, den biologischen Rhythmus. Sie wird in ihrer Weiblichkeit verleugnet. Man braucht sich nicht zu wundern, daß die sexuelle Befreiung eine Vermehrung der Frigiditätsfälle nach sich zieht. Während die natürlichen Methoden die Achtung vor der Frau lehren, lehren sie den Mann, seine Sexualität zu beherrschen, in einer selbstlosen Hingabe seiner selbst zu lieben und seine Fähigkeiten der Zärtlichkeit zu entdecken.

Man hat noch nie so viel über Sex und so wenig über Zärtlichkeit und Liebe gesprochen! Viel Scheitern in der sexuellen Beziehung von Paaren kommt aus der Überstürzung, mit der die Vereinigung der Körper vollzogen wird. Diese «Verabsolutierung» des Vergnügens, das um seiner selbst willen gesucht wird, verhindert die Tiefe der Begegnung und den Ausdruck der Zärtlichkeit durch Blick, Liebkosungen und Liebesworte, die bewirken, daß die Vereinigung der Körper nur das Endergebnis der Einheit der Herzen, der Seelen, des ganzen Seins ist und zur Vereinigung mit Gott wird. Wenn Mann und Frau sich in Liebe und Heiligkeit vereinen, das heißt mit Zärtlichkeit und Achtung, machen sie eine Erfahrung Gottes.

Die Schamhaftigkeit

Wir können nicht den Leib zur Sprache bringen, ohne über die Schamhaftigkeit zu sprechen. Am Anfang waren Adam und Eva nackt und sie schämten sich nicht, aber nach dem Sündenfall erfuhren sie Scham und versteckten sich eilig, aus Angst, entdeckt zu werden. Die Scham ist geknüpft an den Verlust des Lichtes, mit dem sie bekleidet waren: das göttliche Licht der Zärtlichkeit und Liebe des Vaters. Indem sie sich dem Blick Gottes entzogen, um das Verbot zu mißachten, waren sie plötzlich dem Blick des anderen ausgeliefert, sie fühlten sich in ihrer eigenen Identität bedroht, da sie den Schutz dessen verloren hatten, der ihnen ermöglichte, sie selbst zu sein und sich voreinander ohne Furcht und ohne Scham zu benehmen.

Die Schamhaftigkeit ist das Bewußtsein, daß das Geheimnis der Person nur in einer Gemeinschaft der Liebe preisgegeben werden kann. Die Person trägt in sich das Geheimnis dessen, was sie ist, was ihr innerstes und wertvollstes Gut ist. Die Nacktheit muß bekleidet werden, weil der Leib die Intimität der Person, ihr Geheimnis enthüllt. Die Entkleidung kann nur in der Intimität des Hochzeitsgemachs geschehen, in diesem Ort, wo sich die Hingabe des Leibes als Zeichen der Verpflichtung des ganzen Wesens zur Liebe verwirklicht.

Das Zur-Schau-Stellen der Nacktheit, das Fehlen der Schamhaftigkeit, enthüllt, daß der Leib nicht mehr bewohnt wird. Er hat nichts mehr zu verbergen, weil keine Person mehr dahinter steht! Der Leib wird zum Objekt der Begierde, zum Instrument der Verführung. Die

Nacktheit ist schön, aber wenn sie auf den Stränden ausgebreitet, auf den Mauern zur Schau gestellt wird mit dem Ziel, die elementarsten Instinkte zu erregen, wird sie vulgär.

Die Bekleidung als Zeichen des Unterschieds

Der sexuelle Unterschied drückt sich durch die Kleidung aus, auch wenn unsere Gesellschaft mehr und mehr versucht, diesen Unterschied zu leugnen. Tony Anatrella machte in seinem Buch «Le sexe oublié» eine bemerkenswerte Studie zu diesen Fragen:

> «Jeans haben kein Geschlecht mehr... sie heben den wirklichen Leib auf zugunsten eines imaginären Leibs, wie wenn das Individuum ohne sein Geschlecht und ohne seinen Leib existieren könnte.»

Ich bin vielen jungen Mädchen begegnet, die Schwierigkeiten hatten, Röcke oder Kleider anzuziehen, wenn es ihnen nicht gar unmöglich war. Das enthüllt eine tiefere Blockade, ein Problem der Identität. Das Zeugnis von Annick ist besonders bezeichnend:

> Die Schlangenhaut
>
> Ich bin die Jüngste von fünf Kindern. Die kleine Schwester, die von den großen Brüdern und ihrer Schwester vergöttert wurde. Mit zwei Jahren hatten sie mir schon beigebracht, alles Mögliche zu unternehmen, um ihre Bewunderung zu erhalten. Das Beispiel der drei Brüder und mein lebhaftes Temperament hatte aus mir schnell einen «verlorengegangenen Buben» gemacht.
>
> Im Jugendalter war es für die Mädchen üblich, einen Rock anzuziehen. Das war entsetzlich für mich, ich hatte den Eindruck, verkleidet zu sein und fühlte mich nicht wohl. Ich hatte Schwierigkeiten, die Rolle einer «Tochter aus gutem Hause» zu spielen.
>
> Dann hörte ich auf, zur Messe zu gehen und begann, mich für Mode zu interessieren. Ich suchte meinen Stil in den Seiten der «Redoute» und der «3 Schweizer» und sah ich mich eher «nature and soft». Auf der Uni hatte ich mir eine Persönlichkeit der «selfmade-Frau» zugelegt, die kämpfen wollte... eine moderne Frau! Meine Jeans waren meine zweite Haut, sie waren ein Teil meiner selbst. Sie waren mein Ausdruck von «cool», dynamisch, unternehmungslustig und frei. Diese männliche Seite meiner Persönlichkeit schützte und beruhigte mich.

Sobald ich bei großen Anlässen ein Kostüm anziehen mußte, fühlte ich mich ganz empfindlich und verwundbar, da mir unbewußt klar war, daß ich als Frau betrachtet wurde. Ich aber hatte Angst, eine Frau zu sein. Angst, weil ich mich so nicht kannte, ich hatte meine Fraulichkeit niemals wachsen und sich ausdrücken lassen, ich hatte sie geradezu geschützt. Angst, weil ich — wenn ich die Fraulichkeit so sichtbar ausdrückte — meinen männlichen Schutz nicht mehr hatte. Angst, betrachtet zu werden, provoziert oder sogar angegriffen zu werden (was mir öfters passiert war). Und es schien mir, daß wir nicht mehr Frau sein könnten, ohne eine Provokation für die Männer darzustellen.

In meinem Herzen war eine Reinheit und eine Zerbrechlichkeit, die ich schützen wollte. Ich war androgyn: ohne Mann zu sein und ohne meine Weiblichkeit zu leugnen, war ich doch beides zugleich. Eine subtile Mischung: die Kampfkraft des Mannes und die Zartheit der Frau. Dieses Bild der modernen Frau war ein Kompromiß, der mir zusagte. Ich stellte mir keine Fragen, ich fühlte mich normal, vielmehr glaubte ich, normal zu sein, bis zu dem Tag, an dem…

Ich machte ein Treffen für Jugendliche mit. Eines Abends zogen wir in Prozession hinter dem Allerheiligsten in die Kapelle ein und sangen Gott Loblieder. Plötzlich stieg in mir ein neues Freiheitsgefühl auf, das mir Lust machte zu tanzen, in einem langen und weiten Rock zu tanzen. Dieses Detail überraschte mich und ich dachte: «Was für eine absurde Idee!»

In dieser Nacht stand ich auf, um zur Anbetung zu gehen, und als ich meine Jeans anzog, hatte ich den Eindruck, eine Schlangenhaut anzuziehen… etwas, das nicht zu mir gehörte, etwas Totes, eine tote Haut. Ich zitterte am ganzen Leib und dachte, daß das ohne Zweifel die Kälte wäre.

Am nächsten Morgen hatte ich vergessen, was geschehen war. Als ich aber die Jeans anzog, spürte ich wieder das Gleiche. Da verstand ich augenblicklich: Ich war von den Jeans angeekelt oder vielmehr, ich war von ihnen geheilt! Ich lachte, weil ich daran denken mußte, wie ich zum Herrn gesagt hatte: «Du kannst niemals von mir verlangen, eine Ordensschwester zu werden, weil ich meine Jeans nicht lassen kann, und ich kenne keinen Orden in Jeans.» Später verstand ich, daß der Herr nicht wollte, daß ich als «halbe Frau» Nonne werde.

Ich mußte also Röcke finden, die weit und lang waren, und das Lustigste ist, daß der erste, den ich fand... aus Jeansstoff war!
Über den Rock hinaus war etwas viel Tieferes in meinem Herzen verwandelt worden. Etwas Neues stieg auf: meine Berufung als Frau. Ich entdeckte eine neue Freiheit zu sein. Ich hatte nicht mehr nötig, mich zu beschützen. Gott schützte mich. Ich erfuhr vor allem die neue Freude, Frau zu sein. Niemals hätte ich mir vorgestellt, daß meine Jeans so sehr eine Verkleidung waren, die mich unterdrückte. Heute glaube ich, daß — wenn ich in meiner Jugendzeit im Vertrauen auf Gott aufgewachsen wäre — Gott mein Schutz gewesen wäre. Er hätte mich sanft zu meiner Berufung als Frau geführt, und es hätte nicht diesen Bruch in mir gegeben.

Die Kleidung im Dienst des Leibes

Die Kleidung muß im Dienst des Leibes stehen, nicht der Leib im Dienst der Kleidung. Das trifft mich jedes Mal, wenn ich nach Afrika komme. Der Kontrast ist derart, daß er uns Unerwartetes bewußt werden läßt. Ich stehe bewundernd vor der Schönheit dieser afrikanischen Frauen, die ganz und gar nicht unserem «Kanon» entsprechen. Sie sind sehr heiter, und — wie auch die Gestalt ihres Leibes sein mag — sie sind schön und frei, in ihre Kleider gehüllt. In den westlichen Ländern muß sich der Leib den Forderungen der Mode unterwerfen, und wenn er dem «Kanon» nicht entspricht, dann mißhandelt man ihn in alle Richtungen, um zu versuchen, ihn ein wenig an dieses Idealbild anzupassen, das man uns in den Zeitschriften präsentiert, mit dem unangenehmen Gefühl, dem Modell niemals wirklich entsprechen zu können.

Die weibliche Kleidung bringt die Schönheit der Frau zur Geltung. Sie ist ein Zeichen der Weiblichkeit. Die Hose ist bei der Frau wie eine Rüstung und ein Schutz. Wie Jeanne d'Arc, die Männerkleidung anlegen mußte, um in den Krieg zu ziehen und eine männliche Aufgabe zu erfüllen, fühlt sich heute die Frau, die sich in einer sehr spezifisch männlichen Arbeitswelt wiederfindet, in Hosen wohler. Wenn sie sich sehr zerbrechlich fühlt, zieht sie die Rüstung des Mannes an, um geschützt zu sein.

In der Kirche ist die Frau das Zeichen der Gattin, sie ist da, um den Mann zur göttlichen Vermählung zu ziehen. Wenn es der Welt so schwer fällt, die Gnade der Frau zu akzeptieren, dann deshalb, weil sie ein Zeichen der Gegenwart Gottes ist. Die Welt hat Angst vor allem, was sie an ihre Schwäche erinnern könnte: sie will von niemandem abhängen. Sie läßt keinen Platz für Arme und Kleine, weil sie diese an das Bild ihrer eigenen Schwäche verweisen.

Die Frau kann dem Mann ihre Verwundbarkeit nicht ausliefern, ohne Gefahr zu laufen, zertrampelt zu werden, und man versteht, daß sie sich schützt. Nur wenn sie die Erfahrung der Vaterschaft Gottes und daher seines Schutzes gemacht hat, der uns von der Angst befreit, kann sie ihre Zerbrechlichkeit als eine Gnade annehmen, als eine Anlage ihres Wesens zur Empfänglichkeit. Ihre Verwundbarkeit wird, wenn sie Gott dargeboten wird, zum Ort der Entfaltung Seiner Kraft. «Meine Gnade erweist ihre Kraft in der Schwachheit» (2 Kor 12,9), antwortete der Herr dem heiligen Paulus, als dieser bat, von «einem Stachel in seinem Fleisch», der ständigen Erinnerung an seine Schwäche, befreit zu werden. Das Geheimnis der Frau anzunehmen, bedeutet für den Mann, seine eigene Verwundbarkeit, sein Gottesbedürfnis anzunehmen und mit Gott in Verbindung zu treten.

Den Mangel akzeptieren

Den Unterschied akzeptieren heißt auch, den Mangel zu akzeptieren, zu akzeptieren, etwas nicht zu haben, was der andere hat, sich selbst nicht zu genügen, sondern von jemandem abhängig zu sein, um erfüllt zu werden. Als Gott die Frau aus dem Mann erschuf, läßt uns die Bibel verstehen, daß er in jedem von ihnen gewissermaßen einen leeren Raum geschaffen hat. Der Mann hat einen Teil seiner selbst verloren und wird von der Frau angezogen. Sie ist ihm eine unerläßliche Hilfe. Er muß mit ihr tätig sein. Die Frau hingegen wurde wie ein Hohlraum gestaltet. Der Mangel ist in ihr Fleisch eingeschrieben. Beide haben es nötig, eine Liebesgemeinschaft zu leben, um sich zu verwirklichen.

Im Garten Eden war Gott im Herzen ihrer Beziehung, und sie empfanden keinen Mangel, sondern eine Fülle, die stärker wurde, wenn sie sich Angesicht in Angesicht gegenüberstanden. Im Augenblick des Sündenfalls, als sich Mann und Frau von Gott entfernt hatten, machten sie die grausame Erfahrung des Mangels. Sie entdeckten in sich einen inneren Abgrund, den nichts und niemand je ausfüllen konnte außer Gott selbst.

Von der Sünde gezeichnet, trägt jeder von uns in sich eine Leere, einen Abgrund, der uns Angst macht und den wir auf tausend Weisen aufzufüllen versuchen. Wir sind den Geschöpfen zugekehrt und versuchen, in ihnen unsere Identität zu finden, und vergessen dabei, daß wir sie nur von unserem Schöpfer her empfangen können. Was wir erleiden, ist in Wahrheit die Kehrseite der Sehnsucht nach Gott, die die tiefe Triebkraft in jedem menschlichen Herzen ist. Der Abgrund der Frau ist noch größer und macht sie noch verletzbarer als den Mann. Sie ist wirklich religiöser, direkter dieser Sehnsucht nach Gott ausgeliefert.

Es ist sehr wichtig, daß wir uns bewußt werden, daß diese Leere zu uns gehört und wir sie nicht künstlich auffüllen können. Die Versuchung ist immer, diese Leere mit etwas anderem als Gott füllen zu wollen. Man versucht «Erbschleicherei», um aus Angst vor dem Mangel materielle Güter und Personen für sich zu erhalten.

Das Gebiet des Gefühlslebens ist das Gebiet, auf dem wir die meisten Schwierigkeiten haben, die Armut zu leben und das Gefühl des Mangels zu akzeptieren. Die Heilung unseres Gefühlslebens beginnt, wenn wir den Mangel akzeptieren, wenn wir verstehen, daß wir — anstatt unsere Armut zurückzuweisen — sie uns zu eigen machen müssen, daß wir uns mit diesem Durst in uns «vermählen» müssen, im Wissen, daß Gott kommen wird, um ihn zu erfüllen weit über jede Erwartung und alle unsere Bitten hinaus.

Viele irrationale Einstellungen wurzeln in dieser tiefen Angst vor Liebesmangel. Wir wurden geschaffen, um geliebt zu werden und unaufhörlich zu lieben, aber seit dem Sündenfall fühlen wir schmerzlich alle Verminderungen der Liebe, jeden Mangel an Liebe. Wir ertragen es nicht, uns nicht geliebt zu fühlen, und das führt uns dazu, nach Ersatz zu suchen. Jeder wird entsprechend seinem Temperament in einer anderen Weise reagieren, aber die Wurzel ist für alle die gleiche. Einige streben nach Macht oder Wissen, andere nach Reichtum, wieder andere nach Verführung. Die Frauen haben Heißhunger nach Nahrung oder nach Kleidung oder unwiderstehliche Lust, einzukaufen oder zu sprechen.

Die Heilung geschieht also durch die Annahme des Mangels und sein Übersteigen in der Opfergabe seiner selbst an Gott. Jesus möchte uns befreien von der Angst vor dem Mangel, der uns in diese erbschleicherischen Haltungen zieht. Er beseitigt die Angst nicht durch eine Berührung mit dem Zauberstab, er hilft uns, sie zu besiegen. Er macht aus unserem Elend den Schlüssel zum Gewölbe der Seligpreisungen, die das Geheimnis der Glücks der kommenden Welt sind: Er läßt uns das Glück derer verkosten, die aus Liebe zu ihm die Angst hinter sich lassen und sich in ihrer Armut einholen lassen. «Selig, die arm sind vor Gott, denn ihnen gehört das Himmelreich» (Mt 5,3). Wer akzeptiert hat, entblößt zu werden, hat unmittelbaren Zugang zur Fülle des Reiches Gottes.

Wir müssen akzeptieren, daß unser Verlangen unersättlich ist, und verstehen, daß allein Gott unsere Sehnsüchte erfüllen kann; und wenn er sich manchmal verbirgt und uns noch die Erfahrung des Mangels beläßt, so deshalb, damit er in uns das Verlangen nach ihm wachruft. Er höhlt uns aus, damit er sich uns besser schenken kann.

Das Fasten hat als Ziel, uns in einen Zustand des Mangels zu versetzen, um in uns Hunger und Durst nach einer Nahrung, die nicht verdirbt, wachzurufen, um uns ein Verlangen ins Bewußtsein zu rufen, das tiefer als unser Wesen ist und das das Verlangen nach Gott, nach seiner Gegenwart, nach seiner Liebe ist. Das freiwillige Entbehren dessen, was lebensnotwendig ist, läßt uns Distanz gewinnen zu dem, wovon wir denken, wir könnten es nicht weglassen, und verstärkt in uns das Verlangen, noch viel tiefer erfüllt zu werden. Manchmal hat man nicht nötig zu fasten, weil uns das Leben von Natur aus in einen Zustand des Mangels stellt.

Unsere Mängel werden zu Schätzen, wenn sie zum Ort werden, wo wir erkennen, daß wir Gott brauchen, und wo er seine Macht erweisen kann, er, der immer unserer Schwäche zu Hilfe kommt. Der heilige Paulus wiederholt es mehrere Male: «Wenn ich schwach bin, bin ich stark», «Ich rühme mich meiner Schwäche», und die kleine heilige Theresia sagt als sein Echo: «Ich freue mich darüber, klein zu sein...»

Die heilige Familie, ein Ort der Heilung

Im Heiligtum sind wir nicht mehr von der Erde, sondern vom Himmel abhängig. Wir betrachten mit den Augen des Glaubens die Wirklichkeiten der kommenden Welt. Die Möglichkeit, «von oben» wiedergeboren zu werden, steht uns offen. Dem erstaunten Nikodemus, der sich fragt, wie es möglich sei, im Alter ein zweites Mal in den Schoß seiner Mutter zurückzukehren, antwortet Jesus: «Amen, amen, ich sage dir: Wenn jemand nicht aus Wasser und Geist geboren wird, kann er nicht in das Reich Gottes kommen.» (Joh 3,5)

In das Reich Gottes eintreten heißt auch, in die heilige Familie zu kommen, im Herzen der heiligen Familie zu leben, uns neu gebären zu lassen durch die Zärtlichkeit und Reinheit Mariens und Josefs, die Unschuld der Kindheit wiederzufinden, indem wir die Kindheit Jesu betrachten. Dazu können wir uns «adoptieren» lassen.

Corinna, die die Wärme einer «normalen» Familie nicht gekannt hatte, machte diese Erfahrung, von der heiligen Familie adoptiert zu werden.

> «Mein Vater war unbekannt, meine Mutter Prostituierte, so hatte ich praktisch nicht mit Mama gelebt; es war meine Großmutter, die sich um mich kümmerte. Ich war drei Jahre, als sie bei einem Autounfall vor meinen Augen starb, was für mich ein schrecklicher Schock war. Ich wurde in ein Waisenhaus gesteckt. Dort blieb ich meine ganze Kindheit und Jugend und wuchs praktisch ohne Geste der Zärtlichkeit oder der Liebe auf. Das rief in meinem Herzen starke Aggressivität hervor wegen des inneren Leidens, in dem ich mich befand, und ebenso eine Leere, eine schreckliche Einsamkeit. Mit 17 Jahren trat ich ins Berufsleben ein; das bereitete mir viel Angst, aber sehr bald begegnete ich einem Paar, das mir half vorwärtszukommen. Ich hatte eine persönliche Begegnung mit dem Herrn in einem «Foyer de Charité». Das war der Anfang eines wunderbaren Abenteuers mit dem Herrn. Nach mehreren Jahren lernte ich eine neue Gemeinschaft kennen, in der ich jetzt geweiht bin.
>
> Im Augenblick meiner ewigen Gelübde erhielt ich einen neuen Namen. In meinem Herzen war einiges Neue, das ich zu leben

hatte, und ich sagte mir, daß die Vergangenheit vergangen sei, daß man sie hinter sich lassen muß, daß man vorwärts gehen muß… Das stimmt zu einem Teil, aber der Herr geht nicht so vor…

Das durfte ich während eines Tanzseminars erkennen. Wenn mich jemand bei meinem alten Vornamen rief, ließ mich das heftig reagieren und brachte mich in Wut. Während eines Seminars zu israelischen Tänzen, das durch die Gemeinschaft der Seligpreisungen veranstaltet wurde, begrüßte mich die Person, die die Tagung leitete und die mich gut kannte, mit meinem früheren Vornamen. Wie immer reagierte ich heftig, sie antwortete ganz ruhig und einfach mit Zärtlichkeit «Weißt du, so hat dich der Herr gerufen, der dich auserwählt hat…» Es ist wahr, daran hatte ich nie gedacht. So wurde es mir zum ersten Mal bewußt.

Während der Woche des Seminars machten wir eine kleine Übung: Wir mußten uns alle im Kreis aufstellen, uns die Hand geben, die Augen schließen und uns in der heiligen Familie zwischen Maria und Josef vorstellen, uns von ihnen wiegen lassen. Während wir von den Armen des einen in die Arme des anderen wechselten, sangen wir: «Du liebst uns, Josef, wie uns Papa liebt…» Unseren Gesang begleiteten wir durch eine Bewegung des Leibes, der des Wiegens. Diese Übung dauerte einen langen Augenblick (durch diese scheinbar unbedeutende Geste hat der Herr in mir einen Berg aufgehoben).

Es war ein äußerst schmerzvoller Augenblick für mich. In meinem Herzen erhob sich Wut, eine Aggression gegen die Person, die uns diese Geste machen ließ. Wenn ich sie hätte schlagen können, hätte ich es getan. Diese Geste des Wiegens und die Einladung, von den Armen Josefs in die Arme Mariens zu gehen, enthüllte in meinem Herzen einen Berg von unerträglichen Leiden, die ich nicht mehr sehen wollte… das Leiden eines kleinen Mädchens, das auf der Welt Papa und Mama gebraucht hätte, damit sie es wiegen. Ich sagte mir: Als ich klein war, hätte ich gewiegt werden müssen, nicht jetzt mit 35. Ich fand das Ganze lächerlich.

Dann fühlte ich in meinem Herzen, daß der Herr mich wirklich frei ließ. Ich mußte eine Wahl treffen, ich war frei, zu bleiben oder den Saal zu verlassen, und ich wußte sehr gut, daß niemand das von mir wollte, am wenigsten der Herr. Er respektiert unsere Freiheit. Ich blieb. Ich war in großer Angst, und der Herr lud mich ein, diese Wunde neu zu erleben, in dieses Leiden einzugehen, das ich vergraben hatte, um es nicht mehr zu sehen. Ich verstand sehr schnell, warum ich so heftig reagierte, wenn mich jemand bei meinem alten Vornamen rief, ich hatte gewissermaßen das kleine Mädchen in mir getötet. Der Herr lud mich ein, diesen Mangel zu sehen, diese klaffende Wunde, und das kleine Mädchen, das ich war, zu lieben und leben zu lassen. Ich mußte mich mit mir selbst versöhnen lassen, mit meiner Geschichte. Während dieser Übung (es gibt keinen Zufall im Leben des Gläubigen, unser Gott kümmert sich um alles) gab ich eine Hand einem Mann, die andere einer Frau: ich hatte wirklich sehr stark den Eindruck, zwischen Maria und Josef zu sein, zwischen dem Vater und der Mutter, die ich niemals gehabt hatte.

Ich verstand, daß ich, um meine Ordensberufung leben zu können, die darin besteht, «Tochter, Braut und Mutter» zu sein, daß ich, um wirklich in die Gnade des neuen Namens, den ich erhalten hatte, eintreten zu können, daß ich dieses ganz kleine Mädchen leben lassen mußte, nicht jemand anderer sein durfte, mit einem Wort: Ich mußte akzeptieren, klein, arm und verletzlich zu sein. Durch den Namen wird die Identität gegeben, und indem er mich mit einem neuen Namen rief, würde der Herr nicht meine Vergangenheit ausradieren, sondern ihr eine Weite und neue Fruchtbarkeit inmitten meiner Leiden und meiner Mängel geben, wie um sie zu vervollkommnen. Er schlug mir den Schoß Mariens und die Vaterschaft des heiligen Josef vor, um neu geboren werden zu können. Das war eine große Gnade, das realisieren zu können. Möge seine Barmherzigkeit immer besungen werden!!!

Was zu der kleinen Begebenheit noch zu sagen wäre: Am nächsten Tag wünschte mir jemand beim Friedensgruß in der Messe den Frieden und erinnerte sich nicht mehr an meinen Vornamen... Zu meiner größten Überraschung sagte ich ihm meinen alten Namen! Das war für mich wie ein Zeichen, eine Bestätigung der Gnade, die mir der Herr gewährt hat.»

Durch Maria zum Vater geführt

Manche, die verstanden haben, daß das Ziel die Begegnung mit dem Vater ist, sehen nicht die Notwendigkeit, durch Maria dorthin zu kommen. Sie haben Angst, Gott etwas wegzunehmen, Angst, aus ihr eine Göttin oder ein Idol zu machen. Aber Maria behält uns nicht für sich selbst, sie führt uns unmittelbar zum Vater, sie führt uns in das Herz der Dreifaltigkeit ein.

Gott hat uns seinen Sohn gesandt, um uns zu offenbaren, daß er Vater ist, aber es ist nicht unbedeutend, daß das letzte Wort des Sohnes an den heiligen Johannes war: «Siehe, deine Mutter!» Jesus offenbart uns den Vater und er zeigt uns den Weg, indem er uns seine Mutter gibt. Wie Gott den Schoß Mariens gewählt hat, damit das Wort Fleisch werde, so sind wir eingeladen, in Maria neugeboren zu werden.[17] Indem wir Maria in unser Innerstes aufnehmen, nehmen wir die Frau par excellence auf, die in uns das verletzte Bild der Mutter heilen kann.

Das Evangelium beginnt mit den Worten des Engels an den heiligen Josef: «Fürchte dich nicht, Maria zu dir zu nehmen» (Mt 1,20) und endet mit den Worten Jesu an Johannes: «Siehe, deine Mutter» (Joh 19,27). Diese beiden Worte sind an uns persönlich gerichtet. Jesus hat uns den Weg gezeigt, damit wir seinen Spuren folgen. Das bedeutet, daß wir sein Leben leben und uns durch den Glauben alle Worte zu eigen machen können, die an ihn gerichtet sind. Hier liegt ein Geheimnis, das wir vertiefen müssen, der Schlüssel zu einer neuen Geburt.

Das Ziel aller Dinge ist die Rückkehr zum Vater. Man sieht, wie Maria in allen Abschnitten des Lebens Jesu nicht aufhört, ihn zum Vater zu führen, zuerst durch seine Unterwerfung unter Josef, ihren Bräutigam. Dieser hatte alle Initiativen, er traf die Entscheidung über ihre Ortsveränderungen. Zu ihm sprach der Engel im Traum, nicht zu Maria, wie um ihn in seiner Autorität als Haupt der Familie zu bestätigen. Als Jesus im Tempel wiedergefunden wurde, erinnert Maria ihren Sohn an die Unterwerfung unter seinen Vater: «Dein Vater und ich haben dich voll Angst gesucht.» (Lk 2,48)

Der Augenblick der Darbringung Jesu im Tempel ist sehr berührend: «Sie brachten das Kind nach Jerusalem hinauf, um es dem Herrn zu weihen, gemäß dem Gesetz des Herrn, in dem es heißt: Jede männliche Erstgeburt soll dem Herrn geweiht sein» (Lk 2,22f). Wir können uns die Gefühle Mariens im Tempel vorstellen, wo sie schon

17 Vgl. die Kassette von Br. Ephraim «Marie, un sein pour renaître»

als kleines Kind Gott geweiht worden war. Wir ahnen, wie sich Maria an die Sehnsüchte ihres Herzens erinnert, an ihre Gebete zum Vater, daß er den Erlöser seines Volkes senden möge, den so heiß erwarteten Messias; Maria, die in ihren Armen den Sohn der Verheißung trägt und nun kommt, um ihn dem Vater darzubringen und ihm zu sagen: «Es ist dein Kind! Dieser hier ist dein Sohn, dein einziger!»

Wie schön ist es, uns sagen zu können: Wenn wir uns Maria weihen, wenn wir sie als unsere Mutter annehmen, dann wird sie uns zum Vater führen und uns mit seiner Vaterschaft versöhnen.

Josef, Ikone des Vaters

Josef ist der Wächter des Geheimnisses der Inkarnation, der Wächter von Frau und Kind. Josef wird uns als unser Beschützer gegeben zu einer Zeit, in der Frau und Kind schutzlos geworden sind in einer feindlichen Welt, die ihnen das Recht auf Leben verweigert. Man tötet die Kinder im Schoß ihrer Mutter, und die Frau muß ihre weiblichen Werte verleugnen, um akzeptiert zu werden. Den heiligen Josef anzunehmen ermöglicht uns, unsere Verteidigungsmechanismen aufzugeben, unsere Rüstung abzulegen und uns anzunehmen, wie wir sind, ohne Furcht, abgelehnt zu werden.

Josef ist der Wächter der Jungfrauen und der Wächter der Vermählten, indem er den einen wie den andern ermöglicht, die Gnade der Frau entfalten zu können. Denn jede Frau hat es nötig, die Vaterschaft durch den Blick eines Vaters kennenzulernen, um Gattin werden zu können, ein wirkliches Gegenüber, damit sie nicht in eine Beziehung der Abhängigkeit gerät, in der sie sich verliert, oder in die Auflehnung, um sich vor der Herrschaft oder Verachtung des Mannes zu schützen.

Aber Josef gibt sich nicht damit zufrieden, uns anzunehmen, wie wir sind, er läßt uns wachsen, er stärkt uns, er teilt uns innere Stärke mit, damit wir unsere Berufung leben können. Wie ein Vater bleibt er an unserer Seite, damit wir nicht vor Hindernissen fliehen, damit wir nicht vor dem Leiden zurückweichen, sondern uns der Wirklichkeit stellen. Es ist, als wollte er uns sagen: «Weiche nie vor dem Leiden zurück, denn im Zurückweichen erkaltet die Liebe und das Leid wird unerträglich. Hab keine Angst, die Liebe ist stärker als das Leiden, die

Liebe verzehrt das Leiden.» Er ist der «Gerechte, der uns gerecht macht».

Jean-Luc erzählt, was die Begegnung mit dem heiligen Josef in seinem Leben verändert hat:

> Die Entdeckung des heiligen Josef wurde mir durch das Jesuskind zuteil. Es ist ganz einfach und für jeden Menschen zugänglich. Es läßt sich so zusammenfassen: sich in die Gegenwart des heiligen Josefs versetzen, das heißt, an ihn zu denken. Zu denken, daß er an meiner Seite ist, das genügt. Der Rest geschieht ganz von allein, wie ein Geschenk, das ich intuitiv empfange, ohne lange Überlegungen. Der heilige Josef wird mir geschenkt. Dann verstehe ich von innen her und ich sehe klar, daß die Haltung des heiligen Josefs eine große Einheit von Seele und Leib offenbart.
>
> Was mich am heiligen Josef am meisten beeindruckt, ist die tiefe Versöhnung der zwei Tugenden Stärke und Sanftmut, die von vornherein entgegengesetzt scheinen. Die Stärke und die Sanftmut, das erstaunt mich beim heiligen Josef; es scheint, daß diese beiden Tugenden nur eine einzige sind, so sehr vereinen sie sich zu einer einzigen Handlung. Die Stärke des heiligen Josefs ist eine große Stärke, aber sie entfaltet sich in einer großen Sanftmut.
>
> Sich in die Gegenwart eines Heiligen zu versetzen, heißt zwangsläufig, sich verwundbar zu machen, um das zu empfangen, was uns Gott durch ihn für unsere Heilung und zu unserem Trost schenken möchte. Ich entdecke also, wenn ich mich in die Gegenwart des heiligen Josefs versetze, was in der Haltung meines Leibes richtig oder nicht richtig ist. Er ist mir als Vorbild gegeben, das heißt als ein richtiger Maßstab dessen, was die wahre Identität des Mannes in seinem Leib, in seiner Seele und in allen seinen Fähigkeiten ist.
>
> Ein anderer Aspekt, der mich beeindruckt: Der heilige Josef ist ein Mann des Gebetes. Seine Bewegungen sind Gebet. In ihm sind Leib, Seele und Geist versöhnt, wie eine einzige Bewegung. Der heilige Josef ist ganz und gar Gebet. Es ist ein bißchen schwierig zu erklären für uns, die wir so oft in uns selbst gespalten sind. Wir müssen uns beständig in die Gegenwart des Bräutigams begeben, um diese Einheit zu erhalten. Beim heiligen Josef — es ist wie eine besondere Gnade — scheint alles ganz natürlich zu sein, "ohne jede Anstrengung"! Diese Gnade ist sicher an die Vaterschaft gebunden,

die er beim Jesuskind ausübte und die er an allen ausübt, die ihn als Vater annehmen.

Sich in die Gegenwart des heiligen Josefs zu versetzen heißt zu lernen, mit unserem Leib zu beten, uns mit ihm zu versöhnen und durch eine Neuerziehung des Leibes zum Rhythmus der Liebe die Einheit wiederzufinden. Wenn ich z.B. gehe, merke ich sehr schnell, sobald ich mich in die Gegenwart des heiligen Josefs versetze, ob ich im Rhythmus des Betens gehe oder nicht. In manchen Fällen läßt er mich meinen Schritt verzögern, weil er etwas zu heftig, etwas zu schnell ist. Ein anderes Mal fühle ich, daß ich mit mehr Einfachheit in meinem Leib gehen muß, was nichts mit einem Mangel an Würde zu tun hat, ganz im Gegenteil: Die Einfachheit, die in Gott gelebt wird, gibt dem Menschen seine ganze menschliche Würde wieder und läßt ihn seinen Adel wiederfinden.

Indem ich den heiligen Josef in seiner Stärke und seiner Sanftmut betrachte, werde ich in jeder meiner Gesten ausgeglichen. Wie ein Kind, das von seinem Vater beeindruckt ist und ihn nachahmen möchte, so ließ mich allein der Blick auf die Schönheit und den Adel dieses Mannes von innen her verstehen, was es bedeutet, ein Mann zu sein, es ließ mich wünschen, mehr und mehr in diese Gnade des Mannseins, geschaffen nach dem Bild Gottes, einzutreten. So habe ich auch verstanden, daß manche meiner Einstellungen nicht sehr männlich waren, und sofort war es mir möglich, sie zu korrigieren und die rechte Haltung einzunehmen.»

Diese Erfahrung, vom heiligen Josef erzogen zu werden, ist eine der schönsten Erfahrungen der Vaterschaft, die wir machen können. Er ist uns geschenkt, damit wir von unseren schlechten Erfahrungen mit der menschlichen Vaterschaft geheilt werden, damit in uns das Bild des Mannes, das Abbild des Vaters, wieder hergestellt werde. Wir sehen im Zeugnis von Jean-Luc, wie diese Vaterschaft ausgeübt wird, sehr diskret und respektvoll.

Auch Thomas, der Verantwortliche für eine Arbeitsgruppe, die mit Evangelisation beauftragt ist, hat eine starke Erfahrung der Gegenwart und der konkreten Hilfe des heiligen Josefs gemacht:

«Nach einem feurigen und begeisterten Anfang wurde die Arbeit im Laufe einiger Monate immer schwerer, das Klima des Gebetes und des brüderlichen Lebens wurde auch schwieriger, da jeder immer unabhängiger wurde, was die Atmosphäre sehr bedrückend machte. Nachdem ich lange gebetet hatte, entwickelte ich ein Projekt, um das Leben unserer kleinen Gruppe umzustrukturieren. Am folgenden Tag versammelte ich meine Gruppe, um allen dieses Projekt vorzustellen, das uns auf eine bessere Grundlage stellen sollte. Jedoch fühlte ich mich von Beginn der Versammlung an völlig zerschlagen. So in mich gekrümmt und mit bedrückter Stimme erklärte ich allen die Beschlüsse für ein besseres Wohlergehen der Gruppe. Es überraschte mich nicht, Protest und Kritik zu hören, die verletzten und die Einheit der Gruppe zutiefst gefährdeten. Alle forderten eine andere Versammlung, um jeden der angeschnittenen Punkte diskutieren zu können.

Am folgenden Tag erflehte ich während des ganzen Tages die Hilfe des heiligen Josefs, damit er mir helfe und mir die Haltung zeige, die ich in einer solchen Situation einnehmen sollte. Ich entschloß mich dann, meine Hand in die Tasche zu stecken, um in jeder Schwierigkeit meinen Rosenkranz zu ergreifen, so als ob ich die Hand des heiligen Josefs ergriffe.

Der Abend der Versammlung kam, der heilige Josef hatte mich den ganzen Tag lang begleitet, und ich fühlte ihn fast körperlich bei mir. Da wurde mir bewußt, daß meine Haltung meinen Gesprächspartnern gegenüber ganz anders geworden war. Schon körperlich hatte ich mich wieder aufgerichtet, mein Kopf war sehr viel aufrechter, meine Augen konnten jedem, den ich ansprach, ins Gesicht sehen, selbst der Klang meiner Stimme war verändert. Mein Herz, meine Seele und mein ganzer Leib waren ganz im Frieden, in einer Harmonie von Kraft und Liebe, von Festigkeit und Zärtlichkeit. An einem einzigen Tag hatte die Gegenwart des heiligen Josefs mein ganzes Verhalten umgestürzt oder vielmehr wieder hergestellt.

Als Verantwortlicher für diesen Abend also konnte ich mich an die einen wie an die anderen wenden und auf die Einwände mit großer Festigkeit und in Liebe antworten. Die folgenden Tage fuhr ich fort, Minute für Minute diese Gegenwart des heiligen Josefs bei mir zu bewahren. Ich muß sagen, je mehr sich diese Gegenwart in mir verstärkte, desto mehr fühlte ich, wie sich die Menschen um mich beruhigten und eine neue Ausgeglichenheit fanden. Ich war fähig, eine sehr schwierige Entscheidung zu treffen, die ich vorher sicher nie hätte treffen können. Seither fühle ich, daß ich ein Mann geworden bin. Das Vorbild und die Vaterschaft des heiligen Josefs haben mich in meiner Rolle als Bruder, Gatte und Verantwortlicher umstrukturiert, indem sie mir ermöglichten, mich in jeder meiner Beziehungen richtig zu verhalten.»

Ich kannte Thomas nicht näher und konnte an seiner Erfahrung nicht unmittelbar teilnehmen, aber ich bemerkte, daß seine Schultern sich strafften. Vorher hatte er sie hängenlassen, den Kopf eingezogen zwischen den Schultern, wie um sich vor eventuellen Schlägen zu schützen. Ich fühlte, daß er viel auf seinen Schultern trug. Aber seit einiger Zeit bemerkte ich eine Veränderung in seiner Haltung. Er ging wieder aufrecht und hatte eine Sicherheit, die ich an ihm nicht kannte. Als ich das ihm gegenüber bemerkte, erzählte er mir seine Erfahrung mit dem heiligen Josef und bestätigte mir so dessen besondere Rolle in Bezug auf den Leib, auf die rechte Haltung. Es ist, wie wenn seine bloße Anwesenheit genügte, um aufzurichten, was verbogen ist, und in Ordnung zu bringen, was in uns nicht ganz richtig ist. Das ist der Unterschied zwischen einem Idol und einem Vorbild. Das Idol ist ein Bild, unfähig, uns das Leben zu vermitteln und uns zu verwandeln. Aber wir brauchen Vorbilder, nach denen wir uns ausrichten, mit denen wir uns identifizieren, um dadurch unsere eigene Identität zu finden.

Ich hatte kürzlich das Glück, eine Wallfahrt nach Spanien auf den Spuren der Karmelheiligen machen zu können. Ich war mit einer Gruppe Seminaristen unterwegs, und als ich mich fragte, welche Gnade ich in Avila erbeten sollte, schien mir offensichtlich, daß die Gnade der heiligen Theresia die Männlichkeit war. Das war ziemlich erstaunlich. Wie hatte sie so sehr Frau und zugleich so männlich sein können? Nicht nur männlich, sondern mit einer Seelenkraft, die ihr ermöglichte, alle Gefahren, alle Widersprüche zu meistern. Dennoch war Theresia eine schwache Frau, von schwächlicher Gesundheit, aber das hinderte sie nicht, den Wegen und Stürmen zu trotzen, um ihre Klostergründungen durchzuführen, unter Umständen, die mehr als einen Mann entmutigt hätten. Was war ihr Geheimnis?

Theresia war nicht allein. Sie hatte Gott ganz zuverlässig an ihrer Seite, und das genügte ihr. Aber sie hatte auch einen Mann bei sich, und dieser Mann hieß Sankt Josef. Sie unternahm nichts ohne ihn und übertrug ihm die Vaterschaft für alle ihre Gründungen, indem sie jedes ihrer Klöster «Konvent St. Josef» nannte. Sie war es, die die Andacht zum heiligen Josef verbreitete. Sehr oft erwies er ihr seine Gegenwart und seinen Schutz. Da sich Theresia beschützt fühlte, brauchte sie sich nicht zu verteidigen und konnte ganz Frau sein. Wenn die Gegenwart des heiligen Josef den Männern ermöglicht, sich auszurichten, indem er ihnen ein Vorbild anbietet, und Mann zu werden in einer männlichen Beziehung, so ermöglicht sie der Frau, ganz Frau zu sein. Die Frau hat es dann nicht länger nötig, das Fehlen des Vaters zu kompensieren, indem sie ihren eigenen Schutz sichert. Eine Stärke wird ihr aus dem Inneren vermittelt, die sie von der Angst und all ihren Konsequenzen befreit.

Der heilige Johannes sagt uns, daß wir «ihm ähnlich sein werden, denn wir werden ihn sehen, wie er ist» (1 Joh 3,2). So gilt auch: Wenn wir Josef und Maria im Evangelium betrachten, ihr Leben anhand der Rosenkranzgeheimnisse meditieren, sie als Ikonen der Vaterschaft und Mutterschaft Gottes annehmen, dann werden wir Jesus ähnlich, wir werden Söhne und Töchter, wir finden unsere Unversehrtheit, unsere Einheit wieder, wir werden endlich befreit.

Die Begegnung mit dem Vater

Zum Vater gehen

Wie der verlorene Sohn, der sich auf dem Weg zum Vaterhaus seine Rede vorbereitet hatte, nicht weiter als bis zum ersten Satz kam, so finden auch wir in der Gegenwart des Vaters keine Worte mehr. Wir sind in der Stille verankert, in der endlich Sein Wort erklingen kann. Es genügt, daß wir die Entscheidung treffen: «Ja, ich will aufbrechen und zu meinem Vater gehen», daß wir uns auf den Weg machen, damit der Vater sich beeilt, uns entgegenzukommen. Der Vater hätte sagen können: «*Er* ist doch fortgegangen, ich werde mich nicht vom Fleck rühren, ich werde warten, daß er den Weg auf sich nimmt und zurückkehrt.» Aber sobald er sein Kind erblickt, läßt er alles liegen und eilt ihm entgegen: «Der Vater sah ihn schon von weitem kommen und er hatte Mitleid mit ihm. Er lief dem Sohn entgegen, fiel ihm um den Hals und küßte ihn» (Lk 15,20). Das ist die Weise, wie Gott uns liebt. Er hört nicht auf zu warten, und sobald er in uns das leiseste Verlangen wahrnimmt, die geringste Bewegung auf ihn zu, eilt er uns entgegen.

Ich persönlich bin davon überzeugt, daß es kein größeres Glück gibt, als dem Vater zu begegnen. Der heilige Pfarrer von Ars drückte es so aus: «Es gibt kein größeres Glück auf Erden, als den lieben Gott zu lieben und zu wissen, daß der liebe Gott uns liebt.»

Die Jünger Jesu wußten es: «Zeig uns den Vater, das genügt uns.» Jesus ist gekommen, um uns zum Vater zu führen und uns sein Angesicht zu enthüllen: «Wer mich gesehen hat, hat den Vater gesehen», antwortet er Philippus, der ihm die Frage gestellt hatte (Joh 14,8f). Und der heilige Johannes sagt uns: «Niemand hat Gott je gesehen. Der Einzige, der Gott ist und am Herzen des Vaters ruht, er hat Kunde gebracht» (Joh 1,18). Unser ganzes Leben ist auf diese Begegnung hingeordnet.

Ich habe bereits im Buch «Die priesterliche Frau» meine Erfahrung mit dem Vater erzählt, aber ich möchte hier gerne darauf zurückkommen, weil sie für mich grundlegend ist. Sie war eine Wende in meinem Leben. Ich erinnere mich nicht mehr, was mich an jenem Tag in diesen Zustand gebracht hatte, aber ich war wütend und verärgert darüber, wütend zu sein. Als ich die Kapelle zur Vesper betrat, wurde ich plötzlich von widersprüchlichen Gefühlen überfallen. In der Gegenwart Gottes machte ich dieselbe Erfahrung wie Adam nach dem Sündenfall: Ich schämte mich und hatte Angst, gesehen zu werden. Ich hätte mich verstecken wollen, vor Gott fliehen, damit er mich nicht in diesem Zustand sehen würde. Aber zugleich fühlte ich in meinem Inneren ein Hingezogensein, wie eine Stimme, die mir sagte: «Wirf dich in meine Arme.» Ich weiß nicht, wie lange dieses innere Dilemma dauerte. Es war sehr stark, aber Gott war stärker, und ich warf mich in seine Arme. In diesem Augenblick hörte ich in meinem Herzen diese Worte, die ich nie mehr vergessen konnte: «Mein Blick macht dich rein.» Alles wurde mir klar. Ich verstand, daß ich die Heiligkeit niemals aus mir selbst erreichen konnte und daß das Einzige, was Gott von mir verlangte, war, mich ohne Unterlaß in seinem Blick aufzuhalten. Ich verstand, daß ich einzigartig war, daß ich geliebt war, daß ich eine vielgeliebte Tochter des Vaters war.

Seit diesem Tag ist es immer ein Glück, seinen Blick der Zärtlichkeit zu spüren, der auf mir, auf meiner Schwäche ruht. Ich brauche ihm nichts zu beweisen, weil er mich liebt, so wie ich bin. Ich kann klein sein und in Sicherheit, denn er ist meine Stärke, mein Verteidiger, mein Schild. Er ist «mein allmächtiger Vater».

Unser Vater weiß, unser Vater sieht.

Der Weg der Kindschaft der kleinen heiligen Theresia ist nichts anderes als diese Erfahrung der Vaterschaft Gottes. Man kann sich nicht erlauben, Kind zu sein, wenn man keinen Vater hat; das ist unglücklicherweise das Drama so vieler Kinder, denen man die Kindheit gestohlen hat. Theresia hatte eine verrückte Kühnheit Gott gegenüber; sie wagte alles, weil sie keinen Augenblick an seiner Liebe zweifelte.

«Gott erduldet alles, er weiß alles, er kann alles und er liebt mich!», sagte mir eine Missionsschwester auf ihrem Sterbebett. Ich kann mich also ihm überlassen im unerhörten Vertrauen der ganz Kleinen. Was kann mir Böses zustoßen, wenn mein Vater mich liebt?

Er erhört uns.

«Wir haben ihm gegenüber Zuversicht, daß er uns hört, wenn wir etwas erbitten, das seinem Willen entspricht. Wenn wir wissen, daß er uns bei allem hört, was wir erbitten, dann wissen wir auch, daß er unsere Bitten schon erfüllt hat.» (1 Joh 5,14-15)

Er liebt uns!

Jesus ist gekommen, um uns die Liebe des Vaters zuzusagen: «Ich sage nicht, daß ich den Vater für euch bitten werde; denn der Vater selbst liebt euch, weil ihr mich geliebt und weil ihr geglaubt habt, daß ich von Gott ausgegangen bin.» (Joh 16,26f)

Dein Vater, der im Verborgenen ist

Unsere Pilgerreise zu uns selbst, die zugleich der Aufstieg zum und der Eintritt in den Tempel ist, hat uns für diese innige Beziehung zum Vater bereitet, von der Jesus spricht: «Du aber geh in deine Kammer, wenn du betest, und schließ die Tür zu; dann bete zu deinem Vater, der im Verborgenen ist. Dein Vater, der auch das Verborgene sieht, wird es dir vergelten.» (Mt 6,6)

Ins Herz hinabsteigen

Auf dem Weg nach Jericho spricht Jesus einen kleinen Mann an, der auf einen Feigenbaum gestiegen war, um ihn vorbeigehen zu sehen: «Zachäus, komm schnell herunter! Denn ich muß heute in deinem Haus zu Gast sein» (Lk 19,5). Das ist die Bewegung im Gebet: Wir müssen herabsteigen, hinabsteigen in unser Herz, um dort den zu empfangen, der heute bei uns zu Gast sein will, der uns seine Gegenwart verkosten lassen will, der sich mit uns vereinen, sich mit unserem ganzen Wesen vermählen will.

Die wahre Begegnung kann nur in der Intimität geschehen: «Der König führt mich in seine Gemächer», sagt die Braut des Hoheliedes (1,4). Dort werden wir Freunde des Bräutigams: «Ich nenne euch nicht mehr Knechte, sondern Freunde.» (Joh 15,15)

Wie kann uns der Vater offenbart werden? Jeder hat eine einmalige Antwort auf diese Frage. Es ist das Geheimnis des Königs, der uns selbst in sein Brautgemach führt, das das Allerheiligste ist; aber man muß auch ersehnen, dort eingelassen zu werden.

Zeugnisse

Ich möchte hier einige Zeugnisse dieser Begegnung mit dem Vater veröffentlichen. Für Pascal war es die Erfahrung seines Lebens:

> «Ich war 15 Jahre, als mein Vater bei einem Autounfall starb. Zu dieser Zeit hatte ich wirklich ein konfliktbeladenes Verhältnis zu ihm; er war ein Mensch, einerseits voll Zärtlichkeit, Liebe und Großmut, aber paradoxerweise von gewalttätigem Charakter, und ich hatte als kleines Kind wirklich oft Angst vor ihm. Das war ein erster Einschnitt, eine erste Ablehnung meinerseits. Mit 15 — dem

Alter, wo es zum guten Ton gehört, "den Vater zu töten" — begann die Revolte, die so weit ging, daß ich ihm eines Tages während eines heftigen Streites entgegenschleuderte, ohne wirklich die Bosheit meiner Worte zu merken: "Auf jeden Fall habe ich dich satt, ganz satt!" Einige Tage später starb er… und Gott allein weiß, wie sehr ich — unbewußt, aber wirklich — die Schuld an seinem Tod auf mich nehmen mußte.

Im Rückblick erkenne ich, daß ich bei der Nachricht seines Todes einen Augenblick lang sehr brutal vor die Wahl gestellt war: die Realität seiner Abwesenheit zu ermessen und zusammenzubrechen oder mich zu verhärten, indem ich die Gleichgültigkeit wählte und aus Stolz nicht weinte. Ich entschied mich für die zweite Möglichkeit, und ich hatte damit stillschweigend entschieden, daß ich nicht unter seiner Abwesenheit leiden würde, daß ich ohne ihn zurechtkommen würde. Ich fuhr also fort, mein Leben zu leben und sagte mir gewissermaßen: "Nach allem ist es so viel leichter; ich mache, was ich will, wie ich will, wann ich will…" Wir hatten finanzielle Mittel, meine Mutter ließ mir eine königliche Freiheit, die ich übrigens nicht allzu sehr mißbrauchte, und ich führte mein Leben ohne Vater und ohne Schwierigkeiten. Scheinbar.

Nach und nach begannen sich die Dinge bedenklich zu verschlechtern. Nach meinem Abitur arbeitete ich nicht mehr, ich hatte zwar Fähigkeiten, konnte sie aber überhaupt nicht nutzen. Ich fiel zweimal bei einer Prüfung durch; vor allem hatte ich kein Ziel, keine Lust für die Zukunft. Ich hatte schreckliche Angst davor, groß zu werden, erwachsen zu werden, wählen und mich entscheiden zu müssen, in mein Leben zu "investieren". Es gelang mir trotzdem, ohne Begeisterung, ein Diplom zu erhalten, und von Zeit zu Zeit ertönte in meinem Inneren diese kleine Stimme, die ich schon in meiner Kindheit gehört hatte und die mir zuflüsterte, daß mich Gott vielleicht riefe.

Dieser Ruf ließ sich, als ich 24 war, deutlich und unzweifelhaft vernehmen! Mit einem Schlag war ich von Freude überflutet: Mein Leben hatte einen Sinn, und keinen geringen! Aber ich mußte dem Herrn antworten, mich entscheiden und wählen, und das war das Drama: ich war unfähig, auch nur irgendeine Entscheidung zu treffen. Das Schmerzlichste war, den Ruf Gottes, die Berufung zu "fühlen", und zugleich dieses psychische Gelähmtsein, ihm zu entsprechen. Es schien mir klar, daß ich niemals daraus herauskommen könnte, und das war zum Verzweifeln. Nach zwei Jahren — sie waren eine große Krise, in der mir schien, daß ich alles verlor: Intelligenz, Gedächtnis, Gesundheit — ich war ganz, ganz arm geworden — erhielt ich die große Gnade, die ich allen wünsche, weil ich ermessen kann, wie wesentlich sie für jeden Menschen sein kann.

Es war mein Namenstag. Ich stand am Morgen auf und sagte dem Herrn (voller Angst!): Erinnere dich, heute ist mein Namenstag, du schuldest mir ein kleines Geschenk! Ich erwartete einen Brief, einen netten Besuch, eine gute Nachricht, was weiß ich. Der Abend kam: nichts! Ein banaler, trüber Tag, eine Enttäuschung. Bevor ich mich niederlegte, begann ich zu beten (es ist wahr, daß es mir trotzdem gegeben war, oft beten zu können, manchmal sogar den Herrn für meinen Zustand zu preisen, während ich wirklich danach verlangte, daß er aufhören möge!), und mit einem Schlag fühlte ich eine Gnade von oben auf mich herabkommen, in einer sehr sanften und zugleich sehr festen Salbung: die Gegenwart des Vaters! Ich konnte nur mehr sagen: Papa! Ich sprach mit Gott und rief aus: Papa, Papa, mein Papa! Und dieses "Papa!" war mit allem beladen, was ein Kind hineinlegen kann, wenn es seinen Vater ruft: ein Gefühl des Gekanntwerdens, Sicherheit, Vertrauen, Stolz, Hingabe... Der Blick, den ich ganz stark auf mir fühlte, war nicht verurteilend, sondern von unermeßlicher Güte und absolutem Vertrauen.

Bei jedem "Papa!" schien mir, daß der Vater mir antwortete: "Aber ja, mein Kleiner, ich bin da!" Etwa zwei Stunden lang war mein einziges Gebet dieser Schrei; ich nährte mich gewissermaßen an diesem Dialog, an dieser Gegenwart, an diesem Blick. Ich fühlte, daß zutiefst eine Ausrichtung erfolgte; was in mir zugleich mit meinem irdischen Vater gestorben war, erhielt wieder sanft Leben. Ich entdeckte, daß ich Recht auf einen Vater hatte, daß meine Identität in seinem Herzen verborgen war, daß er mich von Ewigkeit her ersehnte, wie ich war, daß er mich kannte, besser als ich mich selbst kannte, daß er einen Liebesplan für mein Leben hatte und daß meine Unfähigkeit, diesem zu entsprechen, kein Hindernis für ihn war, wenn ich ihm vertraute. Ich verstand deutlich, daß seine Gnade mächtig genug war, um zu verwirklichen, was mir menschlich unmöglich war. Tiefer Friede erfüllte mich, verstärkt durch ein Gefühl der Sicherheit: mein himmlischer Vater weiß, nichts kann mir passieren.

Von Tag zu Tag beruhigten sich meine Ängste; jedesmal, wenn sich ein Ansturm ankündigte, entschärfte ich ihn, indem ich "Gedächtnis hielt" an die empfangene Gnade, das heißt, indem ich sie neu aktualisierte und mir sagte: Mein Vater weiß es! So traf ich einige Wochen später unglaublich leicht die Entscheidung, in eine Gemeinschaft einzutreten, im Licht der Klarheit. Es war das Ende des Tunnels, seither sind 15 Jahre vergangen.
Übrigens ließ mich diese Begegnung mit dem Vater nicht augenblicklich jemand anderer werden, sondern sie entfaltete sich in der Zeit; sie ist wie die Grundgnade, die das Tor zu anderen Heilungen geöffnet hat; sie entfaltet sich auch heute noch, und ich glaube, daß ich davon bis zu meinem letzten Atemzug leben werde! Eines ist für mich sicher: Wir alle werden zu diesem Rendevous mit unserem Vater erwartet, zu dieser Umarmung der Freude, zu diesem Ruhen unseres ganzen Wesens am Herzen des Vaters.

Nadia, die durch einen gewaltsamen Vater verletzt worden war, konnte nicht hören, daß Gott Vater ist. Sie erzählt uns, wie er sich ihr offenbart hat:

«Ich wuchs in einer Familie katholischer Herkunft mit 10 Kindern auf, meine Mutter gab uns eine christliche Erziehung. Meine Kindheit war geprägt, ja gestört von der Tatsache, daß mein Vater trank, spielte und gewalttätig war. Meine Geschwister, meine Mutter und ich selbst haben viel unter dieser Situation gelitten. Wir beteten aus ganzem Herzen für seine Bekehrung. Wir verehrten Maria und beteten oft den Rosenkranz.
Mit 8 Jahren, bei meiner Erstkommunion, habe ich dem Herrn mein Leben gegeben für die Bekehrung der Sünder, und in meinem kleinen Kinderherzen dachte ich natürlich an meinen Vater. Mit 13 Jahren erneuerte ich am Tag meiner Firmung dieses JA zu Jesus. Mit 16 Jahren ging ich durch eine sehr schmerzliche Krise. Ich glaubte, daß mich der liebe Gott verraten hätte, weil er mein Gebet nicht erhört hatte. Mein Vater war immer noch der gleiche, ich verstand es nicht und ich konnte nicht mehr ertragen, meine Mutter so leiden zu sehen. Ich wollte nicht hören, wenn jemand sagte, daß Gott ein VATER sei; ich war voll Auflehnung gegen die Kirche. Ich entschied, mein eigenes Leben zu leben, ich wollte wie alle anderen sein. Ich folgte meinen Kameradinnen und Kameraden, ich ging ins Lokal, etc.

Um meine Familie nicht zu betrüben, ging ich am Sonntag zur Messe.

Nach zwei Jahren wurde mir klar, daß es mir nicht besser ging. Ich hatte versucht, mein Leben zurückzunehmen und fand mich in einem schwarzen Loch. Ich war in einer tiefen Traurigkeit, weil die Welt (Kameraden, Kameradinnen etc.) dieses Verlangen, zu lieben und geliebt zu werden, das ich im Grund meines Herzens empfand, nicht stillen konnte. Zur gleichen Zeit kam mir immer wieder ganz stark eine Frage: Was machst du mit deinem Leben? Ich fühlte mich verloren.

Zu diesem Zeitpunkt sprach eine meiner Schwestern zu mir über Gott, daß Gott Vater ist, Zärtlichkeit und Barmherzigkeit, und sie lud mich zu einer charismatischen Gebetsgruppe ein. Anfangs hatte ich große Schwierigkeiten zu glauben, daß der Herr mir helfen und mich LIEBEN könnte, aber trotzdem stimmte ich zu, mit ihr zum Beten zu gehen. Als ich die Kirche betrat, war ich berührt von der Begrüßung, von der Freude, von der Gegenwart der Jugendlichen, und ich verstand, daß die Kirche nicht tot ist. Ich fand sie schön! Ich lernte also in dieser Gruppe wieder zu beten und nach und nach fand ich die Freude am Leben wieder.

Nach einiger Zeit begab ich mich zu einem Jahrestreffen der Charismatischen Erneuerung, es war ein PFINGSTTAG. Genau an diesem Tag hat Gott Vater mir seine Liebe, seine Zärtlichkeit und seine Barmherzigkeit offenbart. Während eines Lieds zum Heiligen Geist gerade vor der Eucharistie war ich mit der Jungfrau Maria und den Aposteln im Zönakel und ich fühlte das Feuer der Liebe vom Himmel herabkommen. Eine unermeßliche Freude und ein unendliches Erbarmen durchdrangen meinen Leib und mein Herz. Ich sah mich sterben und zugleich neu geboren werden. Auf dem Grund meines Herzens sagte mir eine Stimme: "Ich LIEBE dich, und das Glück, das du schon immer suchst, gebe ich dir heute, weil ich dein GOTT, dein VATER bin." Noch nie hatte ich mich so geliebt gefühlt. Und der Herr sagte mir auch: "Diese Liebe, die ich dir schenke, ist nicht allein für dich, sondern auch für alle, die dich umgeben. Geh und trag meine Liebe weiter, beginn bei deinem Vater!"

Mein ganzes Leben veränderte sich in diesem Augenblick. Als ich nach Hause kam, war ich nicht wiederzuerkennen. Meine Eltern verstanden nicht, daß ich die ganze Nacht beten konnte. Am folgenden

Tag erzählte ich meinem Vater, was ich erlebt hatte, und sagte ihm: "Papa, diese Liebe Gottes ist auch für dich; dein Leben muß sich ändern." Er war erschüttert und begann zu weinen, und auch sein Leben veränderte sich. Er beichtete nach 29 Jahren. Wir gingen als Familie zur Messe und an diesem Abend beteten wir alle gemeinsam den Rosenkranz. Unsere Familie entdeckte einen tiefen Frieden, und wir erlebten sehr schöne Dinge miteinander und mit dem Herrn. Danke, Herr, für deine unendliche Güte und deine Treue!

Ich fuhr in meiner Sendung fort, die Liebe Gottes zu den Jugendlichen und Kindern zu tragen. Gemeinsam organisierten wir Evangelisationseinsätze, bis ich den Ruf vernahm, alles zu verlassen, die Familie, die Arbeit, die Freunde, um mich dem Herrn zu weihen für das Heil der Welt.»

Bei Louis, einem jungen Priester, geschah die Begegnung mit dem Vater durch die Vermittlung des Heiligen Vaters.

«Abba, Vater, ich bin dein Kind. Was immer ich erlebe, ich habe die Sicherheit, zutiefst von dir geliebt zu sein, mit einer beständigen Liebe, und ich kann deinen Segen in Anspruch nehmen, mich fest an dein Herz drücken lassen. — Das sind nicht nur Worte; das ist eine Lebenserfahrung, eine Glaubenserfahrung.

Alles begann durch ein von der Vorsehung bestimmtes Ereignis: ein einfaches Foto in einer Zeitschrift, das unseren Papst Johannes Paul II. zeigt, wie er auf seiner ersten apostolischen Reise in die USA ein Kind umarmt, einen kleinen Jungen, der das unschuldige Opfer von Aids geworden ist. Ich stieß "zufällig" auf dieses Foto und war zu Tränen gerührt von einer zärtlichen Liebe, die ich bisher nie erfahren hatte. Plötzlich schien mich die Vaterschaft Gottes zu ergreifen, nicht mehr bloß im Verstand, sondern im Herzen.

Ich entdeckte durch die Vermittlung des Heiligen Vaters, der dieses Kind umarmte, daß Gott Vater ist, mein Abba, "mein Vater für mich", in einer ganz persönlichen, aber nicht ausschließlichen Beziehung. Er schien mir die unermeßliche Güte Gottes zu allen seinen Geschöpfen aufzudecken, sein Wohlwollen allen gegenüber. Große Freude erfüllte mein Herz, ein Weg des Vertrauens öffnete sich vor mir. Ich begann, eine innere Freiheit zu erfahren, die mich mehr und mehr von den äußeren Blicken und Beurteilungen befreite, nicht um alles Mögliche zu machen, sondern um einfach in Seiner Gegenwart zu sein, unter Seinem Blick, in Seiner Hand, in Seinem Willen für mich.

Einige Monate später durfte ich eine Pilgerfahrt nach Rom machen. Nach der Mittwochaudienz für die Pilger kam eine Ordensschwester, die ich nicht kannte, spontan auf zu mich zu und händigte mir, ohne daß ich sie etwas gefragt hätte, einen Stoß Bilder aus. Es war das gleiche Foto des Heiligen Vaters, wie er das Kind umarmt. Durch diese Episode verstand ich, daß der Herr selbst bestätigte, was er mir zu leben geschenkt hatte, und das ermutigte mich, bei dieser Entdeckung auszuharren.

Ich begann, viel für den Heiligen Vater und für seinen Dienst zu beten. Ich litt innerlich sehr an den Kritiken, denen er wegen einiger seiner Pastoralreisen ausgesetzt war. Es schien mir, daß sie direkt das Herz Gottes verwundeten.

Eines Abends in meinem Zimmer lag es mir am Herzen, den himmlischen Vater zu bitten, mich zu segnen, weil auch ich sein Kind bin. Ich betete folgendermaßen: “Vater, segne mich, denn ich bin dein Kind, nimm mich in deine Arme, drück mich an dein Herz, erneuere in mir die heilige Salbung durch deine Liebe. Segne mich durch die Hände deines Sohnes Jesus, in der Kraft des Heiligen Geistes, durch das Unbefleckte Herz Mariens. Erneuere mich in deiner Vaterschaft, in der Liebe zu dir und meinen Brüdern.” Dann schloß ich die Augen und war wie eingehüllt von der Zärtlichkeit Gottes, von einer wahren und starken Liebe.

Seitdem bitte ich oft unseren Vater im Himmel, mich zu segnen. Ich lebe es im Glauben, weil ich diese Gegenwart nicht mehr auf stark spürbare Weise empfinde, aber jedes Mal bin ich sicher, gesegnet zu werden, erhört zu werden.

Zu gleicher Zeit entdeckte ich den heiligen Josef als “Vater”, als Vermittler der Vaterschaft Gottes, und das ließ diese Gnade, die ich empfangen hatte, noch mehr wachsen.»

DAS ALLERHEILIGSTE, FÜLLE DER LIEBE

Dank sei dir, mein Gott,
für das Heiligtum meiner Seele,
für diesen Raum tiefer Stille,
wo Unreines oder Beflecktes niemals eingedrungen ist
und niemals eindringen wird,
weil Du sein Wächter bist.

Dank sei dir, mein Gott,
daß keine Verletzung durch Menschen
diesen geheimen Garten entstellen konnte,
dieses Allerheiligste,
wo allein du, mitfühlender Hoherpriester, eintrittst,
bekleidet mit deiner Ehre.

Dank sei dir, Gott der Güte,
weil du mir bei jedem Sturz gezeigt hast,
daß du in mir wohnst,
viel tiefer noch als meine Sünde.

Dank sei dir, Herr,
daß keiner meiner schlechten Gedanken
und keine meiner Empörungen
die Pforte überschreiten konnte,
die dein Engel bewacht.

Ich weiß, daß du mich erwartest
zu einer letzten lichterfüllten Begegnung
in diesem Tabernakel der Liebe,
wohin sich mein ganzes Wesen zurückziehen wird.

Dank sei dir, mein Gott,
weil die Seele, die du in mich gesenkt hast, rein ist.

Ephraim

Durch den Glauben in die Fülle eingehen

Im Heiligtum sind wir dem Vater begegnet, unter seinem Blick haben wir das Glück wiedergefunden, vielgeliebte Söhne und Töchter zu sein. Aber er ruft uns noch weiter und hält für uns die verborgenen Schätze derer bereit, die nicht mehr Knechte, sondern Freunde sind. Er gibt sich nicht damit zufrieden, uns in den Tempel eintreten zu lassen, damit wir dort unser Priestertum ausüben und alles «durch Ihn und mit Ihm und in Ihm» vollbringen. Er möchte von nun an, daß wir an unserem ganzen Erbe teilhaben, und so öffnet er uns den Zugang zum Allerheiligsten, diesem Ort, wo er sich in seiner Fülle offenbart, wo wir in das Herz der dreifaltigen Liebe geführt werden und wo wir eine verwandelnde Vereinigung mit dem dreimal heiligen Gott erfahren: heilig ist der Vater, heilig ist der Sohn, heilig ist der Geist.

Über seine Vaterschaft hinaus, die uns zeugt und uns bis zur «Gestalt des vollkommenen Menschen» wachsen läßt, möchte Gott uns zu Partnern machen. Im Allerheiligsten unterhielt sich Mose mit Gott, wie ein Mensch mit seinem Freund spricht, und er sprach zu ihm von Angesicht zu Angesicht (Ex 33,11). Dorthin will der Herr auch uns führen, um uns die Geheimnisse seiner Liebe zu enthüllen, so wie der Bräutigam die Braut in das Hochzeitsgemach führt. Sagt uns doch der Prophet Jesaja: «Denn dein Schöpfer ist dein Gemahl, "Herr der Heere" ist sein Name.» (Jes 54,5)

ER, der sich als Vater offenbart hat, offenbart sich jetzt als Gemahl, als der Geliebte unserer Seelen. Er ist es, den wir zutiefst in uns suchen, wie die Braut des Hoheliedes in den Straßen der Stadt: «Habt ihr ihn gesehen, den meine Seele liebt?» (Hld 3,3). Er ist es, der die Sehnsucht unserer Herzen erfüllen wird.

Wenn wir im Allerheiligsten angekommen sind, haben wir den Vorhang durchschritten. Versuchen wir zu verstehen, was das bedeutet.

Der Vorhang des Tempels

Niemand außer dem Hohenpriester konnte den Vorhang im Tempel, der das Allerheiligste vom Heiligtum trennte, durchschreiten. Der Vorhang ist dazu bestimmt, die Herrlichkeit Gottes zu verhüllen und das Heilige vom Profanen zu trennen, um das Geheimnis zu bewahren. Wenn wir die Herrlichkeit Gottes sehen könnten, würden wir daran erblinden.

Mose bedeckte als erster sein Gesicht mit einem Schleier. Gott hatte ihn gewarnt: «Du kannst mein Angesicht nicht sehen; denn kein Mensch kann mich sehen und am Leben bleiben.» (Ex 33,20)

Am Gottesberg Horeb wandte sich Mose neugierig dem Dornbusch zu, der brannte und doch nicht verbrannte, um das Phänomen besser zu sehen. Er hörte die Stimme Gottes, die aus dem Dornbusch kam und zu ihm sagte: «Komm nicht näher heran! Leg deine Schuhe ab; denn der Ort, wo du stehst, ist heiliger Boden. Ich bin der Gott deines Vaters, der Gott Abrahams, der Gott Isaaks und der Gott Jakobs. Da verhüllte Mose sein Gesicht, denn er fürchtete sich, Gott anzuschauen.» (Ex 3,5f)

Im Tempel bedeutete der Vorhang ebenso: «Komm nicht näher, denn dieser Ort, wo du stehst, ist heiliger Boden. Du kannst diesen Ort nicht betreten, denn du bist nicht genügend gereinigt.» Darum hat sich Jesus als Opfer hingegeben, um für uns endgültig die Vergebung unserer Sünden zu erlangen. So hat er uns den Zugang zum Allerheiligsten eröffnet.

Der Hebräerbrief sagt, daß wir von nun an «Zuversicht haben, durch das Blut Jesu in das Heiligtum einzutreten. Er hat uns den neuen und lebendigen Weg erschlossen durch den Vorhang hindurch, das heißt, durch sein Fleisch.» (Hebr 10,19-20)

Durch sein durchbohrtes Herz hat Jesus uns das Herz des Vaters geöffnet. Im Augenblick seines Todes zerriß der Vorhang des Tempels, so hob er für immer die Trennung auf und führte uns in die Fülle Gottes ein: «Jesus aber schrie noch einmal laut auf. Dann hauchte er den Geist aus. Da riß der Vorhang im Tempel von oben bis unten entzwei. Die Erde bebte, und die Felsen spalteten sich. Die Gräber öffneten sich, und die Leiber vieler Heiligen, die entschlafen waren, wurden auferweckt.» (Mt 27,50-52)

Als einer der Soldaten sah, daß Jesus gestorben war, zerbrach er ihm nicht die Beine, wie es üblich war, sondern er durchbohrte das Herz mit seiner Lanze. Wie der Vorhang des Tempels wurde das Herz Jesu zerrissen. Er, der gesagt hatte «Wer mich gesehen hat, hat den Vater gesehen» (Joh 14,9), ruft uns im Schweigen sein letztes Wort zu: «Von nun an steht der Himmel offen, das Herz meines Vaters erwartet euch.»

Der heilige Paulus sagt: «Sobald sich einer dem Herrn zuwendet, wird die Hülle entfernt» (2 Kor 3,16). Es ist wahr: Solange man nicht anerkennt und daran festhält, daß «Jesus Christus im Fleisch gekommen ist» (1 Joh 4,2), bleibt der Vorhang, der uns von der Fülle der Liebe des Vaters trennt. «Wer leugnet, daß Jesus der Sohn ist, hat auch den Vater nicht; wer bekennt, daß er der Sohn ist, hat auch den Vater.» (1 Joh 2,23)

DAS ALLERHEILIGSTE IM GRUNDE UNSERES HERZENS

Je mehr wir uns Gott nähern, desto mehr wächst in uns das Verlangen, nur mehr bei ihm zu sein. Wir werden hineingezogen in die Tiefe unseres Wesens. Der heilige Johannes vom Kreuz nennt diesen Ort in seinem Gedicht *Lebendige Liebesflamme* «die innerste Mitte» der Seele:

«O lebendige Liebesflamme,
die du zart verwundest
meine Seele in der innersten Mitte!
Verbirg nicht länger dich,
vollende, wenn du willst,
zerreiß die Hülle dieser zärtlichen Begegnung.»

Auch wir verlangen nach der Enthüllung Seiner Gegenwart.

Das Allerheiligste ist die Mitte der Seele, das Herz, der Ort, wo Gott die ganze Dichte seiner Gegenwart offenbart. Gott bewohnt das ganze Heiligtum, aber im Allerheiligsten ist er auf ganz besondere Weise gegenwärtig. Das Feuer erwärmt das ganze Zimmer, und es genügt, über die Schwelle zu treten, um sich wohl zu fühlen; aber erst wenn man zum Herd geht, spürt man die Glut. So ist auch das Allerheiligste die Verdichtung der Gegenwart Gottes bis zum Äußersten; im Leib ist es sozusagen der Wesenskern, der Ort, wo «der Geist selber unserem Geist bezeugt, daß wir Kinder Gottes sind» (Röm 8,16).

Unser Gott ist Feuer, sein Herz ist ein Glutofen. Das Allerheiligste ist diese lodernde Liebesflamme, an der unser Herz sich entzündet und in der alles in uns verzehrt wird, was nicht Gott ist, alles, was ein Hindernis für die Vereinigung mit Ihm bildet. Unser Herz wird also zu diesem Hochzeitsgemach, in dem sich Gott in uns mit Gott vereint, in dem sich Seine Gottheit mit unserer Menschheit vermählt und sie verklärt.

Es ist der erhabenste Ort, zugleich aber auch der tiefste Ort. Wenn wir in diese Gegenwart eintreten, erfahren wir alle Dimensionen der göttlichen Liebe. Wie der heilige Paulus sagt, sind wir dazu fähig, «die Länge und Breite, die Höhe und Tiefe zu ermessen und die Liebe Christi zu verstehen, die alle Erkenntnis übersteigt. So werdet ihr mehr und mehr von der ganzen Fülle Gottes erfüllt.» (Eph 3,18-19)

Wie Gott im Offenbarungszelt einen Ort erwählt hat, um zu Mose zu sprechen, über der Deckplatte zwischen den zwei Kerubim, so hat er auch im Tempel unseres Leibes einen Ort erwählt, um zu uns zu sprechen und uns seine Gegenwart zu offenbaren: «Ich werde zu ihren Herzen sprechen.»

Das Herz ist die Wohnung des Heiligen Geistes. Von diesem sagt man, daß er in unseren Herzen wohnt. Wenn wir in den Tempel eintreten, werden alle unsere Fähigkeiten in die Gegenwart Gottes getaucht: Unser Denken, unser Gedächtnis, unsere Gefühle und unsere Vorstellungen werden vom Licht überflutet, und alles erscheint uns plötzlich in großer Klarheit. Unsere Sinne werden in ihrer ersten Funktion wieder hergestellt, welche darin besteht, unser ganzes Sein mit Gott in Kontakt zu bringen, damit wir ihn mit allen Poren unserer Haut aufnehmen, seine Stimme hören, den Glanz seiner Herrschaft sehen und seine Liebe spüren können. Unser ganzes Wesen findet seine Einheit und seine liturgische Aufgabe wieder, die Schöpfung zu besingen; es ist ganz ausgerichtet auf den Lobpreis der Herrlichkeit Gottes.

Das Schweigen der Liebe

Im Heiligtum spricht Gott zu unserem ganzen Wesen. Es ist der Ort der Verkündigung des Wortes, wo uns das Wort neu schafft nach Seinem Bild und Gleichnis. Das Allerheiligste hingegen ist der Ort des Schweigens und des Geheimnisses. Die Dichte des Wortes hat uns zum Schweigen geführt, in dieses «Jenseits der Worte», das die Fülle seiner Gegenwart ist, wo es nichts mehr zu sagen gibt, weil Worte unfähig sind, das Unaussprechliche auszusprechen.

Unser Herz und unser Leib befinden sich in Ruhe, und wir können endlich lieben und uns lieben lassen, ohne etwas für uns zurückzubehalten. Die Zeit bleibt stehen: Wir SIND.

Als Gott Mose auf dem Sinai seinen Namen offenbarte, sagte er: «Ich bin der Ich-bin-da» (Ex 3,14) und in der Offenbarung sagt er: «Ich bin, der ist und der war und der kommt, der Herrscher über die ganze Schöpfung» (Offb 1,8). Nun verkosten wir diese Fülle des Seins, die uns durch «den, der ist», mitgeteilt wird.

Der Sabbat der Seele

In diesem Augenblick tritt die Seele am tiefsten in den Sabbat ein, der die Ruhe Gottes ist, wie es der Psalm 23 so schön ausdrückt: «Der Herr ist mein Hirte, nichts wird mir fehlen. Er läßt mich lagern auf grünen Auen und führt mich zum Ruheplatz am Wasser.» (Ps 23,1-2)

Nach aller Mühsal der Reinigung, nach den Anstrengungen und Kämpfen, um von allem losgelöst zu werden, was uns von der Quelle des Lebens entfernt, aber auch um Gott einen Dienst darzubringen, der ihm gefällt, läßt er uns «in das Land seiner Ruhe» (Hebr 4,1) eintreten.

Der Kult, der Gott dargebracht wird, bedeutet noch Arbeit. Im Hebräischen ist es das gleiche Wort, «avoda», das sowohl Arbeit als auch Kult und Anbetung bedeutet. Ebenso werden im Deutschen die Worte Kult, Kultur, kultivieren für die Arbeit des Geistes, des Leibes und der Intelligenz gebraucht.

Wie wir gesehen haben, ist das Heiligtum der Ort des Kultes und der Feier und das Allerheiligste der Ort der Ruhe in Gott, wo er uns die Wonnen seines Herzens verkosten läßt. Johannes vom Kreuz drückt das wunderbar in der Fortführung seines Gedichtes aus:

«O sanftes Brandmal!
O wohltuende Wunde!
O milde Hand, o zarte Berührung,
die nach ewigem Leben schmeckt.
Wie sanft und liebevoll
erwachst du in meinem Herzen,
wo du insgeheim als Einziger wohnst!
Und mit diesem köstlichen Atem,
voll des Guten und der Herrlichkeit,
wie zärtlich führst du mich zur Liebe!»

Von der innersten Mitte bis zu den Enden der Erde

In dieser innersten Mitte der Seele werden wir von einer Liebesbewegung erfaßt, die niemals statisch ist und in der die Seele unaufhörlich empfängt, um sich zu geben. Wie das Blut ins Herz gelangt, dort gereinigt wird und dann bis zu den äußersten Enden des Leibes fließt, um diesem alles zu bringen, was er zum Leben braucht, so wird unser ganzes Wesen in das Allerheiligste gezogen, um dort alle Liebe zu empfangen, die wir brauchen, um selbst zu leben und das Leben bis zu den äußersten Enden des mystischen Leibes Christi zu bringen.

Diese Gegenwart der Liebe, die vom Allerheiligsten ausstrahlt, verbreitet sich im ganzen Heiligtum unserer Seele, sie erleuchtet unser Denken, damit wir die Geheimnisse des Reiches Gottes verstehen, sie heilt unsere Erinnerung, damit sie nur mehr Erinnerung an Gott sei, sie reinigt und erfüllt unser Gefühlsleben, damit wir Zeugen der Zärtlichkeit Gottes sind, und stärkt unseren Willen, damit wir den guten Kampf des Glaubens kämpfen.

Wie eine Woge, die durch nichts aufgehalten werden kann, erreicht sie auch den Vorhof und erneuert alles in unserem Leib. Sie stellt uns in unserer Unversehrtheit wieder her durch die Reinigung unserer Sinne, die zu Dienern der Gnade geworden sind und kein Hindernis mehr für den Eintritt in den Tempel bilden, sondern ganz dem Dienst des Höchsten geweiht sind. Sie taucht uns in sein Licht und versöhnt uns mit uns selbst, da wir nun zu Tempeln des lebendigen Gottes geworden sind, zu Tempeln der Schönheit.

Das alles werden wir in vollkommener und endgültiger Weise leben, wenn wir mit Christus auferstanden sind und ihn von Angesicht zu Angesicht sehen werden mit unserem Leib, der durch sein Licht verklärt wird. In dieser Erwartung können wir die Begegnung vorwegnehmen, indem wir im Herzen der Liebe leben, im Herzen des Liebesaustausches zwischen Vater, Sohn und Heiligem Geistes, denn unsere Berufung ist die Liebe!

INHALTSVERZEICHNIS

Andere Bücher beim Parvis-Verlag

In der Schule des Heiligen Geistes

Für uns muß der Beistand des Heiligen Geistes ein wesentliches Element unseres christlichen Lebens werden. Wie aber sollen wir es machen, um es dem Heiligen Geist zu ermöglichen, uns zu leiten und uns beizustehen? In allgemeinverständlicher Sprache zeigt uns dieses Buch die praktischen Gegebenheiten auf, welche diese Fügsamkeit gegenüber dem Wirken des Heiligen Geistes ermöglichen.
von Pater J. Philippe, 128 Seiten *SFR 11.- DM 13.- öS 95.-*

Suche den Frieden und jage ihm nach

Was sollen wir tun, wenn wir Zeiten der Verwirrung zu durchschreiten haben und dennoch im Vertrauen an Gott zu verbleiben verlangen? Darüber belehrt uns diese kleine Abhandlung über den Frieden des Herzens. An Hand konkreter Situationen unseres Lebens lädt uns der Autor ein, dem Evangelium entsprechend zu handeln.
von Pater J. Philippe, 128 Seiten *SFR 11.- DM 13.- öS 95.-*

Zeit für Gott

Führer für das innere Gebet

Für wen ist das innere Gebet? Und wo, wann und wie kann man es praktizieren? Eben diese Fragen finden ihre Antwort in diesem vortrefflichen kleinen Buch, reich an Beispielen und konkretem Rat.
von Pater J. Philippe, 128 Seiten *SFR 12.- DM 14.- öS 100.-*

Bleibt in Mir

Ein Weg zum inneren Gebet

Dieses Buch öffnet uns den schmalen Weg zum inneren Gebet. Wir lernen in vielen Zitaten die Erfahrungen von Gottesfreunde kennen, die aus dem inneren Gebet Inspiration und Kraft geschöpft haben.
Sr. Marie-Pascale teilt uns eigene Erfahrungen mit. Seine Lehre ist dicht, aber einfach, leicht faßlich für alle und von allen nachvollziehbar.
192 Seiten, 13x20 cm *SFR 18.- DM 22.- öS 160.-*

Jesus und dein Leib

Die Sexualmoral, für Jugendliche erklärt

Das Buch richtet sich an alle Christen, die sich mit den Fragen der Sexualmoral beschäftigen, vor allem aber an die Jugendlichen. Der Verfasser hat versucht, auf all die ganz konkreten Fragen einzugehen, und schließlich befaßt er sich mit der täglichen Übung der christlichen Keuschheit.
von Mgr. Léonard, Bischof von Namür
98 Seiten, 14,5x21 cm *SFR 11.- DM 13.- öS 95.-*

Es wagen, die Liebe zu leben

In klaren und allgemeinverständlichen Worten spricht die Autorin zu uns von der Schönheit, Größe und Einzigartigkeit der christlichen Ehe. Ein wunderschönes Geschenk für jedes Ehepaar!
von G. Blaquière, 208 Seiten
SFR 20.- DM 24.- öS 180.-

Verlobung - warum?

Antwort an zwei Verliebte

Die Verfasser gehen darin auf rund fünfzig Fragen ein, die sich zwei Verliebten stellen können. Gestützt auf das Wort Gottes gehen sie klar und unverblümt an die Fragen heran und flechten zahlreiche Zeugnisse von Jugendlichen ein. von Philippe und Catherine Timmel, 96 Seiten
SFR 12.- DM 14.- öS 100.-

Die priesterliche Frau

oder das Priestertum des Herzens

Hier richtet eine Frau, Jo Croissant, schlicht, warm und demütig das Wort an die Frauen. Dadurch wurden viele Frauen aufgeklärt; sie leben nun auf ganz neue, erfüllte Weise gemäß der Besonderheit und Schönheit ihres eigenen Wesens. Ein Buch für jede Frau in jedem Stand!
208 Seiten, 13x20 cm, 2. Auflage, 10. Tausend
SFR 20.- DM 24.- öS 180.-

Der hl. Gerhard Majella (1726-1755)

Er war ganz von Gott ergriffen, und seine Liebe zu Christus wirkte so ansteckend, daß ganze Scharen von Töchtern ins Kloster gingen, und dabei ist er der Schutzpatron der Wöchnerinnen. Die Wunder entschlüpften sozusagen seinen Händen. Sein leuchtendes Leben ist hier packend erzählt.
von T. Rey-Mermet, C.Ss.R., 128 Seiten, 13x20 cm
SFR 15.- DM 18.- öS 135.-

Am 26. Juni 1996 seliggesprochen

Karl Leisner (1915-1945)

Wie Gold geläutert im Feuer

«Ein Vorbild für die Jugend Europas» (Papst J.-P. II.) Lange zögert er zwischen Priesteramt und Ehe. 1939 wird er Diakon, die Gestapo verhaftet ihn und führt ihn ins KZ Dachau. Ein französischer Bischof spendet ihm dort im geheimen die Priesterweihe. Am 12.8.1945 erfüllt sich sein Leben in der Liebe Gottes. von René Lejeune
310 Seiten, 2. Auflage *SFR 22.- DM 27.- öS 195.-*